JN299583

セキュリティマネジメント学

―理論と事例―

Security Management Theoretical and Practical Approaches

日本セキュリティ・マネジメント学会 監修
松浦幹太 編著

共立出版

まえがき

　セキュリティマネジメントは、身近な問題である。たとえば、朝起きて着用する衣服を選ぶとき、暑さ寒さから身を守るという観点を持つ。いくつかの交通機関を乗り継ぐとき、最終目的地到着が目標に遅れぬよう、乗り継ぎ時間に余裕を持つ。気温変動や交通遅延は、多くの人が、自分なりに対処した経験のある脅威である。そして、脅威を意識して何らかの行為を行うとき、その主体はセキュリティマネジメントを経験していることになる。特に興味がなくても経験している、というレベルの身近さである。

　セキュリティマネジメント学は、身近だろうか。学問として取り組むならば、そこには体系化が必要である。その体系に触れる機会は、先ほどの例と比べれば、身近さは明らかに劣っている。「せめて興味がある者には経験させたい」と考えるならば、研究を学んでもらうことが有効である。なぜならば、体系を発展させるための挑戦がセキュリティマネジメント学の研究だからである。

　研究には、客観性や再現性が要求される。要求に応える方策の一つは、工学や経済学といった、より成熟度の高い他の学問分野のアプローチを利用することである。よって、代表的なアプローチによる研究を学ぶことによって、セキュリティマネジメント学の体系をある程度経験できる。このようにして経験することの利点は、「単なる利用や演習ではなく研究として認められている根拠は何か」を問いかけながら体系を眺められることである。結果として、将来の問題を見る眼が養われ、現在の問題に取り組むスキルが向上する。セキュリティは問題解決型の分野なので、大きな利点と言えよう。本書の狙いは、そこにある。

　ただし、研究を学ぶ前に、最低限把握しておくべき基礎というものがある。本書では、第1章でこの基礎を扱い、第2章以降で研究を扱う。

　研究の章で取り上げる例を選定する際には、必ずしも最新の研究にこだわら

ず，本書の狙いに適した選定をする．それぞれの分野のサーベイでは，必ずしも網羅性を追求せず，研究を位置づけ意義を理解するために最低限必要なサーベイに焦点を絞る．ただし，サーベイ自体が研究の本質を担うアプローチでは，網羅性も追求する．——これらの方針のもとでそれぞれの分野を代表する著者が各章を独立に執筆して，本書が完成した．

日本セキュリティ・マネジメント学会では，セキュリティマネジメント学の研究に取り組んでいる．同学会25周年を記念した事業の一環として本書を編纂できたことは，大変意義深い．学会会員，著者，共立出版，その他お世話になった関係者の皆様に，深く感謝申し上げたい．そして，本書がセキュリティマネジメント学の普及と発展に貢献することを，強く祈りたい．

平成23年6月

編著者　松浦 幹太

執筆者一覧

大井正浩	中央大学 研究開発機構
大坪史治	和光大学 経済経営学部
加賀谷哲之	一橋大学 大学院商学研究科
小松文子	(独) 情報処理推進機構
鈴木雅貴	日本銀行 金融研究所
田沼　均	(独) 産業技術総合研究所 情報セキュリティ研究センター
能勢豊一	大阪工業大学 大学院工学研究科
林紘一郎	情報セキュリティ大学院大学 学長
松浦幹太	東京大学 生産技術研究所
湯田雅夫	獨協大学 経済学部
吉浦　裕	電気通信大学 大学院情報理工学研究科

(五十音順)

目　　次

第1章　セキュリティマネジメント学　　　　　　　松浦幹太　　1
  1.1　セキュリティマネジメント学とは ・・・・・・・・・・・・・・・・・・・・・　1
  1.2　基本原則 ・・・　3
    1.2.1　脅威と目標のモデル化 ・・・・・・・・・・・・・・・・・・・・　3
    1.2.2　継続性 ・・・・・・・・・・・・・・・・・・・・・・・・・・・・・・・・・　4
  1.3　セキュリティマネジメント学の将来 ・・・・・・・・・・・・・・・・・・　7
  参考文献 ・・・　8

第2章　工学的アプローチ　　　　　　　　　　　吉浦　裕　　9
  2.1　全体概要 ・・・　9
    2.1.1　セキュリティマネジメント ・・・・・・・・・・・・・・・・・　9
    2.1.2　工学的アプローチ ・・・・・・・・・・・・・・・・・・・・・・・　10
    2.1.3　プライバシー保護 ・・・・・・・・・・・・・・・・・・・・・・・　11
  2.2　プライバシー保護への工学的アプローチ ・・・・・・・・・・・・・・　13
    2.2.1　プライバシー保護の概要 ・・・・・・・・・・・・・・・・・・　13
    2.2.2　個人情報データベースの保護におけるアプローチ例 ・・・　19
  参考文献 ・・・　33

第3章　経営学的アプローチ　　　　　　　　　　能勢豊一　　37
  3.1　概説 ・・　37
  3.2　経営におけるリスクとチャンス ・・・・・・・・・・・・・・・・・・・・・　38
    3.2.1　経営スタイルの変化 ・・・・・・・・・・・・・・・・・・・・・　38
    3.2.2　マネジメントとテクノロジー ・・・・・・・・・・・・・・　40
    3.2.3　マネジメントの役割 ・・・・・・・・・・・・・・・・・・・・・　41

		3.2.4	経営におけるアナログ視点とデジタル視点 ………	43
		3.2.5	チャンスとリスクをマネジメントする経営 ………	45
	3.3	サービスを科学する経営 ……………………………		47
		3.3.1	経営システムの進化 ……………………………	47
		3.3.2	ブランド価値を創造する経営 …………………	51
		3.3.3	イノベーションと改善を融合する経営 ………	53
	3.4	経営を構築するマネジメント・エンジニアリング・テクノロジー		58
		3.4.1	ビジョン創造のためのマネジメント …………	58
		3.4.2	パッション維持とテクノロジー ………………	61
		3.4.3	ミッション構築とエンジニアリング …………	62
	参考文献 ………………………………………………………………			66

第4章　会計学的アプローチ　　　　　　　　　　　　加賀谷哲之　69

- 4.1　はじめに ……………………………………………………… 69
- 4.2　分析視点と先行研究 ………………………………………… 71
  - 4.2.1　情報セキュリティと企業価値の関係性 ……………… 72
  - 4.2.2　情報セキュリティ報告書 ……………………………… 74
  - 4.2.3　情報セキュリティ開示と市場評価の関係性 ………… 76
- 4.3　日本企業の情報セキュリティへの取り組みと会計・企業評価の関係性 ……………………………………………………… 77
- 4.4　セキュリティ会計研究の将来 ……………………………… 82
- 参考文献 ……………………………………………………………… 84

第5章　経済学的アプローチ　　　　　　　　　　　　　松浦幹太　87

- 5.1　概観 …………………………………………………………… 87
- 5.2　情報セキュリティ投資 ……………………………………… 90
  - 5.2.1　投資モデルの類型 ……………………………………… 90
  - 5.2.2　定式化 …………………………………………………… 92
  - 5.2.3　含意 ……………………………………………………… 93
  - 5.2.4　拡張と応用 ……………………………………………… 94
  - 5.2.5　感度分析 ………………………………………………… 97
- 5.3　むすび ………………………………………………………… 101

参考文献 ・・・102

第6章　行動科学的アプローチ　　　　　　　　　小松文子　**105**

6.1　意思決定と態度 ・・・・・・・・・・・・・・・・・・・・・・・・・・・・・・・・・・・・105
 6.1.1　リスク下における人の認知の違い ・・・・・・・・・・・・105
6.2　環境配慮行動と社会的ジレンマ状況 ・・・・・・・・・・・・・・・・・108
 6.2.1　囚人のジレンマゲームと社会的ジレンマ状況 ・・・・・・108
 6.2.2　環境配慮行動 ・・・・・・・・・・・・・・・・・・・・・・・・・・・・・109
 6.2.3　社会調査による認知状況についての実証研究──環境
　　　　 配慮行動 ・・・・・・・・・・・・・・・・・・・・・・・・・・・・・・・・・・112
 6.2.4　社会的ジレンマ状況と情報セキュリティ ・・・・・・・・113
6.3　説得の心理学と態度変容 ・・・・・・・・・・・・・・・・・・・・・・・・・・114
 6.3.1　防護動機理論 ・・・・・・・・・・・・・・・・・・・・・・・・・・・・114
 6.3.2　認知のプロセス ・・・・・・・・・・・・・・・・・・・・・・・・・・115
 6.3.3　社会関係資本と個人の態度 ・・・・・・・・・・・・・・・・・116
6.4　情報セキュリティ対策への適用の例 ・・・・・・・・・・・・・・・・117
 6.4.1　ボット対策の推進状況 ・・・・・・・・・・・・・・・・・・・・117
 6.4.2　説得心理学の観点からの分析 ・・・・・・・・・・・・・・・119
6.5　おわりに ・・・・・・・・・・・・・・・・・・・・・・・・・・・・・・・・・・・・・・・121
参考文献 ・・・121

第7章　法学的アプローチ　　　　　　　　　　　林紘一郎　**123**

7.1　はじめに：「物」の窃盗と情報窃盗 ・・・・・・・・・・・・・・・・・123
7.2　法学とセキュリティ ・・・・・・・・・・・・・・・・・・・・・・・・・・・・・126
7.3　セキュリティのジレンマ ・・・・・・・・・・・・・・・・・・・・・・・・・128
7.4　法学の伝統的アプローチ ・・・・・・・・・・・・・・・・・・・・・・・・・131
7.5　所有権アナロジーの限界 ・・・・・・・・・・・・・・・・・・・・・・・・・134
7.6　個人情報保護の可能性と限界 ・・・・・・・・・・・・・・・・・・・・・136
7.7　個人データとしての保護方式 ・・・・・・・・・・・・・・・・・・・・・140
7.8　属性情報のセキュリティと第三者認証 ・・・・・・・・・・・・・141
7.9　法人の責任 ・・・・・・・・・・・・・・・・・・・・・・・・・・・・・・・・・・・・・145
7.10　コミットメント責任 ・・・・・・・・・・・・・・・・・・・・・・・・・・・・150

7.11 仮説検証型法学と類似のアプローチ ・・・・・・・・・・・ 152
7.12 情報法の基礎理論に向けて ・・・・・・・・・・・・・・・ 156
参考文献 ・・・・・・・・・・・・・・・・・・・・・・・・・・ 160

第8章 経営分野の事例　　　　　　　　　　大井正浩　165

8.1 経営におけるセキュリティの認識と位置付け ・・・・・・・・ 165
8.2 セキュリティとリスク ・・・・・・・・・・・・・・・・・・ 166
　8.2.1 セキュリティとリスクはどのように認識されているか ・ 166
　8.2.2 リスクはどのように定義されているか ・・・・・・・・ 167
　8.2.3 セキュリティはどのように定義されているか ・・・・・ 170
8.3 セキュリティ対策、リスク管理実施の要因 ・・・・・・・・・ 172
　8.3.1 企業理念・企業目標 ・・・・・・・・・・・・・・・・ 172
　8.3.2 利潤動機 ・・・・・・・・・・・・・・・・・・・・・ 173
　8.3.3 社会的な責任 ・・・・・・・・・・・・・・・・・・・ 173
　8.3.4 競争 ・・・・・・・・・・・・・・・・・・・・・・・ 173
8.4 リスク管理はどの程度実施されているか ・・・・・・・・・・ 174
　8.4.1 リスク管理実施状況の推移 ・・・・・・・・・・・・・ 174
　8.4.2 最近の顕著な充実と課題 ・・・・・・・・・・・・・・ 174
8.5 リスク管理はいかにあるべきか ・・・・・・・・・・・・・・ 175
8.6 リスク認識の分類 ・・・・・・・・・・・・・・・・・・・・ 176
　8.6.1 純粋リスク (Pure Risk) ・・・・・・・・・・・・・・ 176
　8.6.2 管理的リスク (Management Risk) ・・・・・・・・・・ 177
　8.6.3 投機的リスク (Speculative Risk) ・・・・・・・・・・ 177
8.7 経営の関与とライン活動 ・・・・・・・・・・・・・・・・・ 177
　8.7.1 純粋リスクのレベル ・・・・・・・・・・・・・・・・ 178
　8.7.2 管理的リスクのレベル（情報システム中心の内容に
　　　　絞った）・・・・・・・・・・・・・・・・・・・・・ 178
　8.7.3 投機的リスクのレベル ・・・・・・・・・・・・・・・ 179
　8.7.4 経営とラインの活動 ・・・・・・・・・・・・・・・・ 180
8.8 おわりに ・・・・・・・・・・・・・・・・・・・・・・・・ 182
参考文献 ・・・・・・・・・・・・・・・・・・・・・・・・・・ 182

第9章　金融分野の事例　　　　　　　　　　　　　　鈴木雅貴　**183**

- 9.1　概観 ・・・・・・・・・・・・・・・・・・・・・・・・・・・・・・・183
- 9.2　テンプレート保護型生体認証技術 ・・・・・・・・・・・・・・・・・186
  - 9.2.1　生体認証システムの基本構成 ・・・・・・・・・・・・・・186
  - 9.2.2　ICカードを用いた生体認証システムの形態 ・・・・・・・187
  - 9.2.3　想定する攻撃 ・・・・・・・・・・・・・・・・・・・・・187
  - 9.2.4　STOC方式およびMOC方式におけるなりすましへの耐性分析 ・・・・・・・・・・・・・・・・・・・・・・・・190
  - 9.2.5　テンプレート保護型生体認証技術の概要 ・・・・・・・・191
  - 9.2.6　テンプレート保護型生体認証技術のセキュリティ要件 ・193
  - 9.2.7　性能要件の評価 ・・・・・・・・・・・・・・・・・・・195
  - 9.2.8　テンプレート保護型生体認証技術のなりすまし耐性の分析 ・・・・・・・・・・・・・・・・・・・・・・・・・196
  - 9.2.9　考察 ・・・・・・・・・・・・・・・・・・・・・・・・198
- 参考文献 ・・・・・・・・・・・・・・・・・・・・・・・・・・・・・・・200

第10章　事故調査制度分野の事例　　　　　　　　　　田沼　均　**203**

- 10.1　概観 ・・・・・・・・・・・・・・・・・・・・・・・・・・・・・・203
  - 10.1.1　事故と事故調査制度 ・・・・・・・・・・・・・・・・・203
  - 10.1.2　情報システムにおける事故調査制度の議論 ・・・・・・・207
- 10.2　情報セキュリティにおける事故調査制度の効果分析 ・・・・・・・・208
  - 10.2.1　背景 ・・・・・・・・・・・・・・・・・・・・・・・・208
  - 10.2.2　Gordon-Loeb-Lucyshynによる情報共有モデル ・・・・210
  - 10.2.3　公益組織を用いた情報共有 ・・・・・・・・・・・・・・214
  - 10.2.4　コスト補填による情報共有促進策 ・・・・・・・・・・・217
  - 10.2.5　技術的支援による情報共有促進策 ・・・・・・・・・・・220
  - 10.2.6　情報セキュリティ事故と不法行為の経済モデル ・・・・・222
  - 10.2.7　情報セキュリティ事故における責任制度の経済モデル ・224
  - 10.2.8　情報セキュリティ事故における責任制度の評価 ・・・・・226
  - 10.2.9　説明責任のモデル化と分析 ・・・・・・・・・・・・・・228
- 参考文献 ・・・・・・・・・・・・・・・・・・・・・・・・・・・・・・・231

第11章 環境リスク管理としての環境マネジメントツールおよび実践事例　　湯田雅夫・大坪史治　**237**

11.1 環境マネジメントの国際標準化 ……………………238
　11.1.1 ボーダレスエコノミーと国際標準化 …………238
　11.1.2 国際標準化の進展に果たしたICCおよびWICEの役割 …………………………………………………238
　11.1.3 WBCSDの役割 …………………………………239
11.2 環境マネジメント思考の変化と各種環境マネジメントツール ‥240
　11.2.1 環境法規制の強化 ………………………………240
　11.2.2 環境保全技術の開発 ……………………………241
　11.2.3 環境マネジメント思考の変化 …………………242
　11.2.4 環境マネジメントの便益 ………………………242
　11.2.5 環境マネジメントのためのツール ……………243
11.3 環境マネジメントツールの国際標準化の動向 …………247
　11.3.1 ライフサイクルアセスメント手法として認知されたマテリアルフローコスト会計 ……………………247
　11.3.2 ライフサイクルアセスメント手法として認知された環境効率 ……………………………………………248
11.4 環境効率性評価の理論と事例 …………………………249
　11.4.1 わが国家電業界が採用する環境効率性評価 …249
　11.4.2 統合判定アプローチに基盤を置く環境効率性評価 ‥252
参考文献 …………………………………………………………257

索　引　　**259**

第1章　セキュリティマネジメント学

1.1　セキュリティマネジメント学とは

　個人であれ、法人などの組織であれ、われわれは自然環境や社会環境と関わり合いながらその中に存在している。個々の存在を、抽象的に**エンティティ**(entity) と呼ぶことにする。環境には脅威が存在し、エンティティには、目標を立てて脅威から守りたいものがある。このように脅威と目標で特徴付けられる系において、エンティティがとる行為の基礎となる管理態様とそのあり方を論じる学問が、**セキュリティマネジメント学**である。

　自然環境を扱う学問や、社会環境を扱う学問は、数多く存在する。脅威に目を向けて体系的に取り組むとき、それらはセキュリティマネジメント学と重なりを持つ。よって、セキュリティマネジメント学は学際的な学問分野であり、その実践では総合力が問われる。大規模災害への備えと対処、中長期的な環境問題への取り組み、情報セキュリティとプライバシーの確保など、今日とりわけ注目度の高い課題のいずれも例外ではない。いずれの課題においても、セキュリティに取り組むことは、回収不能なコスト要因ではなく価値を生む投資である。なぜなら、セキュリティマネジメントに適切に取り組めば、エンティティのスキル向上や競争力向上などがもたらされるからである (図 **1.1**)。しかし、投資が不適切あるいは不十分な場合には、脅威発生時にスキル不足が露呈し、環境の外に助けを求めて混乱する。これがセキュリティマネジメントの機能不全であり、セキュリティへの取り組みを回収不能なコスト要因としか見なさなかった場合に起こりがちである。

　セキュリティマネジメント学における学際性や総合力の重要性は、本質的なものである。たとえば、社会環境の中でも特に情報通信環境における脅威と目標を扱う情報セキュリティでは、技術、管理・運営、法制度、倫理の4つが必

第1章執筆：松浦　幹太

第1章 セキュリティマネジメント学

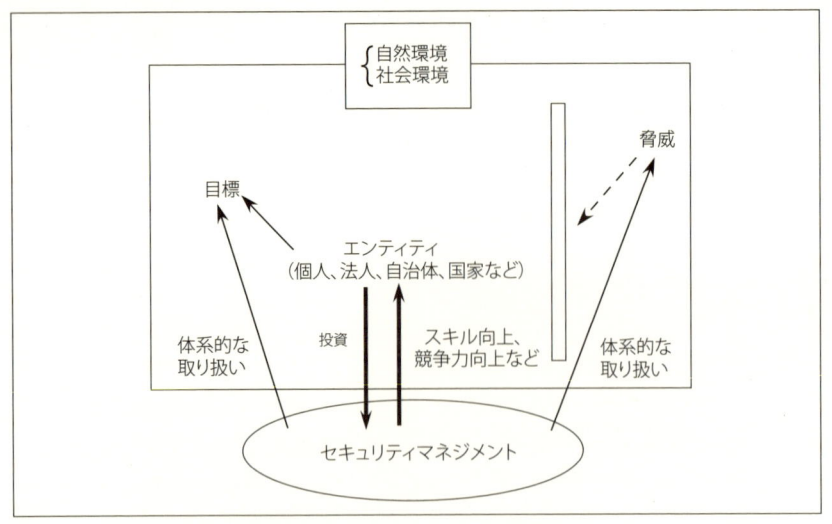

■図1.1　セキュリティへの取り組みはコストではなく投資である

須とされている [1]。また、人と情報通信システムの関わりを追究して目標に安心感という軸を加えることにより、**ヒューマンクリプト**(human crypto) という新たな研究分野が形成されている [2] [3]。これら情報セキュリティ分野における学際的な議論は遅くとも1990年代にはすでに始まっていたが、その後さらに情報通信技術の応用が広がってインターネットがごく基本的な社会基盤となり、より一層注目されるようになっている。そのため、セキュリティマネジメントという言葉は、狭義には、情報セキュリティのマネジメントを指して用いられることも少なくない。

　社会環境だけでなく、自然環境に目を向けても、同じく総合力が問われている。たとえば、第一義的には自然環境の脅威である巨大地震が発生した場合を考えよう。被災者医療に医学がどう貢献するか、被災施設修復に工学がどう貢献するか、復興計画立案に経済学がどう貢献するか、国際連携に政治学がどう貢献するか、2次災害軽減に気象学がどう貢献するかなど、事後的な対応だけでも幅広い学問からの貢献が欠かせない。全体の管理、ましてや事前対応も含めたサイクルを扱う研究が学際的になるのは、当然である。自然環境も社会環境も含めた環境全体の中でセキュリティマネジメントが必要であり、体系的な取り組みからセキュリティマネジメント学が発展する。

1.2 基本原則

セキュリティマネジメント学には、少なくとも2つの基本的な考え方があり、それらをいくつかの原則で表現することができる。ここでは、第2章～第11章と関連づけながら、それらの原則について述べる。

1.2.1 脅威と目標のモデル化

第一の基本は、脅威と目標のモデル化を徹底するという考え方である。徹底するとは、次の2つの原則を守るということである。第8章の経営分野の事例が、これらの原則の意義を総括している。

明示性の原則 (explicitness principle)：必ずしも複雑さを求めず曖昧さの排除を旨とし、脅威と目標を明示したモデルで応用の可能性を広げる。第2章では、工学的アプローチでプライバシー保護を実現するという課題を題材とし、モデル化による応用の広がりを学ぶ。特に、電子データを利活用するプロジェクトやコンテンツ産業において、インパクトがある。また、第5章では、経済学的アプローチで情報セキュリティ投資を論じるという課題を題材とし、モデル化による応用の広がりを学ぶ。特に、知見を利活用する主体が個人や法人から業界全体や国家にまで広がるという波及効果に、インパクトがある。

首尾一貫性の原則 (consistency principle)：セキュリティに関連する諸評価を、モデルと整合させる。特に、目標と評価の首尾一貫性が多くの有益な専門的知見をもたらすことを、第6章では行動科学的アプローチで示している。また、脅威と評価の首尾一貫性が社会基盤に必須であることは、金融分野の事例として生体認証システムの安全性分析を取り上げた第9章で、詳しく解説されている。

首尾一貫性の原則に反すると、大変危険である。たとえば、自然環境の中で巨大地震という脅威をモデル化し、大きな揺れだけでなく大きな津波もモデルに含まれたとする。揺れと津波の一方が大きければ他方は小さいというトレードオフを想定するのは妥当ではなく、むしろ一方が大きければ他方も大きいという相関を考えるモデルである。この場合、揺れ対策を評価するための前提条件に「津波が軽微であること（に基づいた利用可能設備）」が含まれていたり、

津波対策を評価するための前提条件に「揺れが軽微であること（に基づいた利用可能設備）」が含まれていたりすれば、評価はモデルと整合しない。したがって、そのような前提条件のもとで評価された対策を導入しても、実際に発生した脅威の前では脆弱である。

また、たとえば社会環境の中で、不特定多数のキャッシュカードを盗み他人の銀行口座から現金を引き出す犯罪者集団という脅威を考えよう。キャッシュカードを盗むことのできる犯罪者という前提であるから、キャッシュカードとともに手に入る情報も併せ持つという脅威モデルになる。貴重品の中に個人情報が含まれ、所有者が貴重品に触れる際に必ずしも手袋を着用していないという現実を考えれば、暗証番号のヒント[1]も指紋情報[2]も入手済みの犯罪者という脅威を考えていることになる。いずれかが犯罪者の手に渡っていないことを前提とした評価しか受けていない対策を現金自動預け払い機に施しても、実際に発生した脅威の前では脆弱である。

1.2.2 継続性

第二の基本は、継続性を徹底するという考え方である。徹底するとは、次の2つの原則を守るということである。

発展的循環の原則 (principle of progressive cycle)：システムを考えるときには、改善を繰り返すサイクルを構成する[3]。第3章では、経営学的アプローチにおいて、体系化の次元を増やし、継続的な形式知創出プロセスが詳しく論じられる。これは、プロセスがサイクルをなしているからこそ可能な営みである。経営の立場でも金融リスクマネジメント [6] に焦点を当てる場合には、同定・計測・対応・制御サイクル(identify-measure-

---

[1] セキュリティに関する意識の低いユーザは、個人情報から類推しやすい番号を暗証番号に設定している場合が多い。この場合、たいてい、運転免許証、職員証、手帳などの貴重品から暗証番号のヒントが得られる。ここでは、特定の人物に被害を与えることは目指さず不特定多数を狙っている脅威、すなわち「盗んだカードのどれでもいいので、いくつかから現金の引き出しに成功すればよい」と考える犯罪者集団を想定している。彼らにとっては、盗んだカードの持ち主の中にセキュリティに関する意識の低いユーザがある程度含まれていれば十分である。

[2] ユーザは、自分の貴重品に指で触れている。そこに残る残留指紋から容易に指紋情報を取り出すことができ、実際に脅威となり得ることが知られている [4]。

[3] 製品として出荷するシステムの開発においては、出荷を一つのゴールと考えてサイクルをそこで終端させる**螺旋モデル**(spiral model) を考えることが多い [5]。セキュリティマネジメントにおける発展的循環は、螺旋モデルの拡張として捉えることもできる。

manage-control cycle) と呼ばれることがある [7]。また、サイクルの中で企業とステークホルダーの関係に留意し、健全なサイクルで効果的な発展を目指すために会計学的アプローチが果たす役割を、第4章では多角的に論じている。関係者の間で合意形成をするためにはリスクコミュニケーションが重要であるが [8]、そのための枠組み整理の有効性が示されている。第11章では、環境分野の事例として環境マネジメントをライフサイクルアセスメントと関連づけて理解し、世界の様々な取り組みに触れながら、環境効率などの研究成果の意義を明らかにしている。セキュリティマネジメントが発展と進歩を繰り返す営みを支えていることを、実感できよう。

異常対応の原則 (principle of failure mode)：構成要素を考えるときには、異常時[4]の動作や管理方式を明確に定める。セキュリティマネジメントには、終わりがない。たとえば、認証プロトコルにおいて電子署名技術を利用する場合を考えよう。電子署名を検証して検証に失敗した場合[5]、認証不合格として却下し、そこで終了する。単体の技術としてのプロトコル研究ならば、それでもよいかもしれない[6]。しかし、セキュリティマネジメントの立場では、次にどう動作するか、すなわち異常対応を定めなければならない。その際には、なぜ失敗したのか[7]を知るか、または類推できれば、大変有用な情報となる。どのようにして情報を得るか。その情報に基づいて、次にどのような行動をとるか。情報が得られない場合にはどうするか[8]。セキュリティマネジメントにおいては、それらまで扱わねばならない。言い換えれば、「想定外」を排除するわけである。第7章においては、技術だけでなく、法学の立場でも包括的なアプローチが肝要であることを理解できる。特に、責任の類型にまで理論が及ぶことが象徴的であ

---

[4] たとえば、電子署名の検証に失敗したときや、電源確保に失敗したとき。
[5] 「失敗」とは、「検証アルゴリズムが正確に機能していない」という意味ではない。「正当な署名ではないという検証結果が出力された」という意味である。
[6] 実際、個別の技術研究レベルでは、ほとんどのプロトコルがそのように記述されている [9][10]。
[7] たとえば、電子署名を付される文書が改ざんされた場合、電子署名を構成する認証子に通信エラーが起きた場合、署名生成鍵として正しくない鍵が使用された場合、署名検証鍵として誤った鍵が使用された場合、誤った検証アルゴリズムを用いた場合、などに検証失敗となる。
[8] このように、それまでの想定のいずれにも当てはまらない場合の対応を定めたルールを、デフォルトルール(default rule) と呼ぶことがある。

る。第10章では、事故調査制度分野の研究事例を取り上げることによって、異常対応の先にまた研究のパラダイムが広がっていることが分かる。

異常対応の原則に反すると、大変危険である。たとえば、大規模な自然災害で壊滅的な被害を受けた後の対応では、その場にあらかじめ設置していた予備の装置をあてにすることはできない。それらを動作確認した結果がNGだからといって、世の中の終わりとすることは許されない。いかにして被災地の外から迅速に装置を持ち込み人員を動員するかなどの点において、平時ではなく被害発生後の状況を前提とした適切な異常対応ができなければ、多くの不幸な問題が発生するであろう。もちろん、あらかじめ具体的に手順を定めて準備していなくとも、訓練された人材やチームが十分迅速に適切な対応策を考案し実行してくれる場合もあるだろう。このような場合、セキュリティマネジメントの立場では、人材動員体制というアプローチで異常対応の原則が守られたと考える。重要なことは、災害が発生してから人材を訓練するのではなく、あらかじめ育成済みということである。

コストの問題から大きなリスクを負う決断をしている場合で、異常対応として何か重要なことを断念するという選択をしているならば、リスクコミュニケーションによる合意形成が必要である。ここでも、重要なことは、あらかじめ合意形成しておくということである。これにより、異常時に利害関係者が一致団結して危機対応に臨めるか、迅速に対応できるか、などの点において、エンティティのスキルや競争力が向上する。有形資産だけでなく、無形資産にも目を向けなければならないのである。

以上の原則をまとめると、セキュリティマネジメント学の土台は**図1.2**のようにして支えられていると言えよう。原則が全て遵守されている場合には、異なるレイヤーのサイクルが矛盾なく機能する。たとえば、**情報セキュリティ管理システム**(ISMS: Information Security Management System)では、各担当者レベルの**PDCAサイクル**(PDCA cycle)[9]、情報セキュリティ管理者レベルのPDCAサイクル、そして情報セキュリティ統括管理者レベルのPDCAサイクルが有機的に協調して運用され、組織に情報管理スキル向上などのメリットをもたらす[11][12]。

---

[9] 品質管理分野で体系化された「Plan（計画）、Do（実施）、Check（評価検証）、Act（処置改善）」を繰り返すサイクル。第2章、第3章、第5章でも触れられるように、セキュリティマネジメントにおける基本的な概念の一つである。

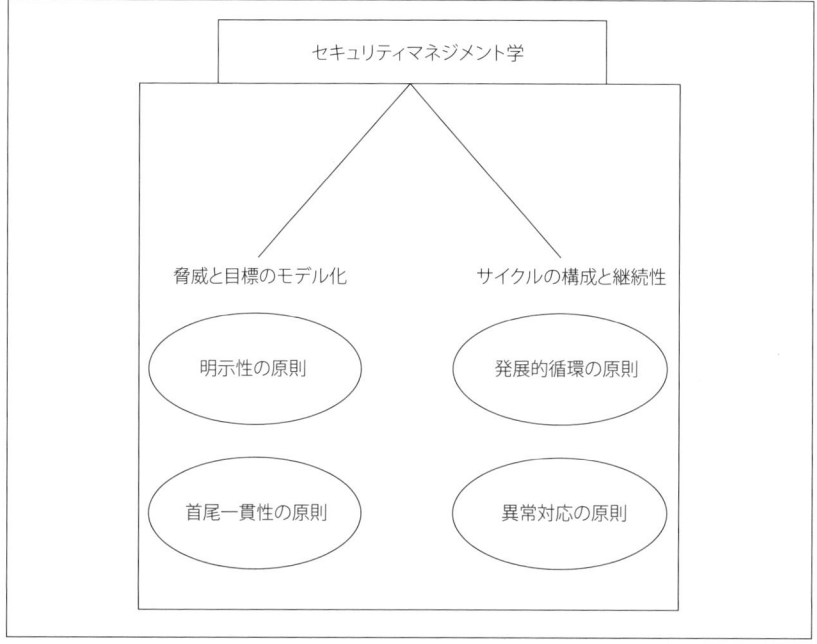

■図1.2　セキュリティマネジメント学の土台を支える原則

1.3　セキュリティマネジメント学の将来

　セキュリティマネジメントの特徴は、目標も脅威も変化し、したがって環境も変化するということである。コンピュータセキュリティでは、新たなコンピュータウィルスの出現が後を絶たない。ウェブ工学では、新たなフィッシングの登場が繰り返されている。プライバシー保護では、法律の整備やアプリケーションの多様化などによって、法的リスクが増加することがある。衛生環境では、新型の伝染病も発生する。地球環境の変化は激しい。新たな国々の台頭によって為替の状況は一変するし、地域のあり方に関する枠組みは歴史的変貌すら遂げることがある。入学試験業務におけるミスに対する世論の見方は、一定ではない。地震のリスクが同じでも、原子力発電所のように2次災害の原因となる施設の普及状況は時代と共に変化する。人類は、いずれ、宇宙に居住する時代が来るかもしれない。少なくとも、宇宙空間の利用に関する劇的な変

化は、十分あり得るだろう。

　これらの変化により、セキュリティマネジメント学には常に研究課題が供給される。もちろん、変化に左右されない核となる研究成果は蓄積されるべきであるし、実際に蓄積が進んでいる。しかし、セキュリティマネジメント学の将来には、研究の発展的な継続が予想される。宿命と言ってよいだろう。疑いない現実は、サイエンスとエンジニアリングの両方が常に必要ということである。

参考文献

[1] 辻井重男："情報セキュリティ環の構築，"情報セキュリティ，辻井重男，笠原正雄（編著），pp.2–9（昭晃堂，2003）．

[2] 今井秀樹：暗号のおはなし 改訂版（日本規格協会，2003）．

[3] 日本学術会議 情報学委員会 セキュリティ・ディペンダビリティ分科会：提言 安全・安心を実現する情報社会基盤の普及に向けて (2008)．

[4] T. Matsumoto: "Gummy and conductive silicone rubber fingers: importance of vulnerability analysis." *Lecture Notes in Computer Science*, vol.2501, pp.574–575 (Springer, 2002).

[5] R. Anderson: Security Engineering (2nd edition) (Wiley, 2008).

[6] C. Alexander and E. Sheedy: The Professional Risk Managers' Handbook: A Comprehensive Guide to Current Theory and Best Practices (PRMIA Publications, 2005).

[7] A. Kreinin, D. Rosen, D. Rubisov, D. Summa, G. Frank, L. Seco and N. Whelan: Valuation risk management: challenges and practices", Enterprise Risk Management Symposium 2009 (Society of Actuaries, 2009).

[8] 佐々木良一，千葉寛之："ITリスク学の現状と研究会活動，"日本セキュリティ・マネジメント学会誌，vol.24, no.1, pp.27–38 (2010)．

[9] A. Menezes, P. van Oorschot and S. Vanstone: Handbook of Applied Cryptography (CRC Press, 1996).

[10] 電子情報通信学会（編）：情報セキュリティハンドブック（オーム社，2004）．

[11] 小寺くれは，岡本存喜，栗原均：わかりやすいISMS：情報セキュリティ管理システムの構築から認証取得まで（日経BP，2002）．

[12] 佐々木良一（監修）：日本ネットワークセキュリティ協会教育部会（著），情報セキュリティプロフェッショナル教科書（アスキー・メディアワークス，2009）．

第2章　工学的アプローチ

2.1 全体概要

2.1.1 セキュリティマネジメント

　組織体の行う事業には様々なリスクが伴う。たとえば、原料の価格高騰、従業員の不祥事、基幹情報システムの停止、顧客から集めた個人情報の漏洩など数え上げれば限りがない。組織体がこれらのリスクの予測や対策を誤ると莫大な損失を招き、事業の存続が脅かされる場合もある。これらのリスクを管理すること、すなわち、「組織体がもつリスクに対し、経常化された最小のコストで総合的な対策を講じ、経営の安定を図る組織運営」を**リスクマネジメント**と呼ぶ [1]。

　本章では、リスクマネジメントの中核を占める**情報セキュリティマネジメント**を取り上げる。これは、事業体の扱う情報資産を対象としたリスクマネジメントであり、具体的には、経営や企画、研究開発、顧客管理などの組織体が扱う各種情報および、これらの情報を処理する計算機や通信設備、ソフトウェアへのリスクを管理する。リスクの内訳は、機密情報の漏洩、重要情報の喪失や改変、ネットワークの停止など多種多様である。

　情報資産へのリスクはどのように定義されるのだろうか。その定義として、「潜在的危険性の度合い」、「損失発生の可能性」、「ある脅威が資産または資産グループの脆弱性を利用して資産への損失または損害を与える可能性」などが知られている [2]。また、情報資産リスクはどのように定量化されるのだろうか。その定量化については、損失が発生する確率 [3]、発生確率と損失額の積（すなわち損失額の期待値）[4] などが知られている。NIST（National Institute of Standard and Technology：米国国立標準技術研究所）は、年間予想損失額 $10^{P+V-3}/3$ によるリスクの定式化を推奨している [2]。ここで、P はインシデ

第2章執筆：吉浦 裕

ントの予想発生頻度、V はインシデント1回当たりの予想損失額である。

情報セキュリティマネジメントは以下の PDCA の手順によって実施される [5]。

① Plan：情報セキュリティに関する事業体のポリシーを定めて文書化する。事業体の情報資産の価値、情報システムの脆弱性、そこから生じるリスクを評価し、ポリシーの実施目標やリスクの管理策を選定する。
② Do：リスク管理策を実行する。
③ Check：実行結果を評価し、効果を見直す。
④ Act：見直しの結果に基づき、管理策を改善する。

なお、情報セキュリティマネジメントについては、上記の [1][2][5] に加え、[6] に詳細な解説があるので参照されたい。

2.1.2　工学的アプローチ

情報セキュリティマネジメントでは、工学、経営、経済、行動科学、組織論など様々な立場からのアプローチが実施されている。そのうちの工学的アプローチは、広い意味の情報セキュリティ技術によって実施される。

情報セキュリティ技術は、図 2.1 のように (1) 情報セキュリティマネジメント技術、(2) 狭義の情報セキュリティ技術に分類することができる [7]。情報セ

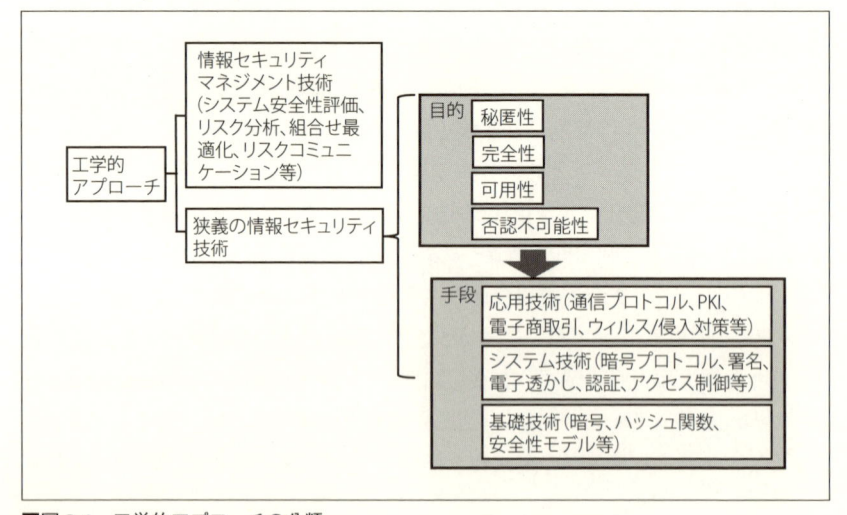

■図 2.1　工学的アプローチの分類

キュリティマネジメント技術は、上記の情報セキュリティマネジメント手順 (PDCA) を実施するための技術であり、リスク分析（リスクの発見と分類・定量化）、システムおよびデバイスの安全性評価、複数の対策技術の組合せ最適化、リスクコミュニケーションなどの技術が含まれる [1][2][4][5][6]。一方、狭義の情報セキュリティ技術は、古くから以下の3つの目的を達成するために開発されてきた [8]。

- 機密性 (Confidentiality)：指定された相手にだけ情報を開示し、それ以外の相手には情報を秘匿すること。企業の機密情報を漏洩から守る場合などを想定している。
- 完全性 (Integrity)：情報の喪失や改変がないこと。経理情報を改変から守る場合などを想定している。
- 可用性 (Availability)：情報が必要な効率で利用できること。ネットワークシステムを DoS (Denial of Service) 攻撃から守る場合などを想定している。

また、電子商取引などの分野では、これらの3つの目的以外に以下の目的を掲げている。

- 否認不可能性 (Non-repudiation)：情報や情報処理が存在したことを否認できないこと。契約の事後否認を防止する場合などを想定している。

狭義の情報セキュリティ技術は、上記の目的の達成に向けて、以下の3階層から構成される [7]。

- 基礎技術：暗号、ハッシュ関数、安全性モデルなどの基本的なアルゴリズムやモデル。
- システム技術：暗号プロトコル、電子署名、電子透かし、認証、アクセス制御などの基本技術の組合せ。
- 応用技術：暗号プロトコルを応用した通信プロトコル、PKI、電子商取引、ウィルス/不正侵入対策など。

2.1.3 プライバシー保護

オンラインの予約や商品購入、金融サービスを受けるためには、氏名、住所、カード番号などの個人情報をサービス事業者に提供する必要があり、オンラインサービスの普及と共に個人情報提供の機会が増えている。さらに、ユビキタ

ス情報社会の実現に伴って、生活のあらゆる時間・空間で、本人が意識しない間に個人情報を提供するようになってきた。たとえば、GPS や RFID を通じた位置情報、監視カメラを通じた顔や動作の情報、情報家電の利用を通じた健康管理に関する情報の提供が挙げられる。このように個人情報の提供機会が増加するに伴い、プライバシーが重要な社会問題になってきた。

プライバシーとは、「個人に関する情報の扱いを当該個人が制御できること」とされる [9]。そこで、プライバシーの保護を技術の視点から見ると、個人情報の流通およびアクセスの制御であり、情報セキュリティマネジメントの中に位置付けられる。

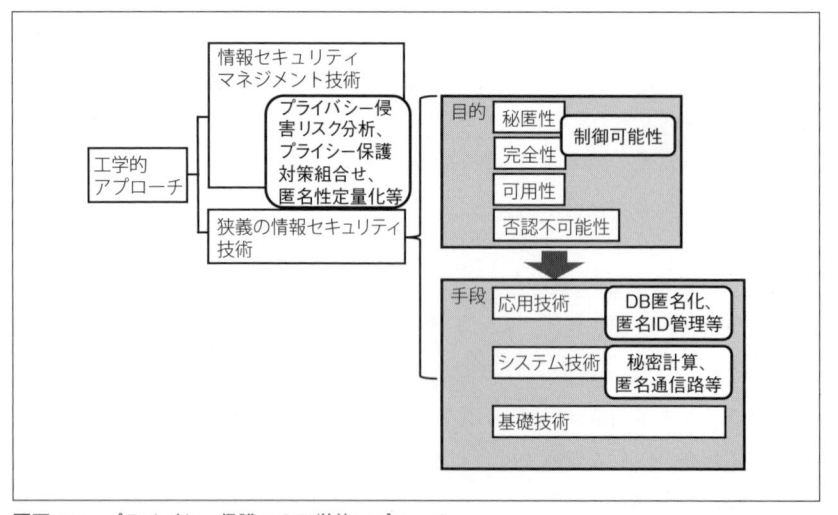

プライバシー保護への工学的アプローチは、上述した (1) 情報セキュリティマネジメント技術および (2) 狭義の情報セキュリティ技術の中に位置付けることができる（図 **2.2**）。(1) プライバシー保護のための情報セキュリティマネジメント技術としては、プライバシー侵害リスクの発見、分析、プライバシー保護対策の組合せ最適化などに加え、プライバシーや匿名性のレベルを評価する指標や定量化手法があり、独自の技術分野を形成している。(2) プライバシー保護のための狭義の情報セキュリティ技術は、その目的において、従来の延長では説明できない特徴を持っている。すなわち、プライバシー保護は、個人に関する情報の扱いを当該個人が制御可能とすることである。たとえば、個人情

■図 2.2　プライバシー保護への工学的アプローチ

報を事業者などに提供する際に、事業者がその個人情報を見ることは許可し、マーケッティングのための統計処理に利用することは許可するが、当該個人へのダイレクトメールに利用することは禁止したい。このような制御の可能性は、個人の情報を単に秘匿すること（機密性）とは異なる。また、情報の喪失や改変の防止（完全性）、効率的な利用の保証（可用性）、情報の存在の否認防止（否認不可能性）とも異なる。

個々の具体的な技術（手段）としては、署名者の特定を防ぎ匿名性を保証する電子署名、**秘密計算**[1]、匿名通信路、データベース内の個人情報の匿名化、匿名性を保証するアイデンティティ管理などがある。これらは、暗号プロトコル、通信プロトコル、データベースなどのシステム技術、応用技術に位置付けられる。

セキュリティへの工学的アプローチでは厳密な定式化とその妥当性検証が重要だが、プライバシー保護ではそのような定式化や検証が社会科学と密接に関連する場合も多いため、セキュリティマネジメント学における1つの研究類型として注目すべき点が多い。そこで、2.2節では、セキュリティマネジメントへの工学的アプローチのうち特にプライバシー保護へのアプローチを取り上げ、論じることにする。

2.2　プライバシー保護への工学的アプローチ

2.2.1　プライバシー保護の概要

(1)　プライバシーとは

本節では、工学的アプローチの議論に先立って、プライバシー保護の目的と対象を明らかにする。プライバシーについては、古くは「1人でいる権利」として定義されていたが[10]、時代とともに変化し、様々な定義がなされている。たとえば、自分自身または所属するグループへのアクセス制御[11]、個人に係わる情報の扱いを当該個人が制御できること[9]などの定義がある。本節では、情報処理の視点からの定義として、「個人に係わる情報の扱いを当該個人が制御できること」[9]を採用する。ここで、情報の扱いには、情報の提供、利用目的・範囲、提供した情報の確認・修正・棄却、提供先からの2次提供などが含

---

[1] データを暗号化したまま、そのデータの関数値を求める技術。個人情報を暗号化したまま分析する、その統計量を求める等の利用が期待されている。

まれる。

　プライバシー保護の対象となる個人情報とはどのようなものだろうか。個人情報保護法では、「個人情報」を生存する個人に関する情報（識別可能情報）として定義している。個人に関する情報を判例で見ると「思想、宗教、意識、趣味等に関する情報、心身の状態、体力、健康等に関する情報、資格、犯罪歴、学歴等に関する情報、職業、交際関係、生活記録等に関する情報、財産の状況、所得等に関する情報など、個人に関する全ての情報が含まれる」となっている[12]。すなわち、情報を提供する個人の意思によっては、個人に関するいかなる情報もプライバシー保護の対象となり得る。

　情報化社会のプライバシー問題の発端は1970年代にまでさかのぼる。当時すでに、デジタル化されたプライバシー情報が本人の知らない間に収集され、使用されるという懸念が有識者達によって表明されていた。これらの懸念を受けて、1980年に、OECDが個人情報の取扱いに関する8つの原則を定めた[13]。その後の多くのプライバシー保護対策は、このOECD8原則に基づいている。

　その後、電子商取引などのネットワークサービスの普及に伴って、プライバシーの重要性が一般市民にも知られるようになったが、2000年頃から**ユビキタスコンピューティング**の実現によって、さらに大きな問題として顕在化してきた。ユビキタスコンピューティングの実現以前は、個人情報を提供する場面が電子商取引などに限定されていたが、以後では、生活のあらゆる時間・空間で個人情報を提供するようになった（**表2.1**）。また、人間という知的センサによって絶えず監視され、個人情報を取得・開示されるようになった[14]。すなわち、Blog、Microblog（Twitterなど）、ソーシャルネットワーキングサービス（SNS：mixi、Facebookなど）、動画や写真の投稿・配信サービス（YouTube、USTREAMなど）が続々と現れ、数億人の個人が、自分自身や友人、さらには直接関係のない人の個人情報を安易に開示するようになった。

　情報化社会のプライバシーはトレードオフの問題とみなすこともできる。高度なネットワークサービスを享受するためにプライバシー情報の提供が必要になる一方で、リスクも生じる。プライバシーのリスクには下記が含まれる。

- 人格のリスク：主に不特定多数への個人情報の暴露により、人格の尊厳を失う。
- 人権のリスク：主に機関や企業による個人情報の取得によって、不当な差

■表2.1 ユビキタス情報社会のプライバシー問題

個人情報提供・流出の理由		メディア	情報種別	懸念される問題	
サービスを受けるために了解して提供する	PCなどで自ら入力	サービスサイト	氏名、年齢、住所、カード番号等	目的外利用、外部漏洩	断片的な情報の組合せによる個人の特定
	センサーによる自動取得	GPS、RFID、それらの内蔵端末	現在位置、通勤などの経路、自宅住所等		
コミュニケーションや自己表現のために自ら情報発信する		SNS、blog、microblog	・氏名、年齢、住所等の基本情報 ・職歴、学歴、通勤通学先、職種等の社会的属性情報 ・宗教、恋人、健康状態等の機微情報 ・顔や身体等の静止画・動画	さらし者、いじめ、就職・昇進への影響、店舗などの営業への影響、人民裁判	
了解なく取得される	他人による情報発信	動画投稿・インターネット生放送	顔や身体等の静止画・動画		
	防犯治安維持	監視カメラ		目的外利用、外部漏洩	

別や支配を受ける。
- 犯罪のリスク：主に特定の個人や団体による個人情報の取得によって、なりすましやストーカー犯罪の標的となる。

このようにネットワークサービスが高度化し普及する中で、その利便性を維持しながら、個人情報の扱いを制御することが、情報化社会のプライバシー保護の本質的な課題である。

(2) 工学的アプローチの概要

プライバシーは、ネットワークサービスの利便性とトレードオフの関係にある。それは、サービスの発展と共に顕在化し、サービスのユビキタス化に伴って大きな社会問題になった。そこで、本章では、1980年頃から現在までのネットワークサービスの発展と、それに伴うプライバシー問題、技術的対策を概観する（図2.3）。これにより、代表的な技術を解説すると共に、技術の存在理由と位置付けを明らかにしたい。また、2.2節で紹介するアプローチ例の位置付けを明らかにしたい。

1980年以降の最初の重要なネットワークサービスは**電子商取引**であった。そこでは、顧客の氏名、住所、カード番号などの個人情報を、当該顧客の了解を得ないでサービス業者が扱うことが懸念された。これに対し、個人情報の扱い

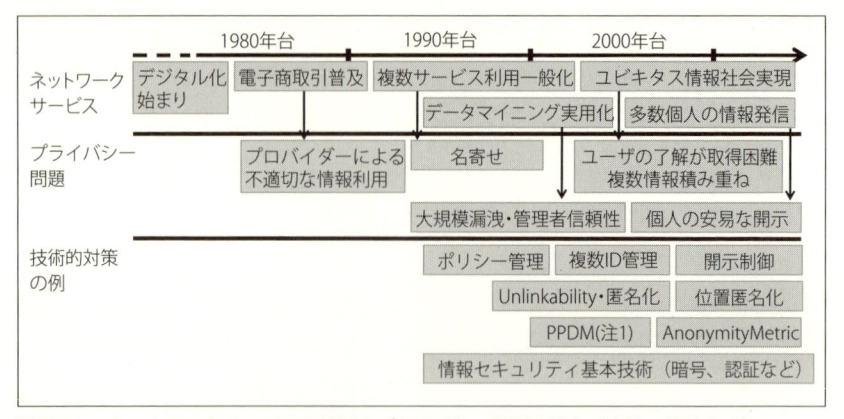

■図2.3　ネットワークサービスの発展とプライバシー問題の拡大（吉浦・越前[14]）
(注1) Privacy Preserving Data Mining.
(注2) 保護技術はいずれも現在まで活発な検討が続けられている。

に関して、顧客と業者の双方がポリシーを定め、その整合性を検証する技術が提案され、現在も検討が続けられている。たとえば、**Platform for Privacy Preferences (P3P)** では、顧客とプロバイダーの双方がXMLを用いてプライバシーポリシーを記述する[15]。ユーザエージェントシステムが、顧客のポリシー記述をメニュー形式等で誘導し、業者のポリシーとの整合チェックおよび顧客への警告を行う[16]。たとえば、クッキーの使用を許可するかしないかなどがチェックされる。

1990年代になると、1人のユーザが複数のネットワークサービスを利用するようになり、サービスごとに開示した個人情報を組み合わせることで、個人の特定などの重大なプライバシー侵害に至るという懸念が生じた。そこで、サービスごとに異なるIDを利用可能とする技術が提案され、検討が続けられている。関連して、複数の個人情報・複数のIDが同一人物であると推定できないこと (**Unlinkability**) や、通信元の**匿名化**技術が検討されている。たとえば、オーストリアの国民ID制度では、同一人物が分野ごとに異なるIDを持ち、ID間のUnlinkabilityを一定の範囲で技術的に保証する一方、犯罪捜査などのために許可を受けた場合はID間のLinkingが行えるようになっている[17]。また、プライバシーに重点をおいたID管理の研究の例としては、PRIMEプロジェクトが挙げられる[18]。通信匿名化技術の代表例としては、複数の通信元からのデータをシャッフルする**MIXネット**[19]と、通信パケットの中に通信

パケットを階層的に内包し、タマネギの皮を剥くように内部のパケットを取り出して通信経路を動的に決めていく**オニオンルーティング** [20] が有名である。一方、攻撃の立場からの Unlinkability や匿名性を破る技術も多数報告されている [21][22]。

1990 年代後半になると、企業等が多数のユーザから個人情報を集めてデータベース化し、データマイニング等の分析を行うようになった。これに伴い、データベースへの外部からの侵入や内部の不正によって、大量の個人情報が一度に漏洩する事件が起こった。そこで、データベース中の個人情報の保護が問題となり、その一つの方法として匿名化が重要になった。個人情報の匿名化とは、個人情報を除去、抽象化あるいは暗号化することで、個人が特定できないようにすることである。なお抽象化とは、たとえば 1975 年 6 月 3 日という生年月日を 1970 年代といったより曖昧な情報に変更することである。

情報の除去や抽象化を行うほどプライバシーは保護されるが、データベースの有用性は失われる。このトレードオフを明確化し、適切な匿名化を可能とするために、匿名性の評価指標 (**anonymity metric**) が検討されている。たとえば、***k*-匿名性**と呼ばれる指標は、データベース内に n 人分の個人情報（n レコード）が存在するとして、どの実在の人についても、その人の個人情報を k レコード未満に絞り込めないことを意味する（その人の個人情報は k レコードのうちのどれか一つとしか分からない）[23]。k-匿名性の問題点も指摘されている。たとえば、ある実在の人に該当するレコードを k 未満に絞り込めないとしても、当該 k レコードが全て同じ属性値（たとえば病名＝HIV）を持っている場合には、実在の人の病名が一意に特定されてしまう。この問題を解決する評価指標として、***l*-多様性** [24]、***t*-closeness**[25] などが提案されている。

関連する技術として、**Privacy Preserving Data Mining (PPDM)** が研究されている。PPDM は、個々のプライバシー情報を特定できないようにしながら、その集合に対してデータマイニングを可能とする技術である。主な方法は、各々の個人情報にノイズを加える一方、ノイズの影響を受けずにマイニング結果を求める方法 [26] と、秘密計算によってデータを暗号化したままマイニングする方法 [27] に分類できる。

2000 年頃になると、ユビキタスコンピューティングの実現が進み、生活のあらゆる時間・空間で、個人情報を提供するようになってきた。たとえば、ユーザの現在位置に基づいて道案内や商店の紹介を行う位置情報サービスは便利で

あるが、その利便性を享受するためには、GPS等を通じて自分の位置を絶え間なく業者に提供する必要がある。しかし、業者に提供した位置情報が漏洩あるいは不正利用されると、自分の現在位置が不当に知られるだけでなく、通勤経路などの経路情報が把握され、さらには、自宅の位置や通勤先の会社名まで把握される [28]。この問題への対策技術として、ユーザの位置情報を業者に直接送るのではなく、匿名化した後送る方法が研究されている [29]。たとえば、上述したk-匿名性を応用し、所定のエリアにk人以上のユーザが存在するようにエリアを設定し、位置の代わりにエリア ID を送る**位置匿名化**手法がある [30]。

ユビキタスコンピューティングがもたらしたもう一つの大きな変化は、多数の個人による情報発信である。人間は、システムとしてみると、極めて知的である一方、制御することは困難である。この制御困難な知的システムが、**SNS**や **Microblog** を通じて、自分自身や友人、周囲の人の個人情報を安易に公開するようになった。その結果、勤務先を解雇された、旅行中であることが分かり自宅に侵入された等の様々な被害が発生している。この問題への対策としては、情報の公開範囲を「友人まで」、「友人の友人まで」などに限定する公開設定技術が用いられている [31]。また、SNSやMicroblogのコメントから個人情報の漏洩を検知してユーザに警告する技術などが研究されている [32]。

生活のあらゆる時間・空間でのプライバシー情報の提供、多数の個人によるプライバシー情報の開示は今後ますます増えていく。さらに、センサ情報やSNS情報が API を通じてプログラムによって利用されること、複数のネットワークサービスが自動的に連携することにより、プライバシー情報の取得・開示の機会およびその拡散の範囲が拡大すると考えられる。このような状況下で、ユーザの意思に沿って個人情報の扱いを制御する技術が求められる。

また、リスクの視点からは下記のような技術も必要になるであろう。

- 人格の尊厳が失われるリスクについては、不特定多数による個人情報の開示を検知し、警告・フィルタリングする技術。
- 人権が抑圧されるリスクについては、サービスの公平性を検証したり、アカウンタビリティを確保する技術。
- 犯罪の標的となるリスクについては、攻撃をシミュレーションする技術。たとえば多くの断片的な個人情報の組合せによる推論の技術。

2.2.2 個人情報データベースの保護におけるアプローチ例
(1) k-匿名性によるアプローチ
(i) 概要と位置付け

1990年代の後半以降、企業等が多数のユーザから個人情報を集めてデータベース化し、**データマイニング**等の分析を行うようになっている。また、医療の電子化に伴い、医療機関が患者の病歴や診療履歴等の個人情報をデータベース化し、分析するようになってきた。この動向に伴って、不正侵入による大規模な個人情報の漏洩や、企業等の内部不正による個人情報の持ち出しが問題になっている。

また、集積された個人情報は、集積した機関が利用するだけでなく、他の機関への貸与を通じて2次利用される。平成19年に改正された**統計法**の第34条では、「学術研究の発展に資すると認める場合その他の総務省令で定める場合には、総務省令で定めるところにより、一般からの委託に応じ、その行った統計調査に係る調査票情報を利用して、統計の作成等を行うことができる。」と定めており、公共の調査データを学術利用することが可能になっている [33]。これらの2次利用において、貸与先の機関からの情報漏洩が懸念される。

以上の問題を解決する代表的な方法は、調査データの中の個人情報を匿名化することである。たとえば、上述した統計法の第35条および36条では、匿名データの作成および提供について定めており、この規程に基づいて、調査データの提供が始まっている [34]。ここでの匿名化とは、情報の除去と抽象化である。たとえば、氏名情報を除去し、生年月日を年代（1970年代など）に抽象化する。しかし、情報の除去や抽象化を行うほどプライバシーは保護されるが、データの有用性は失われる。このトレードオフを分析し、適切な匿名化を可能とするために、匿名性の評価指標 (anonymity metric) が必要となった。

k-匿名性は、2002年に Latanya Sweeny らが提案した匿名性の評価指標である [23]。この指標の意味は、データベース内に n 人分の個人情報（n レコード）が存在するとして、どの実在の人についても、その人の個人情報を k レコード未満に絞り込まないことであり、この意味を技術的に厳密に定義している。

k-匿名性は、プライバシーを保護するための基準の定義であるので、本章2.1.2節および2.1.3節で述べた分類において、プライバシー保護のための情報

セキュリティマネジメント技術に位置付けられる。k-匿名性に基づいて、プライバシー保護のための情報セキュリティ技術、たとえばk-匿名性を満たすためのデータベースの構成方法が生み出された [35]。また、k-匿名性は当初は個人情報データベースの匿名化を対象としていたが、k-匿名性の考え方は一般的であるため、他の分野でも用いられている。たとえば、位置情報サービス業者が管理するデータベース中に n 人分の位置情報が存在するとして、どの実在の人についても、その人の位置情報を k レコード未満に絞り込めないことを位置のk-匿名性と呼び、位置情報サービスのプライバシー保護の指標としている。そして、位置の k-匿名性を満たすために、位置を抽象化する技術が研究されている。

k-匿名性の問題点も指摘されている。たとえば、2.2.1(2) で述べたように、当該 k レコードが全て同じ属性値（たとえば病名=HIV）を持っている場合には、実在の人の病名が一意に特定されてしまう。この問題を解決する評価指標として、**l-多様性** [24]、**t-closeness**[25] などが提案されており、k-匿名性は大きな研究領域の出発点となっている。

以上述べたように、k-匿名性は、応用範囲が広く、研究領域の発展性も高いので、以下の節で取り上げ論じることにする。

(ii) 定義

本節では、k-匿名性の定義を説明する。ここではデータベースとして、最も一般的に用いられている**関係データベース**を想定する。関係データベースではデータを1つ以上の表によって表す。表の各行は1つの対象に関するひとまとまりのデータであり、レコードと呼ばれる。レコードは、たとえば1人分の個人情報を表す。表の各列は、データの属性であり、たとえば、個人情報のうち生年月日、住所、病名などである。**表 2.2** は、病院の管理する患者の個人情報データベースの中の1つの表を模式的に示したものである。

Sweeny は、データの属性を、個人の特定につながる属性 (quasi-identifier) とそれ以外の属性に分類したうえで、以下のように k-匿名性を定義している。

- k-匿名性の定義：データベースの任意のレコードについて以下の条件が成立するときに、そのデータベースについて k-匿名性が成立する（すなわちデータベースは k-匿名である）。
- 条件：Quasi-identifier 属性に着目したときに、当該レコードは、他の $k-1$ 個以上のレコードと同一の値を持っている。

■表 2.2　患者データベースの例

生年月日	性別	住所（ZIP）	病名
⋮	⋮	⋮	⋮
71.5.24	F	157-0074	食中毒
73.3.09	M	182-8585	インフルエンザ
73.10.17	M	113-0033	HIV
74.8.20	F	167-0022	胃がん
76.1.30	M	124-0022	食中毒
78.4.13	F	113-0025	胆石
81.7.26	M	196-0032	肝臓がん
82.4.07	F	144-0000	狭心症
84.12.11	M	194-0034	インフルエンザ
85.3.08	M	181-0000	大腸がん
⋮	⋮	⋮	⋮

■表 2.3　3-匿名化した患者データベース

生年月日	性別	住所（ZIP）	病名
70年代	F	1**-****	食中毒
70年代	M	1**-****	インフルエンザ
70年代	M	1**-****	HIV
70年代	F	1**-****	胃がん
70年代	M	1**-****	食中毒
70年代	F	1**-****	胆石
80年代	M	1**-****	肝臓がん
80年代	F	1**-****	狭心症
80年代	M	1**-****	インフルエンザ
80年代	M	1**-****	大腸がん

たとえば、表 2.2 において、生年月日、性別、住所が quasi-identifier であるとすると、表 2.2 は 1-匿名でしかない。すなわち、レコードは一意に特定されてしまい、匿名性は全くない。**表 2.3** は、表 2.2 のうちの生年月日と住所を抽象化したものである。抽象化の結果、表 2.3 は 3-匿名となっている。

(iii)　実世界における意味

上記の k-匿名性の定義は、実世界においてどのような意味を持つのだろうか。ある実在の人が保険に入ろうと申請している場合を想定する。保険会社は申請書の記載から、その人の生年月日、性別、住所を知ることができる。たとえば、生年月日は 1973 年 10 月 17 日、性別は男性、郵便番号は 113-0033 であると分かる。1-匿名である表 2.2 のデータが病院から漏洩し、保険会社に知られると、保険会社は、保険申請者に該当するレコードを上から 3 番目のレコードに絞り込むことができ、申請者は HIV の患者であると知ることができる。これに対し、表 2.2 を抽象化し、表 2.3 のように 3-匿名にしておけば、これが漏洩しても、保険会社は、該当するレコードを 3 つにしか絞り込むことができない。その結果、申請者の病気の可能性として、インフルエンザ、HIV、食中毒の 3 つが残る。さらに、データベースを 5-匿名にしておけば、申請者の病名はより曖昧になる。

このように、より大きな k を用いて匿名化すれば、データ漏洩によるプライバシー侵害のリスクをより低減することができる。一方、より大きな k で匿名化するためには、生年月日を 10 年単位ではなく 20 年単位にしたり、性別を除去するなどのさらなる抽象化が必要となる。以上のように、k の値は、データベースの匿名化の度合いとして有用な指標であり、k をいくつに設定するかを

通じて、プライバシー保護とデータ有用性のトレードオフを検討することが可能となる。

(iv) 位置情報サービスへの応用

近年位置情報サービスの普及がめざましい。位置情報サービスを享受するために、ユーザは自分の現在位置をサービス業者に送る。サービス業者は、ユーザの位置に基づいて、最寄りのレストランを紹介する等のサービスを提供する。ところが、サービス業者がユーザの位置情報を取得し、かつ記録することから、プライバシー上の問題が懸念されている。1つは、内部犯罪や不正侵入によってサービス業者からユーザの位置情報が漏洩する懸念であり、もう1つは、サービス業者が位置情報を目的外に利用する懸念である。

位置情報が漏洩あるいは不正利用された場合のリスクとして、現在位置が分かることによる誘拐などのリスク、移動経路が分かることによる通勤路などの情報漏洩リスク、さらには、自宅住所や勤務先の情報漏洩リスクが指摘されている [28]。たとえば、Hoh らは、65 人のドライバーの車に装着した GPS を被験者に 1 週間観測させたところ、85％のドライバーについて、自宅らしき場所を発見できたという報告を行っている [36]。

この問題の解決方法として、ユーザの位置情報を抽象化（曖昧化）して業者に送ることが考えられる。しかし、位置情報の抽象化はサービスの質の低下につながるため、プライバシーとサービスのトレードオフを考慮した抽象化が必要となる。そのトレードオフの検討に k-匿名性を用いることが検討されている [30]。

具体的には、位置情報を quasi-identifier 属性とし、複数のユーザの位置情報をデータベース内に並べたときに、k-匿名性が成立するように位置情報を抽象化する。つまり、k 人以上が同時に存在するようにエリアを設定し、位置情報をエリア情報で置き換える。空間だけでなく、時間を含めた抽象化も検討されている。すなわち、位置情報および時刻情報を quasi-identifier 属性とし、k 人以上が同じ時空間帯に存在するような時間帯とエリアを設け、時刻と位置情報を時間帯とエリアの情報で置き換える。このような処理を位置の k-匿名化と呼ぶ。位置の k-匿名化では、k が大きいほど、プライバシーは保護される一方、サービスの質は低下する。そこで、k の値に基づいて、プライバシーとサービスのトレードオフを検討することが可能となる。

(v) 問題点

k-匿名性について、様々な問題点が指摘されている。以下に代表的な問題点と、それを踏まえた新しい匿名化指標を説明する。

- 問題点1：k-匿名性が成立していても、プライバシーが保護されない場合がある。たとえば、quasi-identifier 属性の値が同一である k 個のレコードが、quasi-identifier 以外の属性においても同じ値を持つ場合に、実在する人の個人情報が一意に特定される [24]。たとえば、表 2.4 は 3-匿名であるが、前述の例の保険申請者の病名は HIV と特定される。

この問題を解決するための匿名化指標として l-多様性が提案されている [24]。l-多様性の定義は以下のとおりである。

- l-多様性の定義：k-匿名なデータベースにおいて、quasi-identifier 属性の値が等しい任意のレコード集合が以下の条件を満たすときに、そのデータベースは l-多様性を満たす。
- 条件：そのレコード集合は、quasi-identifier 属性以外の属性において、l 以上の異なる値を持つ。

表 2.5 のデータベースは、2-多様性を満たす。もし、表 2.5 のデータベースが漏洩したとしても、保険申請者の病名として HIV と肝硬変の 2 つの可能性が残る。

■表 2.4　3-匿名化が有効でないデータベース

生年月日	性別	住所（ZIP）	病名
⋮	⋮	⋮	⋮
70年代	F	1**-****	食中毒
70年代	M	1**-****	HIV
70年代	M	1**-****	HIV
70年代	F	1**-****	胃がん
70年代	M	1**-****	HIV
70年代	F	1**-****	胆石
80年代	M	1**-****	肝臓がん
80年代	F	1**-****	狭心症
80年代	M	1**-****	インフルエンザ
80年代	M	1**-****	大腸がん

■表 2.5　2-diversity を満たすデータベース

生年月日	性別	住所（ZIP）	病名
⋮	⋮	⋮	⋮
70年代	F	1**-****	食中毒
70年代	M	1**-****	HIV
70年代	M	1**-****	HIV
70年代	F	1**-****	胃がん
70年代	M	1**-****	肝硬変
70年代	F	1**-****	胆石
80年代	M	1**-****	肝臓がん
80年代	F	1**-****	狭心症
80年代	M	1**-****	インフルエンザ
80年代	M	1**-****	大腸がん

- 問題点2：与えられたデータベースから k-匿名のデータベースを作成することが容易ではない。すなわち、与えられたデータベースから導出可能な k-匿名データベースは複数通り存在する。データベースの有用性をできる

だけ維持しながら適切なk-匿名化を行う必要がある。
- 問題点3：k-匿名性を満たすためには情報の除去と抽象化を行うので、どのように工夫しても、データベースの有用性低下は避けられない。たとえば、年齢を年代に抽象化すれば、年齢と病気発生率の相関を正確に求めることは不可能になる。

問題点2、3を解決する方法として、暗号や秘密分散を用いたデータベースが研究されているので、次節で取り上げる。

(2) 秘密分散による匿名化

(i) 概要

前節では、データベースを匿名化するための指標として、k-匿名性を紹介した。しかし、k-匿名性には、匿名化作業が容易ではない、データの有用性が低下するという問題点がある。この問題を解決する方法として、データベースの暗号化および秘密分散が検討されている。

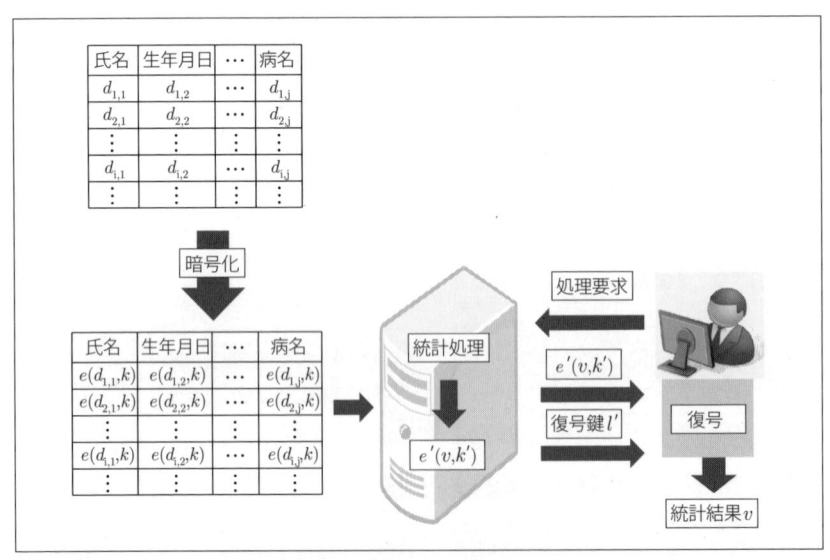

■図2.4 暗号化によるデータベースのプライバシー保護

まずデータベースの暗号化について述べる。図2.4は、暗号化によるデータベース保護の簡単な例を示す。元のデータベースは、1つの表から構成され、そのi行j列の要素を$d_{i,j}$とする。たとえば、$d_{i,j}$は患者の生年月日や住所である。データベースの各要素$(d_{i,j})$を鍵kを用いて暗号化し、暗号データ

$(e(d_{i,j}, k))$ を得る。ここで、e は暗号化関数である。この $e(d_{i,j}, k)$ を要素として、暗号化された表を構成する。これが暗号化データベースである。暗号化する前のデータベースは削除するか、または、バックアップ用として厳重に管理し、通常利用には暗号化データベースを用いる。

ユーザがデータベースサーバにデータマイニングなどの計算要求を送ると、データベースサーバは、個々の暗号化されたデータから計算結果の暗号値 $(e'(v, k'))$ を算出し、要求者に送る。ここで、e' は暗号化関数、k' は暗号鍵、v は計算結果である。データベースサーバは、さらに、暗号鍵 k' に対応した復号鍵 l' を送る。要求者は、鍵 l' を用いて、暗号を復号し、所望の計算結果 v を得る。個々のデータの暗号値 $(e(d_{i,j}, k))$ から計算結果の暗号値 $(e'(v, k'))$ を算出する方法としては、算出のときだけ一時的に個々のデータを復号する方法、秘密計算を用いてデータに暗号をかけたままデータの関数値を求める方法がある。

データベースを暗号化しておくことで、不正侵入が行われても、暗号化データと鍵の両方が流出しない限り個人情報は保護される。また、鍵は小さいデータであり、厳密に管理されるので、内部犯罪への障壁も高まる。暗号化処理は、機械的に実行可能である。また、データの有用性は低下しない。たとえば、データの暗号値 $(e(d_{i,j}, k))$ から統計結果の暗号値 $(e'(v, k'))$ を算出する方法として、一時的に個々のデータを復号する方法を採用した場合、統計処理の結果は匿名化しない平文データベースと同じになる。また、秘密計算を用いる場合も、平文データと同一の統計結果を得ることができるので、データの有用性は低下しない。以上により、k-匿名性の問題点を解決することができる。

上記の暗号化方式と同様の効果をもたらす別の方式としては、秘密分散方式がある。**図 2.5** は、暗号化の代わりに秘密分散を用いたデータベース保護の例を示す。秘密分散の詳細は後述するが、基本的には、データベースの各要素 $(d_{i,j})$ を n 分割し、$d_{i,j}^h (1 \leq h \leq n)$ とする。n 個の分散データを全て集めると元データ $d_{i,j}$ を復号することができるが、分散データが1つでも不足すると復号できない。これらの $d_{i,j}^h$ を要素として、n 個の表を構成する。これが n 個の分散データベースとなる。分散前のデータベースは削除するか、または、バックアップ用として厳重に管理し、通常利用には分散データベースを用いる。

データベースサーバは、データマイニングなどの計算要求を受け取ると、個々の分散データから計算結果 v の分散データ $v^h (1 \leq h \leq n)$ を算出し、要求

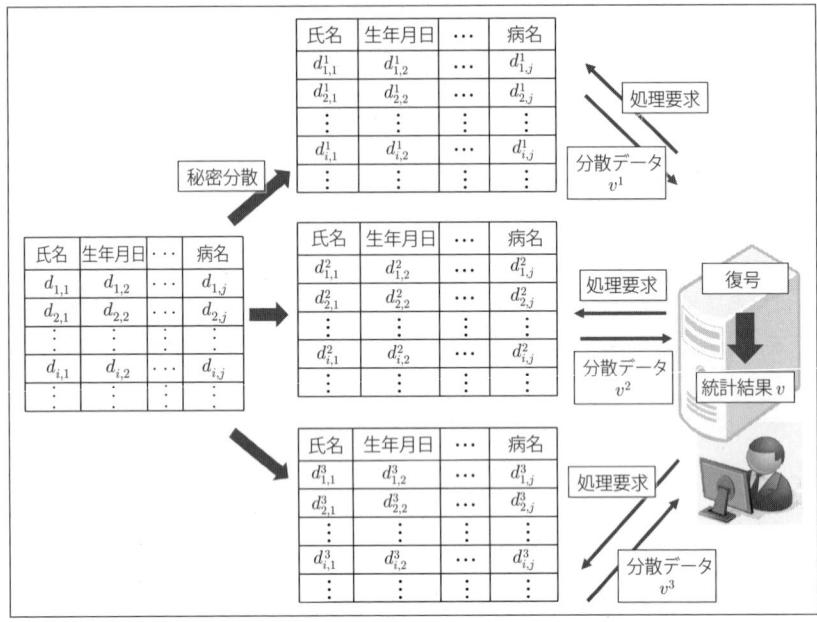

■図2.5　秘密分散によるデータベースのプライバシー保護

者に送る。要求者は、n個の分散データから所望の計算結果vを復号する。分散データ$d_{i,j}^h$から計算結果の分散データv^hを算出する方法としては、算出のときだけ一時的に個々のデータを復号する方法、マルチパーティ計算を用いて分散したままで統計値を求める方法が知られている。

　データベースを秘密分散しておくことで、不正侵入が行われても、n個の分散データ全てが流出しない限り個人情報は保護される。また、n個の分散データ全てを持ち出す必要があるため、内部犯罪への障壁も高まる。n個のデータを異なるサーバ上に配置し、さらに、これらのサーバを異なるLAN内に配置することでさらに安全性を高めることができる。また、暗号化データベースの場合と同様に、秘密分散は自動処理が可能であり、データの有用性は低下しないので、k-匿名性の問題点は解決される。

　以下では、筆者らが研究している**秘密分散データベース**の具体例[37]を紹介する。

(ii)　秘密分散とマルチパーティ計算

　秘密分散データベースの説明の準備として、秘密分散とマルチパーティ計算

について簡単に説明する。ここでは、秘密分散法の代表例として、(k, n) しきい値法を取り上げる[38]。この方式では、任意のデータ d は n 個の分散データ $d^h (1 \leq h \leq n)$ に分散される。n 個の分散データのうちの k 個以上の分散データから元のデータを復号することができる。一方、k 個未満の分散データからは、元のデータについて全く手掛かりを得られない。図 **2.6** は、$(2, 3)$ しきい値法による秘密分散の例を示す。上記 (i) で述べた秘密分散の説明は、$k = n$ の場合の (k, n) しきい値法に相当する。

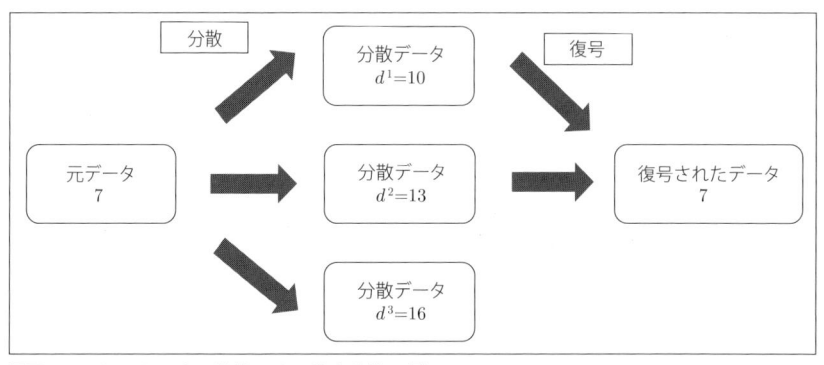

■図 **2.6** $(2, 3)$ しきい値法による秘密分散の例

　マルチパーティ計算とは、データ d に何らかの処理を加えた値 $f(d)$ を秘密分散したままで求めるアルゴリズムである[39]。ここで、f は処理を表す関数である。すなわち、分散データ $d^h (1 \leq h \leq n)$ を持つ各プレイヤーが相互に通信を行って、元のデータ d を復号することなく、計算結果の分散値 $f(d)^h$ $(1 \leq h \leq n)$ を求める。$f(d)^h$ を (k, n) しきい値法の規則に沿って結合することで、$f(d)$ が得られる。たとえば、元の値が 100 であり、これを 3 分割した値が 30, 700, 2850 であるとする。行いたい処理が 2 乗計算 $f(x) = x^2$ であるとする。マルチパーティ計算は、30, 700, 2850 から、たとえば、17, 8702, 15089 を算出する。これらの 17, 8702, 15089 を (k, n) しきい値法の規則に沿って結合すると、10000 が得られる。

　より一般的なマルチパーティ計算は、複数の元データ $d_i (1 \leq i \leq m)$ を扱う。すなわち分散データ d_i^h $(1 \leq i \leq m, 1 \leq h \leq n)$ から、元のデータ d_i を復号することなく、$f(d_1, d_2, \ldots, d_i, \ldots, d_m)^h$ $(1 \leq h \leq n)$ を求める。$f(d_1, d_2, \ldots, d_i, \ldots, d_m)^h$ を (k, n) しきい値法の規則に沿って結合すること

で、$f(d_1, d_2, \ldots, d_i, \ldots, d_m)$ が得られる。図 2.7 は、$m = 3$ の場合のデータ d_1, d_2, d_3 を $(2,3)$ しきい値法で秘密分散し、分散データ d_i^h を持つ各プレイヤーが相互に通信を行いマルチパーティ計算を用いて $(d_1 + d_2)d_3$ を求めている[2)]。

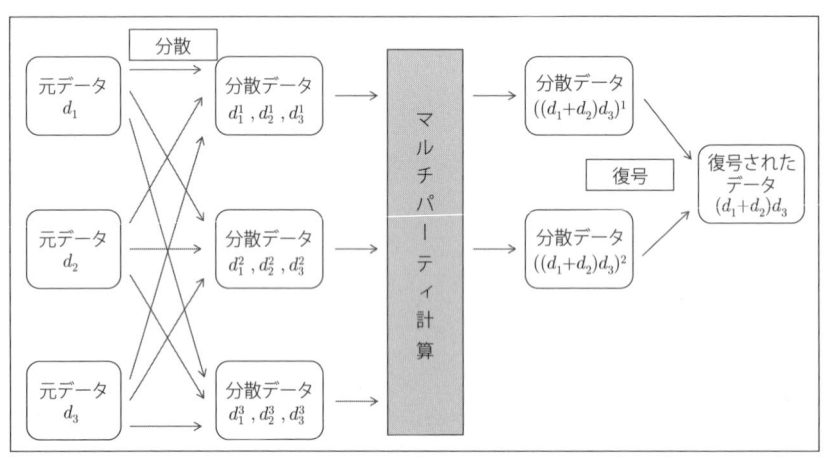

■図 2.7　$(2, 3)$ しきい値法による秘密分散上のマルチパーティ計算

(iii)　秘密分散データベースの例

図 2.8 は、筆者らが研究している秘密分散データベースの模式図である [37]。図 2.8 の左部分のように、元のデータベースから、n 個の分散データベースを作成する。各々の分散データベースを異なるデータベースサーバで管理する。

秘密分散データベースの作成は下記のように行う。なお、以下では図 2.8 に従って、$n = 3$ とする。

- 元のデータベースのテーブル T は、3 つのテーブル T^h $(1 \leq h \leq 3)$ に分散される。T^h の行数および列数は T と同じである。
- T の i 行 j 列のデータ $d_{i,j}$ は、T^h の i 行 j 列のデータ $d_{i,j}^h$ に分散される。$d_{i,j}^h$ は、上記 (ii) の $(2,3)$ しきい値法に従って、$d_{i,j}$ を 3 つに分散したデータである。

図 2.8 の右部分は、分散データベースへの検索を表す。SQL などで記述された検索式を、マルチパーティ計算の手順に変換し、3 つの分散データベース

[2)] この例の場合、厳密に言うと、データの復元には 2 人のプレイヤーの協力が必要十分となるが、マルチパーティ計算には 3 人のプレイヤーの協力が必要十分となる。

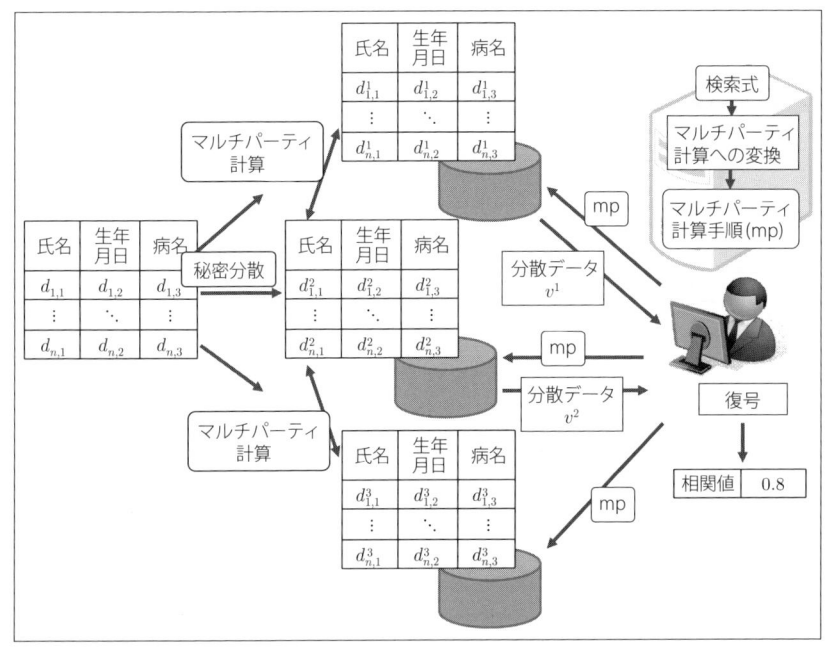

■図 2.8　秘密分散データベースの一例

サーバに送る。3つの分散データベースサーバは、受け取ったマルチパーティ計算手順に従って検索演算を実行し、検索結果の2つの分散データをユーザに送信する。ユーザは、$(2,3)$ しきい値法に従って、2つの分散データから検索結果を復号する。

(iv)　実現性

図 2.8 の右部分の検索式をマルチパーティ計算の手順に変換できれば、上記の方式による秘密分散データベースは実現可能である。すなわち、データベースへの検索処理をどのようにしてマルチパーティ計算に変換するかが問題となる。この点について説明する。

まず、データベースの利用目的として、プライバシー保護と関わりの大きいデータマイニングを想定する。データマイニングで用いられる主な検索処理は、以下の2種類である。

① 平均や分散、相関などの数値計算
② 表の再構成

①の数値計算は、データマイニング本体の計算である。これらの数値計算

は、四則演算と等号判定、大小比較の組合せであるが、これらの演算はマルチパーティ計算に変換することができる [39]。

次に、②の表の再構成について説明する。前述したように、関係データベースでは複数の表を用いてデータを格納している。どのような表を設けるかは、データベースの汎用性や更新の容易性を考慮して、データベース管理者が決めている。一方、データマイニングでは、その目的に応じて、必要なデータの統計処理を行う。そのため、データベースの1つの表がデータマイニングの対象データに過不足なく対応しているわけではなく、データマイニング用に表を再構成する必要がある。たとえば、**表 2.6**(a)(b) をデータベース中の表とする。ここで、年齢、性別と病気の関係についてデータマイニングを行いたい場合には、表 2.6(a)(b) を表 2.6(c) のように再構成する必要がある。この場合は、表 2.6(a)(b) を結合した後、必要な列を抽出することによって、表 2.6(c) に再構成する。

■表 2.6　表の再構成の例

(a)　患者基本情報

No.	氏名	生年月日	性別	住所(ZIP)
⋮	⋮	⋮	⋮	⋮
563	安全花子	71.5.24	F	157-0074
564	情報太郎	73.3.09	M	182-8585
565	日本次郎	73.10.17	M	113-0033
566	北国雪子	74.8.20	F	167-0022
567	安心三郎	76.1.30	M	124-0022
⋮	⋮	⋮	⋮	⋮

(b)　患者疾病情報

No.	病名	既往症	…
⋮	⋮	⋮	⋮
563	食中毒	…	…
564	インフルエンザ	…	…
565	HIV	…	…
566	胃がん	…	…
567	食中毒	…	…
⋮	⋮	⋮	⋮

(c)　年齢、性別と病名の関係

No.	生年月日	性別	病名
⋮	⋮	⋮	⋮
563	71.5.24	F	食中毒
564	73.3.09	M	インフルエンザ
565	73.10.17	M	HIV
566	74.8.20	F	胃がん
567	76.1.30	M	食中毒
⋮	⋮	⋮	⋮

では、このような表の再構成が常に可能だろうか。関係データベースの表の再構成は、**関係代数**と呼ばれる数学モデルによって表現されており、関係代数

の5つの基本演算すなわち表の和、差、選択、射影、直積の組合せによって、表のあらゆる再構成を実現することができる [40]。たとえば、直積は2つの表を組み合わせて1つの表を作成する演算である（**表2.7**）。射影は、1つの表から指定した列を抜き出すことでサブテーブルを作成する演算であり、選択は1つの表から指定した行を抜き出すことでサブテーブルを作成する演算である。これらの3つの組合せによって、Join（2つの表の結合）を実行することができる。表2.6(a)(b)から表2.6(c)への再構成は、Join（直積、射影、選択の組合せ）によって2つの表を結合した後、さらに射影によって必要な列を抽出することで実現している。

■表2.7　表の直積演算

(a) 表1

No.	氏名	生年月日
563	安全花子	71.5.24
564	情報太郎	73.3.09
565	日本次郎	73.10.17

(b) 表2

No.	病名
563	食中毒
564	インフルエンザ

(c) 表1と表2の直積

No.	氏名	生年月日	No.	病名
563	安全花子	71.5.24	563	食中毒
563	安全花子	71.5.24	564	インフルエンザ
564	情報太郎	73.3.09	563	食中毒
564	情報太郎	73.3.09	564	インフルエンザ
565	日本次郎	73.10.17	563	食中毒
565	日本次郎	73.10.17	564	インフルエンザ

　筆者らは、平文データベース上の関係代数の5つの基本演算を、秘密分散データベース上のマルチパーティプロトコル手順に変換するアルゴリズムを示し、表の再構成をマルチパーティプロトコルで実行できることを示している [37]。

(v)　問題点

　秘密分散データベースによって、プライバシーを保護しながらデータマイニングを実行することは、以上述べた方法により原理的には可能である。しかし、この技術を実用化するには、コストが効果に見合うことが必要である。秘密分散データベースのコストのうち問題になるのは、計算量と通信量である。

　まず計算量について述べる。データベースの最も基本的な演算は選択であ

る。たとえば、表 2.6(a) の表から、No.564 の患者の情報を取り出す。この処理は、No. の値が 564 であるような行を探すので、単純に実行すると表の行数に比例した計算時間が必要となる。選択処理を高速化するために、従来、ハッシュテーブルや B 木などの様々な技法が用いられている [40]。ところが、秘密分散データベースにこれらの高速化技法を組み込む方法は現在知られていない。そのため、選択演算の計算時間が行数に比例するので、大規模なデータベース（行数の多い表）からの検索には膨大な時間を要する。

次に通信量について述べる。従来のデータベースでは、ユーザからの要求受け取りとユーザへの結果送信のときだけ通信が必要であった。ところが、秘密分散データベースの場合は、マルチパーティ計算のために分散データベース間の通信が必要となる。一例を挙げると、1 回の積演算（2 つの整数の掛け算）のために分散データベース間で $n(n-1)$ 回の通信が必要である（n は (k,n) しきい値法のパラメータ）。そのため、大規模なデータベースからの検索には膨大な通信量が必要となる。

以上の理由により、秘密分散によるプライバシー保護は小規模なデータベースにおいてのみ実用化が可能であり、大規模データベースでの実用化は、マルチパーティ計算法の改良や計算機、通信の大幅な性能向上を待つ必要がある。

また、個人情報の利用では、データマイニング等の分析結果だけでなく、個別の個人情報すなわちデータベースの個々のレコードを参照したい場合がある。k-匿名性による保護では、抽象化された個別情報を参照することができるが、秘密分散による保護では、個別情報を全く参照できない。そのため、用途によっては不都合となる場合がある。

(3) まとめ

個人情報を集積してデータベース化し、データマイニング等の分析を行うことが一般化しているが、個人情報の漏洩が問題になっている。この問題を解決する手段として、個人情報を抽象化することで、実在する人とデータベース中の個人情報との対応関係を曖昧にする手法がある。その代表例は k-匿名性であり、その改良方式として l-多様性、t-closeness などの手法が挙げられる。しかし、これらの手法には、抽象化作業が容易ではない、抽象化によってデータの有用性が低下するという問題がある。

抽象化手法の問題点を解決する方法として、データベース中の個人情報を暗号化あるいは秘密分散する手法がある。これらの方法は、計算機による機械的

な暗号化あるいは秘密分散が可能であり、データマイニング等の分析結果が元のデータベースを用いた分析結果と同じであるという特徴を持つ。しかし、これらの暗号化・秘密分散手法には処理コストが大きいという問題があり、小規模データベースでのみ実用化が可能である。また、個人情報の利用では、データマイニング等の分析結果だけでなく、個別の個人情報を参照したい場合がある。抽象化手法では、抽象化された個別情報を参照できるが、暗号化・秘密分散手法は個別情報を全く参照できないので、不都合となる場合がある。そこで、用途に応じて、抽象化手法と暗号化・秘密分散手法を使い分ける必要があると考えられる。

参考文献

[1] 日本セキュリティ・マネジメント学会（編）：セキュリティハンドブックI（日科技連，1998）．

[2] 喜入博，永井康彦："セキュリティポリシーと管理運用基準"，土井範久（監修）：情報セキュリティ辞典（共立出版，2003）．

[3] 堀江正之："情報セキュリティとシステム監査のフレームワーク"，日本セキュリティ・マネジメント学会（編）：セキュリティハンドブックII，1章（日科技連，1998）．

[4] 佐々木良一，石井真之，日高悠，矢島敬士，吉浦裕，村山優子："多重リスクコミュニケータの開発構想と試適用"，情処学論，vol.46, no.8, pp.2120–2128 (2005).

[5] 高橋洋介，中尾庸二，吉田健一郎，本多一弘，鈴木悦生，小澤隆一，後藤邦夫，大宮則彦："情報セキュリティマネジメントとセキュリティ評価基準"，電子情報通信学会（編）：情報セキュリティハンドブック（オーム社，2004）．

[6] R. Anderson: Security Engineering: A Guide to Building Dependable Distributed Systems, Second edition (Wiley Publishing, 2008).

[7] 電子情報通信学会（編）：情報セキュリティハンドブック（オーム社，2004）．

[8] Organization for Economic Co-Operation and Development: "Recommendation of the Council Concerning Guidelines for the Security of Information Systems" (1992).

[9] F. Schoeman, "Privacy: Philosophical Dimensions of the Literature", F. Schoeman (Eds): Philosophical Dimensions of Privacy: An Anthology (Cambridge University Press, 1984).

[10] S. Warren and L. Brandeis: "The Right to Privacy", *Harvard Law Review*, 193 (1890).

[11] I. Altman: The Environment and Social Behavior: Privacy, Personal Space, Territory, and Crowding (Brooks/Cole Publishing, 1975).

[12] 横浜地判平成元・五・二三 判タ七〇〇号一四四頁 判時一三一九号六七頁．

[13] Organization for Economic Co-Operation and Development: "Recommendation

参考文献

of the Council Concerning Guide-lines Governing the Protection of Privacy and Transborder Flows of Personal Data" (1980).

[14] 吉浦裕, 越前功: "ユビキタス情報社会のプライバシーとその保護技術", 情報処理学会誌, vol.51, no.9, pp.1136–1143 (2010).

[15] W3C Recommendation: "The Platform for Privacy Preference 1.0 (P3P1.0)", (2003). http://www.w3.org/TR/P3P

[16] R. R. Cranor, P. Guduru and M. Arjula: "User Interfaces for Privacy Agents", ACM Trans. Computer-Human Interaction, vol.13, iss. 2, pp.135–178 (2006).

[17] H. Leitold, A. Hollosi and R. Posch: "Security Architecture of the Austrian Citizen Card Concept", Proc. 18th Annual Computer Security Applications Conference, pp. 391–400 (2002).

[18] PRIME-Privacy and Identity Management for Europe.
https://www.prime-project.eu/

[19] D. Chaum: "Untraceable Electronic Mail, Return Addresses, and Digital Pseudonyms", Commun. ACM, vol.24, no.2, pp.84–88 (1981).

[20] P. Syveron, M. Reed and D. Goldschlag: "Onion Routing Access Configurations", Proc. DARPA Information Survivability Conference and Exposition (DISCEX 2000), vol.1, pp.34–40 (2000).

[21] A. Narayanan and V. Shmatikov: "Robust De-anonymization of Large Sparse Datasets", Proc. IEEE Symposium on Security and Privacy, pp. 111–125 (2008).

[22] L. Backstrom, C. Dwork and J. Kleinberg: "Wherefore Art Thou R3579X? Anonymized Social Networks, Hidden Patterns, and Structural Steganography", Proc. 16th International Conference on World Wide Web, pp.181–190 (2007).

[23] L. Sweeney: "k-Anonymity: A Model for Protecting Privacy", *International Journal on Uncertainty, Fuzziness and Knowledge-based Systems*, vol.10, no.5, pp.557–570 (2002).

[24] A. Machanavajjhala, J. Gehrke and D. Kifer: "ℓ-Diversity: Privacy Beyond k-Anonymity", *ACM Transactions on Knowledge Discovery from Data*, vol.1, iss. 1, pp.1–12 (2007).

[25] N. Li, T. Li and S. Venkatasubramanian: "t-Closeness: Privacy Beyond k-Anonymity and ℓ-Diversity", Proc. International Conference on Data Engineering, pp.106–115 (2007).

[26] R. Agrawal and R. Srikant: "Privacy Preserving Data Mining", Proc. 2000 ACM SIGMOD, pp.439–4450 (2000).

[27] Y. Lindell and B. Pinkas: "Privacy Preserving Data Mining", Proc. of Advances in Cryptology (CRYPTO'00), pp.36–53 (2000).

[28] C. Ardagna and M. Cremonini: "Privacy-Enhanced Location Services Information", A. Acquisiti, S. Gritzalis, C. Lambrinoudakis and S. Vimercati (Eds.): Digital Privacy, pp.307–326 (Auerbach Publications, 2008).

[29] D. Mulligan, J. Cuellar and J. Morris: "Request for Comments: 3693 Geopriv Requirements" (2004). http://www.ietf.org/rfc/rfc3693.txt

[30] B. Gedik and L. Liu: "Protecting Location Privacy with Personalized k-Anonymity: Architecture and Algorithms", *IEEE Trans. on Mobile Computing*,

vol.7, no.1, pp.1–18 (2008).

[31] S. Gurses, R. Rizk and O. Gunther: "Privacy Design in Online Social Networks: Learning from Privacy Breaches and Community Feedback", Proc. 29th International Conference on Information Systems (2008).

[32] 渡辺夏樹, 片岡春乃, 内海彰, 吉浦裕："SNS上のテキストからプライバシー情報を検知するシステムの構想と予備評価", 日本セキュリティ・マネジメント学会誌, vol.24, no.3, (2011).

[33] 統計法. http://law.e-gov.go.jp/htmldata/H19/H19HO053.html

[34] 神戸大学 ミクロデータ アーカイブ (KUMA) のページ. http://www.econ.kobe-u.ac.jp/kuma/index.html

[35] L. Sweeney: "Achieving k-Anonymity Privacy Protection Using Generalization and Suppression", *International Journal on Uncertainty, Fuzziness and Knowledge-based Systems*, vol.10, no.5, pp.571–588 (2002).

[36] B. Hoh, M. Gruteser, H. Xiong and A. Alrabady: "Enhancing Security and Privacy in Traffic-Monitoring Systems", *IEEE Pervasive Computing*, vol. 5, no. 4, pp. 38–46 (2006).

[37] 志村正法, 宮崎邦彦, 西出隆志, 吉浦裕："秘密分散データベースの構造演算を可能にするマルチパーティプロトコルを用いた関係代数演算", 情処学論, vol.51, no.9, pp.1563–1578 (2010).

[38] A. Shamir: "How to Share a Secret", *Commun. ACM*, vol.22, no.11, pp.612–613 (1979).

[39] M. Ben-Or, S. Goldwasser and. A. Wigderson: "Completeness Theorem for Non-Cryptographic Fault-Tolerant Distributed Computation", Proc. 20th Annual ACM Symposium on Theory of Computing, pp.1–10 (1988).

[40] C. J. Date: An Introduction to Database Systems, 8th edition (Addison Wesley, 2003).

第3章　経営学的アプローチ

3.1　概説

　これまで製品や商品は「個人の幸せを保証するバロメータ」であり、幸福は製品や商品の物質面に由来したものであった。「持つ」ことが中心の社会はハード偏重の社会を生み、その結果、生産は不必要なものまで製造し、必然的に顧客はそれを買わされる大量消費・大量廃棄社会となってしまった。その反省は「豊かさ」と「幸福」という議論となり、今日の技術経営、環境経営に代表される**マネジメント**は、その視点を「持つ」ことから「使う」ことへと消費意識を変えようとしている。

　そのような変化は、ものづくりの管理対象が、「物」から「プロセス」、「システム」、さらに「ブランド」へと、今日までのシーズ視点がニーズ視点へと推移してきたことからも明らかである。**図3.1**は「物」から「モノ」、そして「もの」へと、また、ハードからソフトへ、そしてシステムへと変遷してきた一連の流れを特性要因図の形に表したものである。すなわち、そこでは、良品を「作る」という設計視点に始まり、それをより良い方法で「造る」という製造視点へ、そのためにより良い基盤で「造る」という情報システム基盤の視点へ、さらにより良いコンセプトと組織・環境のもとで「創る」という多元的顧客視点へと推移してきた変遷を一望することができる。

　この中で最も注目すべきことは、製品、システム、社会の高度化とともに従来の**コントロール**の域を超えた誤差が増大してきたことである。すなわち、図3.1では F_0 段階の「製品」という特性をコントロールする因子は製品機能や製品性能であったが、F_3 段階の「ブランド・価値」という特性になるとコントロールしようとする因子は顧客満足、品質保証、サービスが中心となる。しかも、F_0 から F_2 段階の特性に含まれる因子の全てがコントロールの対象になる。図3.1の例

第3章執筆：能勢豊一

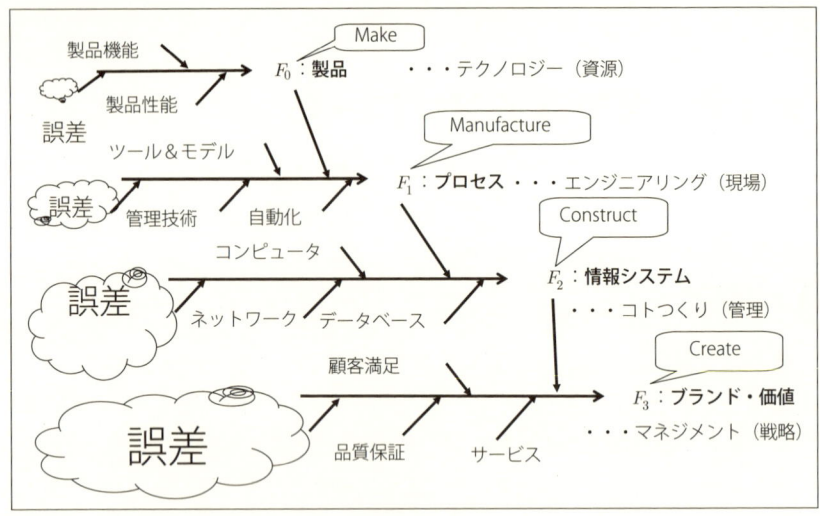

■図3.1　ものづくりからコトつくりへの変遷 [1]

では F_0 の2因子の場合は交互作用を含めても3因子 ($_2C_1 + {_2}C_2 = 3$) であるが、F_3 段階の11因子になると2212因子 ($_{11}C_1 + {_{11}}C_2 + \ldots + {_{11}}C_{10} + {_{11}}C_{11} = 2212$) をコントロールしなければならなくなる。こうなるともはや11の主因子をコントロールするよりも2201もある誤差因子を何とかしなければならなくなる。そこで当然のごとく浮上してくる考え方がコントロールよりもマネジメントであるわけである。今日的な課題として「安心と安全」が取り沙汰されているが、**リスクはコントロールされる安全だけでなく、マネジメントすることによって得られる安心の領域についてのセキュリティマネジメントの重要性**が高まってきている所以である。

3.2　経営におけるリスクとチャンス

3.2.1　経営スタイルの変化

　経営は、資質を備えた経営者の経験と勘と度胸によるアナログ経営が元来は中心であったが、経営の情報化とともに、デジタル経営化が進んできた。その結果、コンピュータ化、システム化、デジタル化による経営の効率化が進展した一方で、変化に対応できる健全な経営の姿が失われてきた。経営が再現性のある事象が中心であった間はこれでも良かったが、現在の経営は再現性のない

事象の割合を増している。この変化に対応するためには、社会が要求する高度な経営を実現しなければならない。そこで、急激な情報化、**デジタル化**によって拡大してきた「光の部分」と「影の部分」となって置き去りにされてきた感のある**アナログ**的な世界との補完的な仕組みづくりが求められている。

　今日、経営のデジタル的な部分（光の部分）の領域だけで全てが解決できるという錯覚が蔓延し、今日の社会に様々な問題を噴出させてきたと考えられる。一時期、経営や生産のシステムは、デジタル化、自動化され、いずれは無人化されるのではないかといわれたことがあるが、実際にはそのようにならなかった。本来、デジタルの世界はアナログから人為的に作り出されたものであり、IT（情報技術）革命はその2つの乖離を進めるだけでなく、アナログ世界からの制御が不可能なデジタル世界を数多く作り出している。そのような観点から、アナログとデジタル、マネジメントとテクノロジーという本来の相互補完的な設計スタイルを維持することが、あらゆる問題の安心と安全にとって重要になると考える。

　これらの視点において、経営はもっと科学しなければいけないし、ビジネスはデザインすることに効率的でなければならない。従来は再現性のあるメカニズムの最適化が経営の中心課題であったのに対して、現在は再現性の保証のないメカニズムのための最適化が経営の中心課題となっている。すなわち、このように再現性のない経営環境の下では技術導入だけによるコントロールは困難となり、導入された技術をいかにマネジメントするかが経営の質として問われることになる。そこには技術と工学に経営を掛け合わせた戦略立案が重要となる。現在、知的財産権、MOT(Management Of Technology)教育等は、マネジメントとテクノロジーの接点上に発生した産業が抱える喫緊の課題となっている。しかし、これまでの日本では、産業界だけでなく、官界、学界における経営教育への認識は高くはなかった。

　野口悠紀雄氏の対応は今日の日本の経営について次の3つの課題を指摘している：①ソフトと標準化への対応の弱さ、②技術そのものに問題があるのではなくその使い方と価値観に問題、③マネジメントの専門家養成への認識欠如[2]。

　第1の課題については、優秀な現場技術者による高度なボトムアップ品質追求指向を経営者が抑えきれなかった点であるという。すなわち、経営者は経営システムと標準を作るトップダウン意思決定が仕事であるにもかかわらず、エ

ンジニアリングがマネジメントに勝っていたためにその役割が機能しなかったようだ。第2の課題は、日本企業は利益に敏感でなかったという指摘である。具体的には、経営やシステムの品質よりも、製品、ハードの品質に敏感すぎたために、高品質製品に強いが低価格製品には弱いという状況を生んでしまった。経験と勘が活きる製造工程の効率化に強いが設計に弱く、ハードに強いがソフトに弱く、要素技術に強いがシステムや標準化に関心が薄く、世界的な標準化が進むといつも取り残される傾向がある。すなわち、経営的要請から必要な技術を選択するという視点に欠けており、高品質追求というエンジニアリングの要請を止めることができなかった。第3の課題は、ビジネススクールの比重が、経済大国でそれをリードして行くべき日本に皆無である点である。マネジメントがテクノロジーと同格、あるいはそれ以上に意識されるような教育の実現が焦眉の急となっている。

3.2.2 マネジメントとテクノロジー

図3.1で解説したように、経営がコントロールしなければならない因子を内包していくに従って、コントロールの対象となる主因子の他にそれらの交互作用因子は幾何級数的に増加し、結果的にコントロール不能な誤差因子を膨らませてしまう結果となる。そうなると主因子の流れをコントロールしようとしたとき、それらの交互作用因子として現れる高次の因子をマネジメントできたときに初めて全体をコントロールできたことになる。このことは、従来のものづくりにおいては製品というハードウェアを製作したとき、製品に関する情報は生産されてから得られるものの方が多かったが、今日の生産システムでは情報の流れが先行し、ものの流れを作っている。さらに先進的経営においてはより良いものの流れを作るためには、その背後により良い情報システム、さらにはその情報システムを背後からマネジメントするお金の流れ、人の意思決定の流れなど複雑な因子を統合的にマネジメントしていかなければならなくなる。

このような背景の下に、経営のシステムだけでなく世の中のあらゆるシステムが今後健全な進化を遂げるためには、マネジメントとテクノロジーのバランスを考えた進化が肝要と考える。われわれがシステムを設計するとき、F_0レベルのような現実の仕組みのみに囚われて取り組むと、現状をベースにした単なる機械化に止まってしまいがちとなる。従来はそれが最も単純で即効性があ

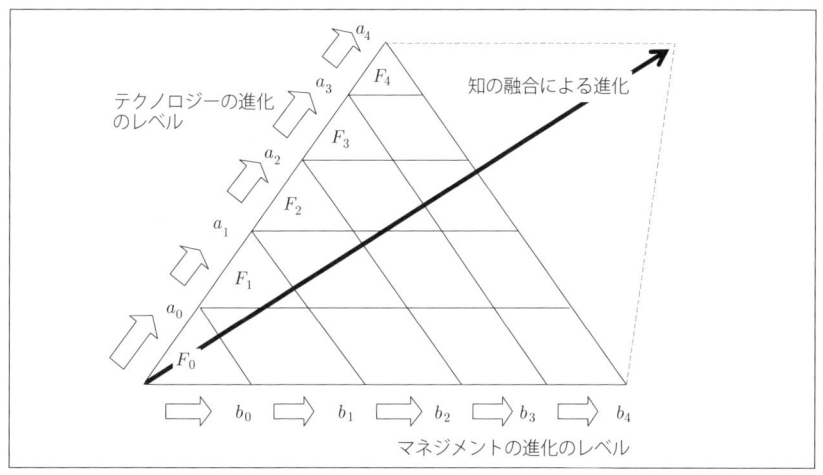

■図 3.2　テクノロジーとマネジメントの役割

り、眼に見える効率化であった。しかし、それは真の効率化ではなく、現状レベルの尺度で測った能率化であり、機械化でしかなかった。そうなると、マネジメント上にセキュリティホールが数多く存在する状態でのシステム運営を迫られることになる。経営にテクノロジーを導入するだけの能率化は機械化であり、部分最適化は決して全体最適化にならない。それに対して真のシステム化とは全体最適化であり、図 3.2 で $F_0 \to F_1$ のシステム機能向上は、単にテクノロジーの性能向上 $a_0 \to a_1$ によって実現するものではなく、マネジメントの能力向上 $b_0 \to b_1$ を伴ったものでなければならない。**テクノロジー**と**マネジメント**を融合すると、ちょうど 2 つのベクトルの知を融合した新しいベクトルが合成される。この効果を車に例えると、テクノロジーはアクセルであり、マネジメントはハンドルやブレーキである。また、数理モデルとして考えると F_i のシステムを最適化するときの目的（関数）が a_i で、制約（条件式）が b_i に対応する [3]。

3.2.3　マネジメントの役割

図 3.3 はテクノロジーとマネジメントの関係を、図 3.2 に示したテクノロジーの水準 a_i とマネジメントの水準 b_i を合成し、1 対 1 に対応させた関数 $F_i(a_i, b_i)$ の形で水準を評価したものである。ここではその関係を分布 $Fi(a_i, b_i)$ の平均 a_i とバラツキ b_i として再定義すると、図 3.1 に示した製品 F_0 からブラン

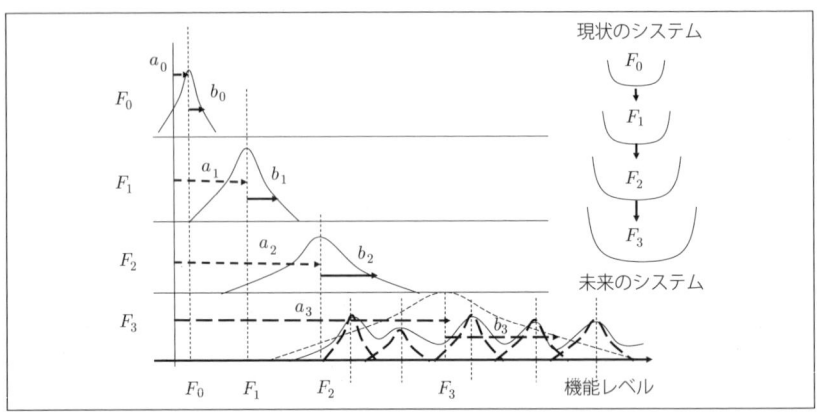

■図3.3　テクノロジー a_i の革新とマネジメント b_i のバラツキ増大

ド・価値 F_3 へと変化してきた経営の変遷において、把握すべきものの本質が理解できる。すなわち、機能が $F_0 \to F_1 \to F_2 \to F_3$ と進化する過程において性能の平均値は $a_0 < a_1 < a_2 < a_3$ とレベルアップする一方で、バラツキも $b_0 < b_1 < b_2 < b_3$ と増大する。この図はそういった意味から、図3.2で述べたテクノロジーとマネジメントの関係が図3.1で述べた特性と因子の変遷とともにどのような変化を遂げてきたのかを示している [4]。

ここでは、F_0 から F_3 に推移するに従ってシステムは次第に高度化してゆく一方で、増大するバラツキを制御するマネジメント能力の充実が求められる。たとえば、F_0 の段階は性能・機能が a_0 で管理すべきバラツキ b_0 で低性能、低管理であり、a_0 をコントロールして b_0 を潰すことが最も効率の良い段階であった。すなわち、リスクは存在しないし、認められないという「ノーエラー」の段階である。次の段階 F_1 は性能・機能 a_1 とバラツキ b_1 の維持であるが、この段階はものづくりにおける**日本的経営**が全盛を極めた**3シグマ管理**であり、リスクは潰すだけでなくマネジメントしなければならないという思想が前提となる。さらに、性能・機能 a_2 とバラツキ b_2 を管理する段階 F_2 になると米国GE社が普及させたシックスシグマが当てはまり、このあたりからリスクはコントロールするのではなくマネジメントされなければならない段階となる。F_3 の段階は今日の複雑系の社会を反映したもので、平均値 a_3 とバラツキ b_3 は仮の分布で、実際には複数の要因による分布が混在した複数の平均値とバラツキからなる段階となっている。このことはマネジメントが機能しなければ、図3.3

の F_3 は点線で表した単峰性の分布となり、管理すべきバラツキが大きくなると共にリスクが増大する。

本来、経営が設計する対象はアナログとデジタルの2つの領域であることを認識しなければならない。元来、現実はアナログであり、そこに存在する不確実事象を捉えるとき、統計的には**正規分布**で表現されるのが一般的である。その平均値と**バラツキ**の両者は独立に振る舞うのでそれらを別々に管理しなければならない。なぜならば、バラツキには平均値が時系列的に変動することによって現れるサンプル間変動と、事象そのものが持っているサンプル内変動があり、前者のサンプル間変動は平均値のバラツキ、後者のサンプル内変動は真のバラツキ (σ^2) である。前者のバラツキは平均値さえ把握すれば制御できるが、後者のバラツキは平均値からは知ることができないので、その制御は厄介になる。マネジメントにはデジタルの世界だけでなく、このようなアナログの世界があり、現在はその2つの世界がうまく融合できていないのではないかと思われる。

ここにマネジメントの重要な役割の一つに「管理」があり、管理を支える重要な概念の一つに「層別」がある。一方、マネジメントが機能すれば、図中に示すように層別によるコントロールが可能になり、平均値の数は5つに増えるものの、各々のバラツキは小さくなってリスクが減少する。このことはマネジメントにおける層別がサンプリング理論に依っており、サンプル間変動を最大にすることによって、サンプル内変動が最小になることからも理解できる [5]。

3.2.4　経営におけるアナログ視点とデジタル視点

元来、経営は暗黙知といわれるアナログな世界が全てであったが、ツールやモデル、データや情報といったテクノロジーをベースにしたコンセプトが展開され、形式知化が進展した結果、現在のようなデジタルな世界を対峙させる構造が創り出されたといえる。その2つの世界が本来は1つの存在であるにもかかわらず、その整合性が図られていない場面がある。**図3.4**は11の事象を直感的にアナログとデジタルの2つの視点で分割し、図の上下に11組1対のキーワードに整理したものである。図3.4のキーワードは、デジタルとアナログ、理想と現実、理論と実践、効率と効果、短期と長期、部分と全体、管理（コントロール）と経営（マネジメント）のように対立するかのような存在であるこ

第3章 経営学的アプローチ

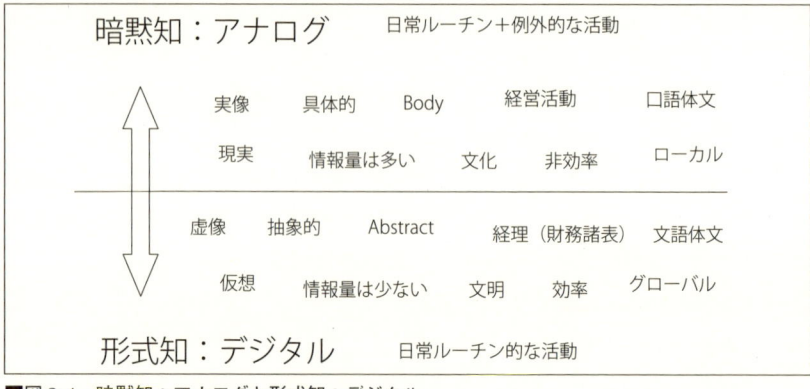

```
暗黙知：アナログ      日常ルーチン＋例外的な活動

        実像    具体的    Body      経営活動     口語体文
    ↑   現実    情報量は多い  文化     非効率      ローカル
    ↓   虚像    抽象的    Abstract   経理（財務諸表）  文語体文
        仮想    情報量は少ない 文明    効率        グローバル

形式知：デジタル      日常ルーチン的な活動
```

■図3.4 暗黙知：アナログと形式知：デジタル

とが分かる。今日のイノベーションは、このような本来は1つの世界であったにもかかわらず隔てられた互いに対立する2つの事象を再び融合させる試みと考えられる。デジタル社会はアナログ社会の鏡のようなものであり、マネジメントシステムを設計する目的はこの両者の一体化にある。

われわれの社会は、農業社会から工業社会に発展する際にインフォーマルな社会の他にフォーマルな社会を創り上げ、さらに工業社会から情報社会に発展する際にはリアルな社会の他にバーチャルな社会を創り上げてきた。これによってグローバルなレベルで様々な局面における可能性が広がってきたことは事実である。特に、リアルな社会の他にバーチャルな社会を創り上げたグローバルネット社会では、アナログ領域とデジタル領域の分離が進行し、これまではその一方のデジタル領域でのテクノロジーによってもたらされたメリットが大きかった。

今日のようなアナログ事象のデジタル化は、分布に置き換えて考えると正規分布を近似して二項分布やポアソン分布で表現することに似ている。その近似についての理論的背景を辿ると、アナログ領域のシステムよりもデジタル領域の方がコントロールに向いていることが分かる。すなわち、アナログの正規分布では平均とバラツキを別々に定義しなければ形が確定しないが、デジタル化して二項分布やポアソン分布で把握するとバラツキを平均によって定義できるようになり、事象の把握は飛躍的に容易になるからである。たとえば、正規分布のデータをある値を境にして合格グループと不合格グループとに分け、その各々を数えたときの統計データは、二項分布やポアソン分布となる。これらの

操作は、アナログ（連続）データをデジタル（離散）データにしたものであり、このデジタルデータからアナログデータを復元することはできない。

このようにデジタル社会は、二項分布やポアソン分布のようにバラツキ（マネジメント）を平均（テクノロジー）で表現できるように近似化した社会として例えられる。デジタル社会は正確なコピーが可能な再現性が保証された社会であり、デジタルシステムの普及は製品ライフサイクルの短縮化、ひいてはアナログ社会の再認識という現象を引き起こしている。すなわち、これまで再現性をベースにしてデジタル化されてきたシステムは、もう一度アナログ世界に立ち返って設計しなければならない局面に立ち至っている。このような背景のもと、今後の経営に求められる設計スタイルは、再現性のある事象を対象としたデジタル設計と、再現性のない事象を対象としたアナログ設計を融合したハイブリッド型となるだろう。

3.2.5 チャンスとリスクをマネジメントする経営

図3.5はテクノロジーとマネジメントの役割について、その概念を図示したものである。マネジメントの特性はアナログであり、テクノロジーの特性はデジタルである。また、マネジメントは現実世界を対象とするのに対し、テクノロジーは現実から抽出した虚の世界を対象としている。従来の経営は製造の品質を守って効率向上、コスト低減とムダ削減がビジネスチャンスであった。また、製造品質とは**安全**の品質であり、市場品質とは**安心**の品質といえる。図3.5はその関係を示したもので、コントロールの分野の役割は標準化した部分の安全を保証することであり、マネジメントの分野の役割は標準化した部分の安全だけでなく、その両側に無限の広がりを持つリスクとチャンスを安心につなげることである。チャンスをマネジメントするのがブランドマネジメントであり、リスクをマネジメントするのが**セキュリティマネジメント**である。従来は trivial many vital few という8：2（パレートの法則）の下、規格された「安全」という必要条件だけで十分であったが、これまで切り捨てられていた「安心」という十分条件の領域（2：8の原則、あるいはロングテール）の価値が高まっている。

暗黙知は前述のようにアナログの特性を持ち、マネジメントされるべき領域で、マネジメントのプロは $-\infty \sim +\infty$ の全域を守備範囲としている。その暗

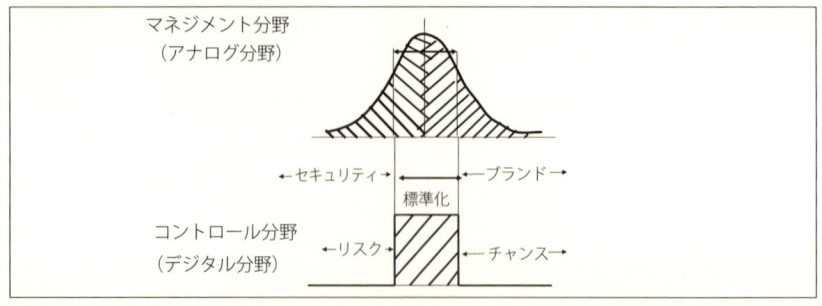

図中テキスト:
- マネジメント分野（アナログ分野）
- コントロール分野（デジタル分野）
- セキュリティ
- ブランド
- 標準化
- リスク
- チャンス

■図3.5　セキュリティマネジメントの領域の発見

　黙知は、経験・勘と理論、システムと要素技術、あるいはソフトウェアとハードウェア等の支援によって形式知化される。その形式知化のレベルは、図3.5に示すようにF_1レベル、F_2レベル、F_3レベルによってセキュリティマネジメントがカバーできないリスク、ブランドマネジメントが獲得できないチャンスが相互補完的な階層構造になっている。元来、リスク管理はリスクがあるという前提があるのに対して、セキュリティ管理はリスクを皆無にするというイメージがあるのではないだろうか。

　図3.6のF_1レベル（3シグマ）でのセキュリティコントロールを超えるリスクとチャンスに関しては、F_2レベル（6シグマ）でのセキュリティコントロールによってカバーされ、さらにそのレベルでカバーできないリスクとチャンスをF_3レベル（10シグマ）で、ということになる。今日のリスクを前提としたセキュリティマネジメントはこのような全体像を描くべきであろう。

　このように形式知化を階層化させてセキュリティマネジメントを推進する合理性は、サンプリング理論の母集団分布とサンプル分布の関係によって説明することができる[5]。F_3レベル（10シグマ）の暗黙知を持ったプロは、最上位の母集団分布に例えると、バラツキ（分散）σ^2を生データとして捉える能力があることになる。ここにバラツキとは経営者の経験・勘とマネジメント理論による判断能力となる。2段階目のF_2レベル（6シグマ）の暗黙知を持ったプロはサンプル値（暗黙知を形式知化する際のツール使用度に相当する）をnとしたときサンプリング理論で使われる中心極限定理により、バラツキ（分散）σ^2/nの大きさになる。ここに管理者のサンプル値は要素技術とシステムに対する熟練度の差となる。そしてさらにその下の3段階目のF_3レベル（3シグマ）の暗黙知を持った現場のプロはサンプル値をmとしたとき$(\sigma^2/n)/m$

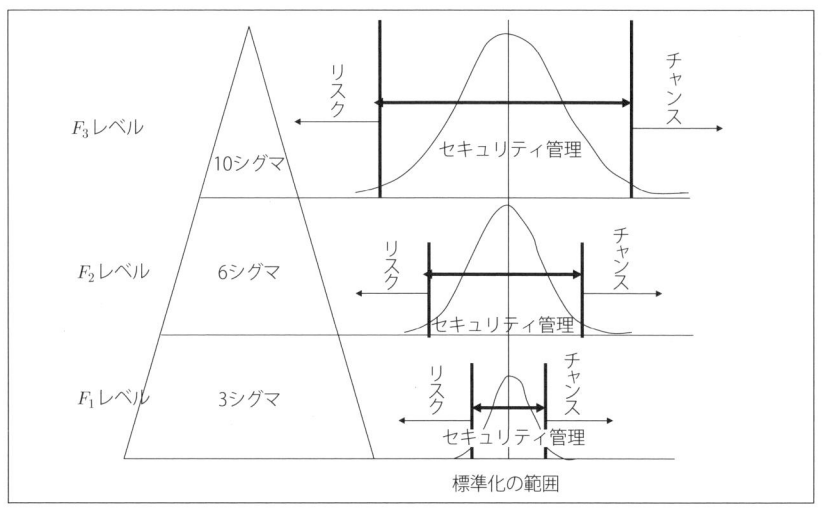

■ 図 3.6　セキュリティマネジメントの階層化

($<< \sigma^2$) となり、F_1 レベルに比較するとかなり大きなバラツキをもマネジメントできる能力を有することが分かる。ここに、現場のプロのサンプル値の差はハードウェア、ソフトウェアに対する熟練度の差となる。以上の議論から分かることは、従来のように F_3 レベルにテクノロジーを導入するだけで経営環境の変化に対応しようという古い発想では、これからの新しい変化への追従が望めないことは明らかである。すなわち、$F_1 \sim F_3$ レベルでのマネジメント力の強化という課題であり、むしろこれまでの日本になかったテクノロジーをマネジメントする観点からのアプローチが望まれる。

3.3　サービスを科学する経営

3.3.1　経営システムの進化

図 3.1 で示した経営システムの変遷を、ここでは F_0：製品（テクノロジー）から F_1：プロセス（エンジニアリング）は「点から線」、F_1 から F_2：情報システム（コトつくり）は「線から面」、F_2 から F_3：ブランド・価値（マネジメント）は「面から立体」、さらに F_3 の次の進化は「立体から 4 次元立体」として説明を試みる [1]。

(1) Stage1：点から線へ

Stage1 はコンピュータが生産と設計・技術の結合と、生産と販売の結合に貢献した2つの流れであり、この流れを表したものが図 3.7 である。生産と設計・技術の結合には CAD/CAM (Computer Aided Design/Computer Aided Manufacturing)、生産と販売の結合には POP/POS (Point Of Production/Point Of Sales) のコンピュータ技術がパワーを発揮した。CAD/CAM は「技術・設計」と「生産」の間で、POP/POS は「生産」と「販売」の間で活用された技術であり、生産の要（カナメ）として三者を結びつけ、標準化する結合技術であった。

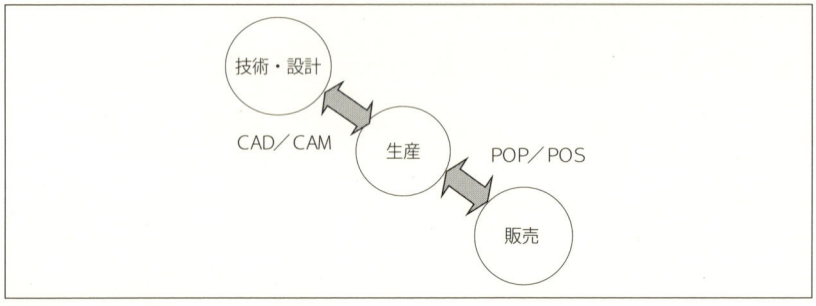

■図 3.7　F_0：製品 → F_1：プロセス

(2) Stage2：線から面へ

Stage2 は、前述のStage1 において結合されていなかった設計・技術と販売とを結合する形になっている。そこでは **CE** (Concurrent Engineering) によって最上流にある技術・設計と最下流の販売を結合することによって顧客自ら企画設計し、生産するコンセプトが実現する。このコンセプトが **CIM** (Computer Integrated Manufacturing) であり、コンピュータによって従来のものの流れを中心としたプロセスが、情報の流れを中心としたプロセスとなり、フィードバックとフィードフォワードに多様な可能性を秘めたイノベーションをもたらすものとなった。図 3.8 は技術・設計、生産、販売の三位一体の形を示したものである。

(3) Stage3：面から立体へ

前述の CIM がモノの管理であったのに対して、Stage3 の SCM は、人事・労務、経理、情報を含む経営管理が中心となる。すなわち、ここではヒト、モノ、カネ、情報がデータベース技術によって一元的に管理される仕組みがで

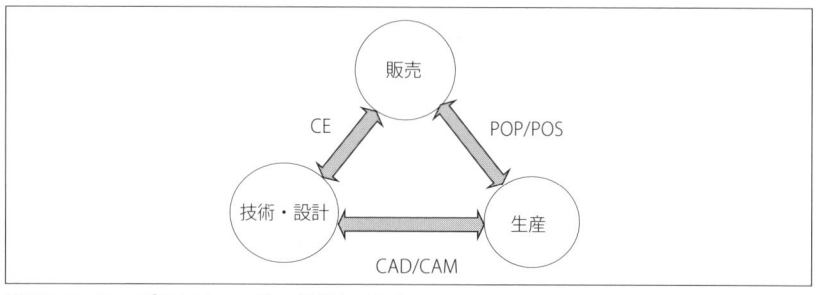

■図 3.8　F_1：プロセス　→　F_2：情報システム

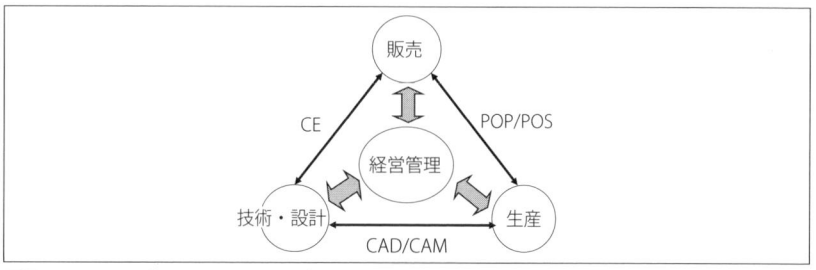

■図 3.9　F_2：プロセス　→　F_3：ブランド・価値

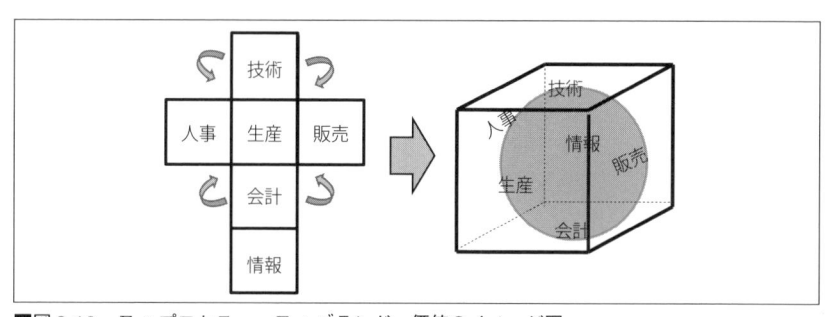

■図 3.10　F_2：プロセス　→　F_3：ブランド・価値のイメージ図

きあがっている。この Stage を象徴する **SCM** (Supply Chain Management) は、企業内の現場と管理と戦略分野の統合技術となっている。図 3.9 は情報の流れに代わるマネジメントを中心とした流れの存在を示したものである。

　情報システムの発展過程から以上の Stage1〜3 の流れを整理すると、Stage1 での F_1 は「バッチ処理システム」、Stage2 での F_2 は「インテグレーティッドシステム」、Stage3 での F_3 は「トータルシステム」に対応する [6]。図 3.10 に示す左の展開図は F_2 (Stage2) の「インテグレーティッドシステム」を示してお

り、この段階では各部門間の結合・統合はあっても融合はなかった。融合の実現は F_3 (Stage3) であり、左図の展開図を組み立て、右図のように立体となった段階となる。この「トータルシステム」では、もはや立体における面の存在価値は消滅し、立体内部の空間こそが全体最適化すべき価値の領域となり、経営管理がその対象となる。

(4) Stage4：3次元立体から4次元立体へ

Stage4 は **MOT** (Management Of Technology) であり、その役割はモノづくりの技術にとどまらず、顧客づくりの技術、人づくりの技術、価値（金）づくりの技術、情報づくりの技術等の統合である（図 **3.11**）。その意思決定の範囲は現場、管理、戦略の全階層におけるビジネスチャンスだけでなく、リスクやセキュリティをカバーする経営戦略にまで及ぶ。ここでの4次元立体とは、経営において重要な因子が「時間」であることを示したものである（図 **3.12**）。

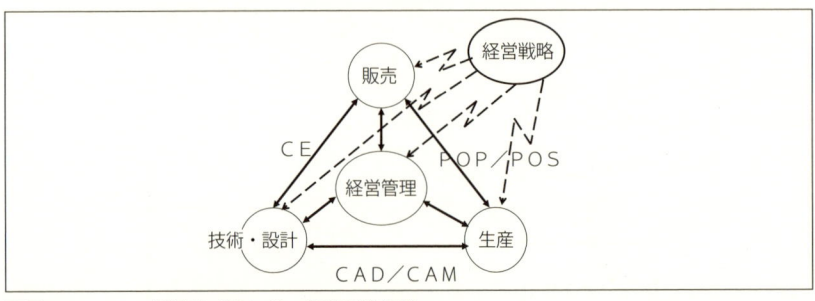

■図 **3.11** F_4：継続的ブランド・価値創造活動

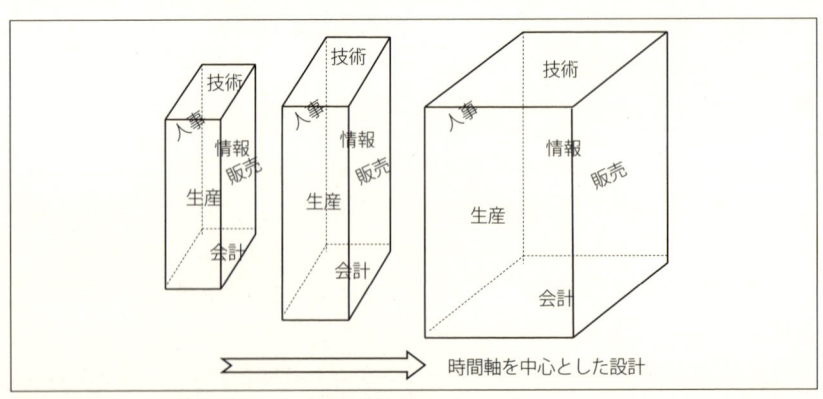

■図 **3.12** F_4：継続的ブランド・価値創造活動のイメージ

3.3.2 ブランド価値を創造する経営

経営の歴史は (1)F_0：成行管理、(2)F_1：課業管理、(3)F_2：同時管理、(4)F_3：自己制御管理、(5)F_4：知的経営の5つの段階を経て今日に至っており、**表3.1**はそれらの特徴と道具を表したものである [1]。

■表3.1　ものづくりの歴史的変遷

ものづくりの形態	年代	特徴	道具
F_0：成行管理	〜1900	職人＝芸術の時代	玄人による技
F_1：課業管理	1900〜1950	1品種大量生産の時代	素人による分業化
F_2：同時管理	1950〜1970	オートメーションの時代	道具による機械化
F_3：自己制御管理	1970〜1990	多品種少量生産の時代	情報によるシステム化
F_4：知的経営	1990〜	1顧客1品生産の時代	知能によるブランド化

(1)　F_0：成行管理（ブラックボックスと技）

第1段階はブラックボックスに対する熟練者による技の段階であり、一定の機能と性能を満たすモノを作る「製品」の時代であった。この段階のものづくりは定量的なプロセスが存在せず、熟練者の暗黙知に頼るのみで、情報や知識の共有をベースとした形式知は見られない。この状態は、個人の経験と勘に支えられた熟練工の時代でもあり、仕事の流れとそれを支える経営資源との間に組織的な関連性のないカオスである。

すなわち、要素技術とハードウェアが経験と勘によって活用される段階と解釈できる。

(2)　F_1：課業管理（分析・認識と分業化）

第2段階はテーラーによる**科学的管理法**が導入された時期であった。ここでは熟練者に依存していた生産のブラックボックスが細分化され、素人にも認識できるものになる。この段階は生産ツールや設備、あるいは**IE** (Industrial Engineering) のような生産管理手法が導入され、経営資源と仕事の間に効率的な関係性と流れが構築された。すなわち、要素技術とハードウェアが経験と勘によってものづくりプロセス上に活用された段階である。

(3)　F_2：同時管理（習熟と機械化）

第3段階は分業によるものの流れの管理であり、コンベア等による機械化が

流れ作業を一品種大量生産の形で実現した。これによって熟練者の暗黙知に頼っていた作業を**標準時間**に従って素人が作業を分担できる形になった。ここでの特徴は、素人が熟練者以上の効率で仕事を実現できるようにした点である。すなわち、課業管理と異なるのは、標準工程ではなく、標準時間をベースにビジネスプロセスを構築し、そのプロセス上に要素技術とハードウェアを結合した点である。ここに、従来のものづくりプロセスがモノの流れから情報の流れを作ってきたのに対して、この段階は情報の流れからモノの流れを作ろうというビジネスプロセスの段階に至ったと解釈できる。

(4) F_3：自己制御管理（統合とシステム化）

第4段階は高効率、高性能、高品質、高信頼性を実現した多品種少量生産のものづくりであった。ここではコンピュータ、データベース等による経営資源とものづくりプロセスの統合化が進められた。その特徴は、従来は効率化の8：2の法則にしたがってムダとして切り捨てられてきたものが、情報の力によって再び救い上げられるようになり、逆に2：8の法則による価値判断が認識されるようになってきたことである。すなわち、同時管理と異なる点はハードウェアからソフトウェアに、要素技術からシステム技術へとビジネスプロセス構築の際の視点が変化してきたことである。

(5) F_4：知的経営（融合とブランド化）

第5段階は、これまでのテクノロジー主導の経営から、テクノロジーとエン

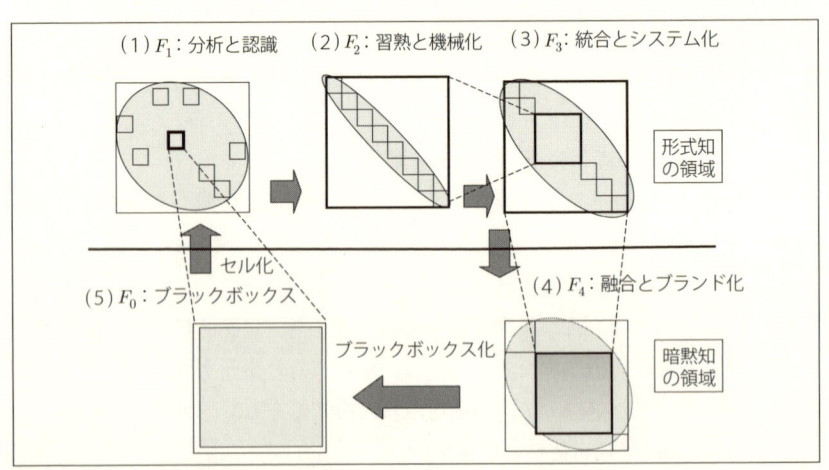

■図3.13　ブランド価値を創造する経営のサイクル

ジニアリングを融合したビジネスプロセスの下でのマネジメント主導のものづくり、あるいはコトつくりとなる。すなわち、経営のプロセスは従来のように定常状態を維持する再現性モデルではなく、ヒト、モノ、カネ、情報、組織、時間が互いに影響し合って刻々と変化する再現性モデルとなる。すなわち、多品種少量生産や一顧客一品生産のようなものづくりを実現するには、バラツキをマネジメントするフレキシブルな態勢が不可欠になる。

以上の変化を要約すると、「規模」の拡大、「標準」の発見、「**サービス密度**」の増大への取り組みであったことが理解できる。また、経営をものづくりの観点から俯瞰したとき、職人による手作りの段階のブラックボックスから始まり、分析―習熟―統合―融合を経て、再びブラックボックス化するというサイクルを形成してきた。図**3.13**は、そのような観点からシステムの進化を概念的に示したものである。この中には、デジタル方向の分業化の流れ(1)→(3)と、アナログ方向の統合化の流れ(4)→(1)が交互に現れ、システム進化がスパイラルに進行する。

3.3.3　イノベーションと改善を融合する経営

今日の経営に求められている革新と改善は、個人や組織のスキルを活かし切り、その知を活用・融合した仕組み作りが課題となっている。かつてのものづくりは、現場の職人による暗黙知に頼ったもので、そこでは工業技術、情報技術をはじめとするテクノロジー、すなわち形式知の導入による機械化を経て情報化が推し進められた。その情報化の進展は経営の基盤を「システム」「ソフトウェア」に強く依存する形にし、経営のブラックボックス化を進展させた。その結果、経験と勘をベースにした現場のスキルは急速に失われてきた。木村英紀著「ものつくり敗戦」のくだりに「ソフトウェア業界の人々から自嘲をこめてよく聞かれるのが、マネジメントが苦手ということである」というものである [7]。その結果、日本では次世代のものづくりであるソフトウェア分野で突出した人材や成果を生み出せないとまでいわれている。あらゆる組織は、システム化・ブラックボックス化した途端、陳腐化が始まるという傾向はプロジェクトの規模が大きくなるほど深刻になっている。それゆえにこれからの経営には、そのような陳腐化のリスクを回避し、環境変化に速やかな適応ができる新陳代謝機能と人材育成機能を備えたマネジメントプロセスの構築が不可欠

となる。

　経営の3つの軸は、現場、管理、戦略であり、この3つの融合こそがイノベーションの実現にとって不可欠と言える。従来の経営は経験と勘による戦略が高度なハードウェアと要素技術を有する現場のスキルによって支えられ、実行されてきた。しかし、今日のようなグローバル、かつ大規模なシステム運用に必要とされるテクノロジー、エンジニアリング、マネジメントの役割は、これまでとは違う価値観によって構築されるフレームワークのもとで再認識されなければならないであろう。

　経営が科学しなければならない特性がMakeする製品からManufactureする製造、そしてConstructする大規模情報システム、さらにCreateするブランドや価値へとその軸足を移すに従って、内包される因子は増加し、前述のとおり、それとともにそれら因子が複雑に交互作用する「誤差」が増大する。その結果、従来は簡単に排除できたリスクであった「誤差」が、社会の高度化と管理レベルの向上とともに簡単には排除できないものとなり、むしろ経営に取り込み、セキュリティマネジメントをシステム化する方が利益とチャンスとなる逆転現象が生まれている。そのような観点から今日の経営には、従来のテクノロジーとエンジニアリングの2次元領域から継続的イノベーションを生み出すマネジメントを加えた3次元領域における経営学的アプローチの再構築が求められている。すなわち、従来排除してきたリスクをチャンスの因子として積極的に経営に取り込むセキュリティマネジメントの構築である。そこでは顧客満足、サービス、品質保証を因子とするブランドと価値という特性を継続的に高

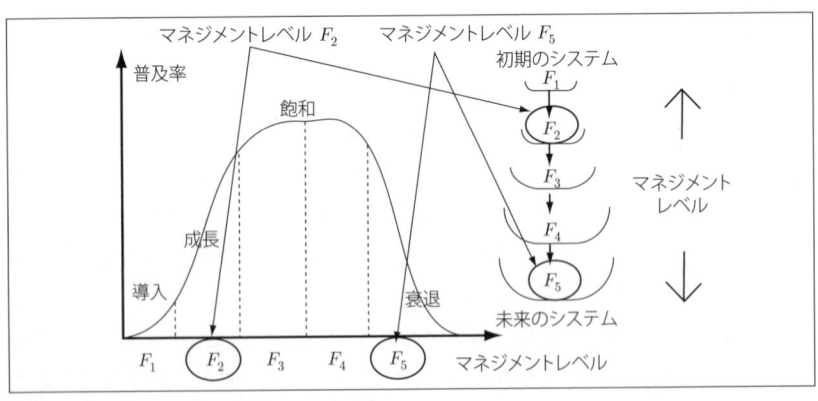

■図3.14　ブレイクスルーとライフサイクル

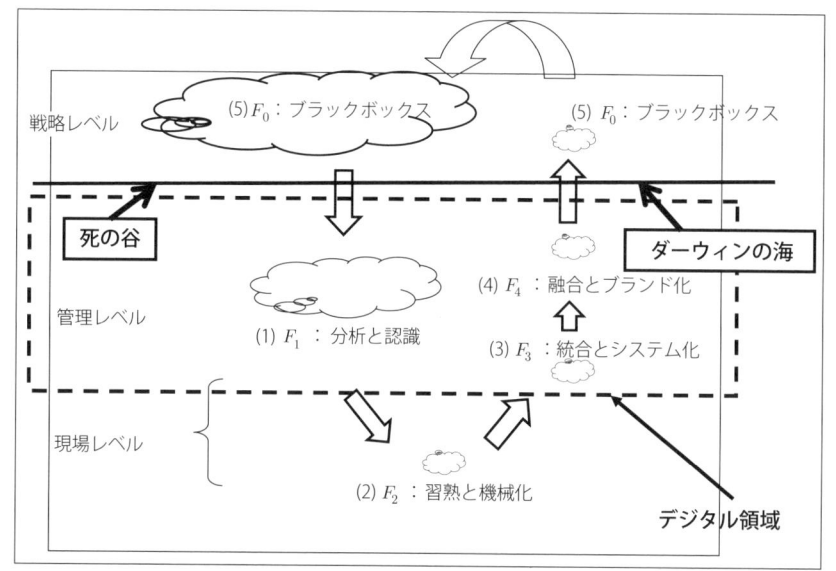

■図3.15　戦略と現場を融合する管理の役割

める「マネジメントの鮮度」を重視した経営の仕組みづくりが必要となろう。図3.14は製品ライフサイクルとブレイクスルーとの密接な関係性を示したものであり、そこではマネジメントすべき最大の因子は「時間」ということである。すなわち、F_1からF_5に示されたライフサイクルの導入期から衰退期は、ブレイクスルーにおけるF_1からF_5の機能展開に対応している。図3.14右の未来のシステムや理想システムを設計する際に、G. Nadler[8]はF_1からF_5の間に発見されたマネジメントレベルを、①手順的展開、②特定的展開、③一般的展開の3領域に分けて説明している。その内容を区分すると経営管理に対応させることができ、P. ドラッカーはこのようなテクノロジー、エンジニアリング、マネジメントの遷移を印刷革命、蒸気機関革命、コンピュータ革命という3つのテクノロジーの過去に起こった革命を例に解説している[9]。①の手順的展開は現場を、②の特定的展開は管理を、③の一般的展開は戦略をベースに考えた機能となる。

　また、戦略はビジョンを、管理はミッションを、現場はパッションを創出する役割を担っている。ここに、ビジョン（戦略）とパッション（現場）は両極にありながら共に暗黙知でありアナログであるのに対し、その両者を結ぶミッ

■表3.2　経営関連48学会のキャッチフレーズ（経営関連学会協議会 [10]）

1	アジア経営学会	アジアの人々と連携して、アジアの経営学の研究と普及を盛んにする
2	日本情報経営学会（旧OA学会）	情報技術と人間情報の相互作用や情報システムを学際的に研究する
3	システム監査学会	システム監査の理論・実務を研究する実践的な学会で、専門監査人資格認定制度を設けています
4	経営学史学会	経営学説、経営学史、比較経営学などの研究を行い、経営学の発展に資する
5	経営行動研究学会	現代の経営行動に対する多様な研究と国際交流を推進する学会
6	経営情報学会	情報および情報通信技術の活用に関する場を提供
7	経営哲学学会	社会のための知識の創造
8	工業経営研究学会	企業経営の現実を理論と実践の緊密な相互作用を通じて研究する
9	国際ビジネスコミュニケーション学会	国際取引及び国際経営におけるコミュニケーションの研究
10	国際公会計学会	公会計および関連領域の理論的実践的課題の国際的学際的研究
11	産業・組織心理学会	心理学の実践を通じ産業・組織と人との調和をめざす
12	実践経営学会	経営の現場を重視した、理論と実務の調和した実践的研究
13	日本経営工学会	工学と経営の融合による価値創造
14	税務会計研究学会	税務会計の研究および教育の振興を図る
15	組織学会	組織を学際的観点から、総合的に研究し、組織の改善・イノベーションに寄与する
16	日仏経営学会	日本とフランスの経営問題を理論的・実証的に研究する
17	日本セキュリティ・マネジメント学会	法・経営・技術・倫理の融合する情報セキュリティ総合科学の創造
18	日本ホスピタリティ・マネジメント学会	あらゆる経営に「ホスピタリティ」の概念を活かすための学際的研究
19	日本マーケティング・サイエンス学会	科学的アプローチによってマーケティング現象を研究し、マーケティング意思決定の質を向上させることに寄与する
20	日本マクロエンジニアリング学会	宇宙・環境・文明、マクロな視点から経営にアプローチ
21	日本リスクマネジメント学会	組織と個人を取り巻くリスクの科学的管理　―理論的研究から実践的展開まで―
22	日本会計研究学会	企業の管理や資本市場とのかかわりにおける会計情報の働きを解明
23	日本監査研究学会	健全な資本市場と企業経営のインフラをなす監査の理論と実務の研究
24	日本危機管理学会	人と組織に係わる様々な危機に関する理論と実践の研究
25	日本経営システム学会	経営を工学、情報、社会科学の横断的視点からデザインする
26	日本経営学会	企業、行政組織、非営利組織などに関する理論的・実証的研究を行う学会
27	日本経営教育学会	経営者、管理者を育成するための実・学一体の実践経営学
28	日本経営財務研究学会	経営財務・企業金融・財務管理と資産運用・投資、および資本市場・証券市場への多様なアプローチによる研究

29	日本経営診断学会	経営診断における理論と実践の融合
30	日本経営数学会	経営管理の方法と経営現象の解明に数理的・科学的にアプローチする
31	日本交渉学会	交渉学は紛争・対立を協創に導く管理の学である
32	日本広告学会	広告に関連するあらゆる現象の本質と在りようを学術的、実践的に研究する
33	日本財務管理学会	財務管理の学術と実務の融合をめざす
34	日本社会関連会計学会	CSR、サステナビリティ、環境、医療、介護、地域空洞化回避、少子高齢化研究
35	日本商業学会	流通とマーケティングに関する特定ディシプリンを超えた包括的な研究
36	日本商品学会	技術と商品開発、消費と暮らし、経済システムと社会正義を研究する
37	日本消費者教育学会	知は力なり ―消費者教育と消費者問題に関する学際的研究―
38	日本生産管理学会	生産管理における理論と実践の融合を目指す
39	日本創造学会	創造性の教育・研究・実践を推進し、その成果を社会に浸透させる
40	日本比較経営学会	企業経営の理論と現実を市場・社会体制との関連で比較研究する
41	日本物流学会	物流・ロジスティクスを学際的に研究し、その体系化を図る
42	日本保険学会	保険に関する調査研究と保険研究者・実務者相互の連携協力の促進
43	日本労務学会	豊かな人間性・経済性をめざす労働の学際的研究と研究者支援
44	労務理論学会	批判的精神に立脚しながら、人間らしい経営労務を求めて、理論と実際を研究する
45	ディスクロージャー研究学会	開示情報の有用性を科学する
46	異文化経営学会	多様な価値観(文化)の人々が構成する企業の経営を学問と実務の両面から研究する
47	日本経営会計学会	企業の経営実務を支える会計の学際的な研究とその情報発信
48	日本地方自治研究学会	地方自治の発展に寄与する学際的研究

ションは形式知でありデジタルとなっている。従来、最も離れた位置にある戦略と現場という2つの機能をコンカレントに結合することで改善活動効果の向上が図られる。

　ここで重要なことは、先進的経営の要となるのは戦略と現場をつなぐコンセプト設計の巧拙であり、コンセプトの設計とは戦略レベルにおける暗黙知と現場レベルにおける暗黙知を融合し、形式知化させることである。図 **3.15** はそのような管理がデジタル領域の形式知で、それが戦略と現場のアナログ領域の暗黙知を変換する役割を持っていることを示している。戦略を現場に伝え、現場を戦略に伝える双方向の変換を管理が支えるが、そこには「死の谷」と

「ダーウィンの海」という2つの関門があることが分かる。今日の経営の役割とはこの関門を突破するコンセプト作りであり、リスク、セキュリティ、チャンスをマネジメントするための経営である [11]。

経営学のアプローチは、経営関連学会協議会に加盟する 61 学会のそれぞれに特徴があり、表3.2 は、2010 年 3 月時点で 61 学会のうち 48 学会がオープンにしているキャッチフレーズを一覧にしたものである。そこでは、48 学会が様々なコンセプトで経営を形式知化して捉えようとしているのかが分かる。ちなみに、日本セキュリティ・マネジメント学会は、「法・経営・技術・倫理の融合する情報セキュリティ総合科学の創造」をキャッチフレーズにしている。

3.4 経営を構築するマネジメント・エンジニアリング・テクノロジー

3.4.1 ビジョン創造のためのマネジメント

図3.16 は戦略の暗黙知ニーズと現場の暗黙知資源を管理の場において形式知化させ、継続的にコンセプトとアーキテクチャを創出する仕組みについて示したものである。その2つを融合させ、形式知として見える化させる役割は管理レベルが担っている。ここでは **PDCA** (Plan Do Check Action) を回しながら、継続的に形式知が創出され、その結果スパイラルにマネジメントレベルが向上する。すなわち、図 3.1 の特性要因図、あるいは図 3.14 のライフサイクルにおける F_1 から F_5 へのレベル向上がそれを示している [12]。

図3.17 は図 3.16 に示した継続的な形式知創出の PDCA サイクルについてフローチャート化したものである [5]。ここでは、戦略レベルのビジョン設計がステップ1～7、現場レベルのパッション設計がステップ8～9、管理レベルのミッション設計がステップ 10～15 の 15 段階のステップで示されている。この中でステップ1～7 に対応する部分が G. Nadler によって提唱された**ブレイクスルー**、あるいは**ワークデザイン**と呼ばれているシステム設計法である。ここでは、現状分析の段階で現状システムから理想システムに至る設計レベルを機能展開手法によってあらかじめ発見しておき、イノベーションの方向性と設計可能レベルを事前に評価する。このことによって実現するテクノロジー、エンジニアリング、マネジメント（スキル）の3軸の融合をイメージしたものが図**3.18** である。すなわち、図中の F_0～F_5 がマネジメントのプロセスであり、

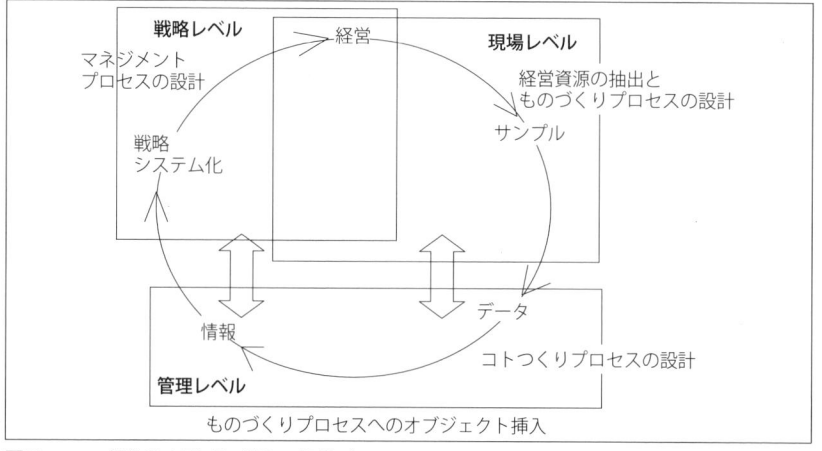

■図 3.16　継続的な形式知創出の経営プロセス

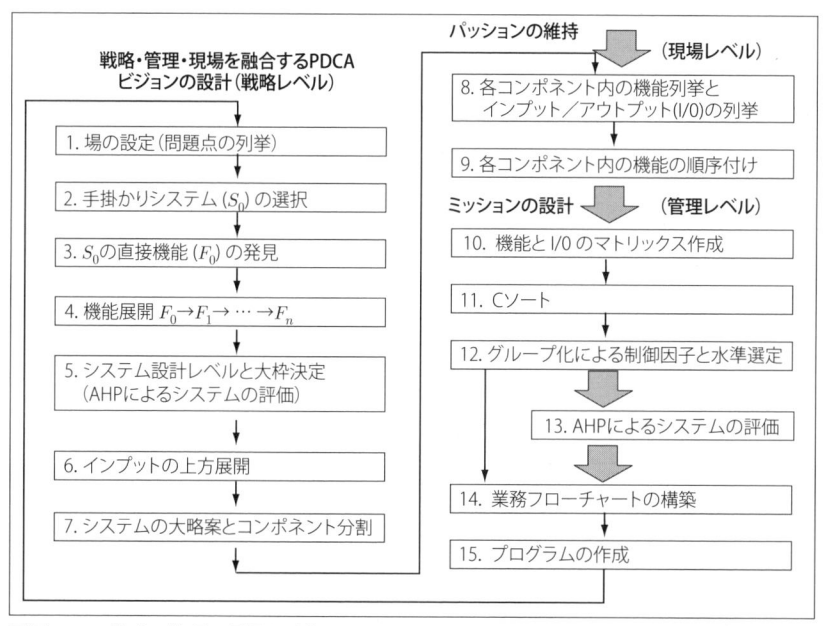

■図 3.17　戦略、管理、現場を融合する PDCA

図 3.17 のステップ 1～4 によって設計される。これによって実現する「マネジメントプロセスの見える化」は戦略レベルの設計であり、ここでは、設計すべき特性が決定される。次に見える化すべきは、設計すべき特性を実現する因子

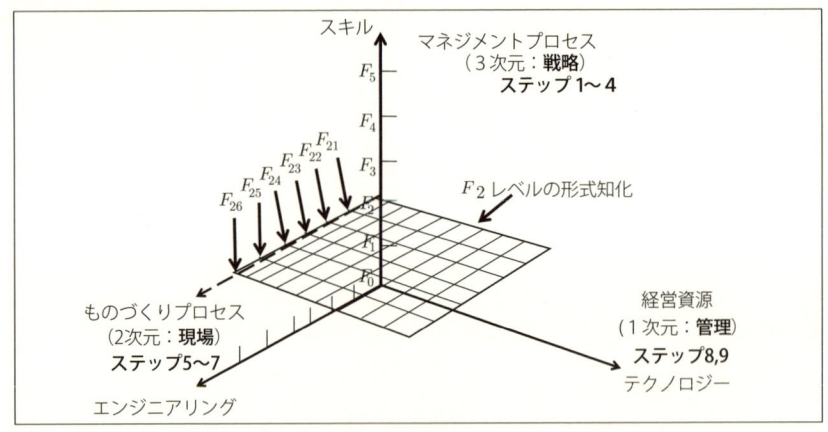

■図3.18　テクノロジー、エンジニアリングの融合

の発見であり、図3.17ではステップ7：コンポーネント分割、ならびにステップ8：各コンポーネントの機能分割とインプット／アウトプットの列挙によって特性と因子の関係が明らかになる。すなわち、「経営資源」軸ならびに「ものづくりプロセス」軸により描かれる2次元平面は設計すべきコトつくりの場となる。前者の軸は編み出された技術であるテクノロジー、後者の軸は編み出す技術のエンジニアリングであり、2つの軸を掛け合わせたマトリックスの部分がリエンジニアリングを試行する「管理」の場となる[12]。

　ステップ5は「設計すべきマネジメントレベルの選定」、ステップ6〜7は「マネジメントプロセスのものづくりプロセスへの展開」とすることができる。かつてのイノベーションは、「技術的・経済的価値に結びつけるプロセス化」であり、図3.18はそのイメージを F_0 のマネジメントレベルにおいて展開した場合のイメージを示している。すなわち、経営資源（1次元：現場）の軸にあるテクノロジーをものづくりプロセス（2次元：管理）の軸にエンジニアリングとして活用する機械化を示している。ここに、戦略レベルの仕事は経営体の管理レベルにふさわしいイノベーションの「規模」を決めることであり、図3.19ではマネジメントプロセスが F_i のレベルが上位にゆくほど規模が大きくなり、複雑化することを示している。管理レベルの仕事は、現在のものづくりプロセスと経営資源の2軸で構成されるセルの再構築によるコトつくりプロセスの発見であり、イノベーションの「標準」つくりとなる。さらに、その標準のもとで構築されたアーキテクチャの内外での「密度」を高める改善が現場レベルの

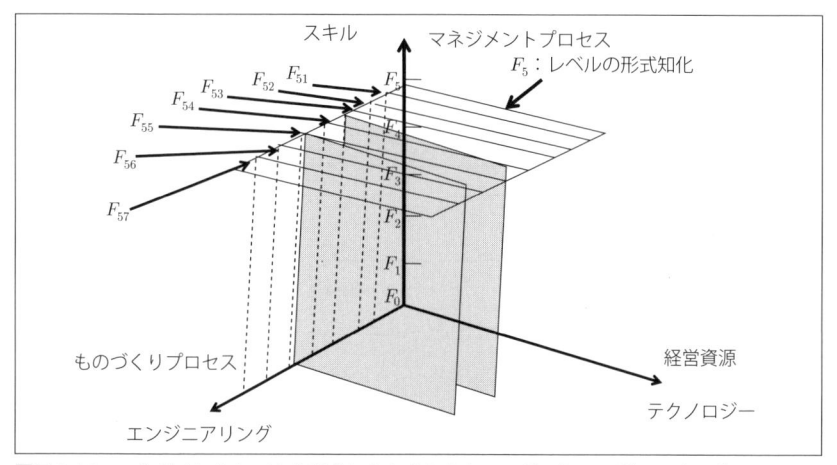

■図 3.19　マネジメントレベルを考慮したときのテクノロジーとエンジニアリング

活動となる。

3.4.2　パッション維持とテクノロジー

　日本のものづくりにおいて現場のパッションを維持するのに最も効果を上げたのはテクノロジーであった。すなわち、理論より経験と勘、ソフトよりハード、システムよりも要素技術を中心に展開する経営においては、経営資源（現場）が中心となる傾向があった。しかし、経営のウェイトがものづくりプロセス（管理）、マネジメントプロセス（戦略）に移るにつれてマネジメント理論、ソフト、システムを重視する傾向となってきたと言える。その形態は、図3.18において、ものづくりプロセス（エンジニアリング）と経営資源（テクノロジー）の2軸で構成される平面上で $F_{21} \to F_{22} \to F_{23} \to \ldots$ という図3.18で示したステップ5〜7によってプロセスを発見する過程であり、「改善」はその平面上でエンジニアリングとテクノロジーによって刻まれるセルの密度を高める活動となる。

　図3.20はその改善活動を G. Nadler のワークデザインの概念 [10] を用いて解釈を試みたものであり、三角形の底辺は現状システムを、頂点は理想システムを表し、イノベーションの到達目標である理想システムと改善との関係を示している。G. Nadler によれば、現状のシステムはコストを伴うが、理想システムのコストはゼロであることが表されている。ここに、改善1は、原価低減

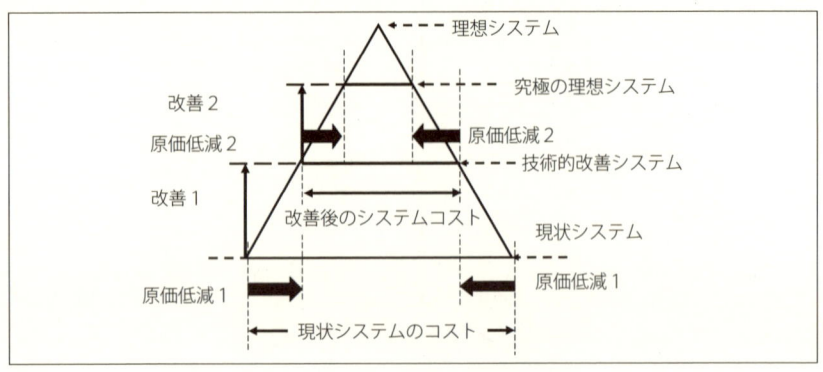

■図3.20　エンジニアリングにテクノロジーを導入する改善活動

1によって得られる、現状システムから技術的に実現可能な理想システムへのカイゼン効果を示している。同様に改善2は、原価低減2によって達成される究極的理想システムへの改善効果を示しており、このカイゼン活動に伴って繰り返されるコストダウンによっていずれはコストがゼロとなる理想システムに到達する。

「設計・管理をベースとしたコトつくり」が行われる以前はステップ8～9で得られる経営資源はものづくりプロセスにダイレクトに導入された。ステップ10～15はかつてのイノベーションの範疇にあったものと言える。したがって、その形態はマネジメントプロセス不在のテクノロジーとエンジニアリングの2軸によるイノベーションと解釈できる。

しかし、今日のイノベーションは、「知の創造を社会的・経済的価値に結びつけるプロセス」として定義されるもので、先の技術的・経済的価値をベースにしたイノベーションと画期的に違うところは、ステップ1～4のマネジメントプロセスを設計するかどうかという点である。ステップ1～4は「マネジメントプロセスの見える化」、ステップ5は「設計すべきマネジメントレベルの選定」、ステップ6～7は「マネジメントプロセスのものづくりプロセスへの展開」と考えることができる。

3.4.3　ミッション構築とエンジニアリング

エンジニアリングに活かされるテクノロジー、すなわち経営資源との関係において設計されるビジネスプロセスが、設計レベル F_0 と F_5 の両者で異なった

図の中のテキスト:
- スキル
- マネジメントプロセス（3次元：**戦略**）ステップ1〜4
- $F_5, F_4, F_3, F_2, F_1, F_0$
- コトつくりプロセス（2.5次元：**情報の管理**）ステップ10〜15
- 経営資源テクノロジー（1次元：**物の管理**）ステップ8,9
- ものづくりプロセス（2次元：**現場**）ステップ5〜7
- エンジニアリング

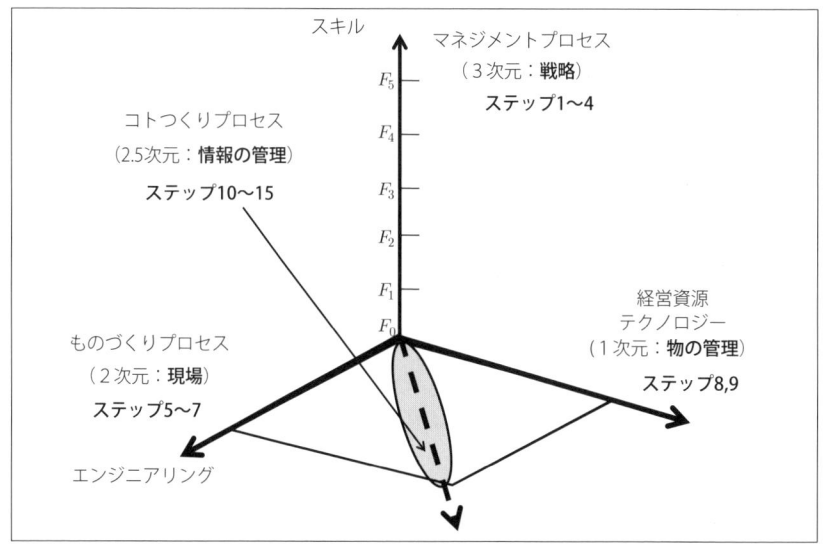

■図3.21　コトつくりプロセスの発見

形として現れる。すなわち、プロセスには、スキルの軸に展開されるマネジメントプロセス、エンジニアリングの軸に展開されるものづくりプロセス、そして経営資源の軸とものづくりプロセスの軸で設計される**コトつくりプロセス**がある。今日のものづくりは、まずものづくりを取り巻くできる限り多くの状況をあらかじめコンピュータの中で作り上げることを目指している。そこでは十分な計画と戦略が練られたのち、一夜城構築のごとき迅速さと正確さ、現実のレベルでの工場建設が進められる。このことは、かつて製品レベルで生産、販売、技術の同期化を目指した **CIM** (Computer Integrated Manufacture) の概念が、工場建設レベルで再現されたと考えればよい。すなわち、CIMが製品設計で目指したCE (Concurrent Engineering) が、今日の**MOT** (Management of Technology) は工場マネジメントのレベルにおいて情報技術だけでなくあらゆる技術を総合化して実現しようとしている目標と相通じるものがある [12]。そのような仕組みの構築を可能とするのがコトつくりであり、管理は従来のものの流れを見るものから、情報を用いて様々な流れを発見し、それをマネジメントに生かそうとする仕組み作りに進化している。図**3.21**は図3.18に示したテクノロジーとエンジニアリングの融合に対して、情報によって作り出されるものの流れとは異なる2.5次元のプロセスの発見について、これを横幹連合が

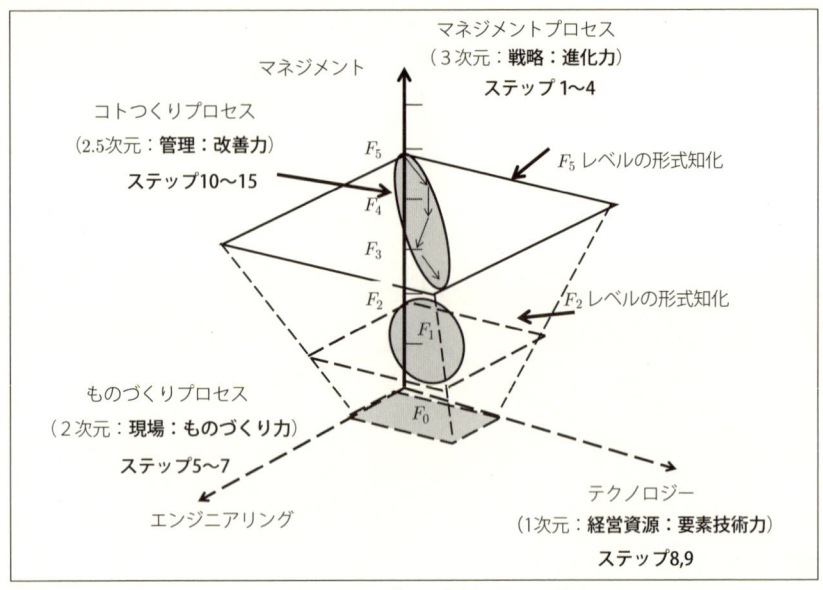

■図 3.22　テクノロジー、エンジニアリング、マネジメントの融合

提唱するコトつくりプロセスとして示したものである [13],[14]。**コトつくりプロセス**とは、テクノロジーとエンジニアリングによってつくられるベクトルの合成である [15]。

　以上の議論をまとめると、安心と安全を確保するための経営活動の場は①テクノロジー、②エンジニアリング、③マネジメントの軸により捉えられ、図 **3.22** は 3 次元の立体として捉えることができる。

　この図は経営体の目標が事業化であった場合、その前には手段として商品化が、さらにその前には製品化、研究開発が存在していることを示しており、どのマネジメントレベルを対象にシステムを構築するのかは経営体の管理レベルの高さに依存する。また、図中に示した楕円内部は統合生産計画管理を標準化するイノベーションについて、その外部は現場技能者による経験等の暗黙知による改善活動を表している。

　図 **3.23** は生産システムがものづくりの基本であるレベル F_1 の工程計画からスタートして、匠のものづくりレベル F_2 の生産計画管理、システムづくりレベル F_3 の統合生産、さらに匠のシステムづくりレベル F_4 の統合経営に至る規模の拡大とシステムの変遷を示したものである。ここから明らかになることは、

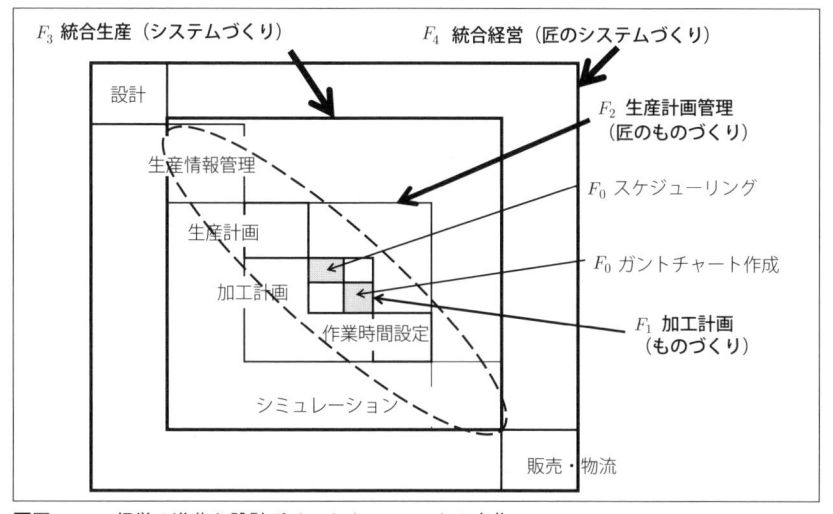

■図 3.23　経営の進化と設計ポイント ($F_0 \to F_4$) の変化

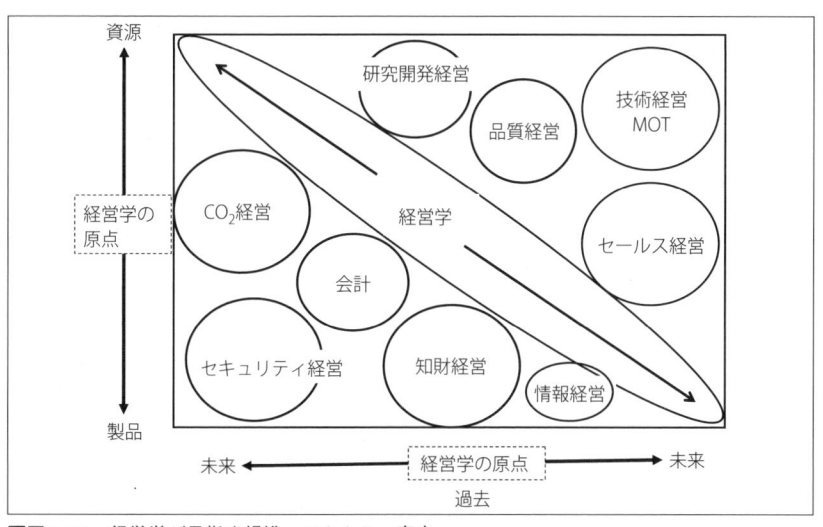

■図 3.24　経営学が目指す規模、ベクトル、密度

加工計画の観点から統合生産のシステムは設計できないということであり、加工計画のレベルから改善活動を続けて統合経営の仕組み作りに到達することはあり得ないということである。図 3.24 は、図 3.23 をベースに製品と資源、経営学の過去から現在の 2 つの軸を掛け合わせたとき、経営学を中心に存在する

リスクとチャンスの領域を配置したものである。

本章で述べた経営のアプローチは、経営環境の変化に適応しながら一方で経営理念を実現していくための概念と方法を示したもので、「死の谷」を乗り越え、「ダーウィンの海」を乗り越える経営を解説したものである。「死の谷」は戦略レベルでの「進化力」によって、「ダーウィンの海」は管理レベルでの「コトつくり力」によって乗り越えることができる。この「進化力」と「コトつくり力」を、従来の日本的経営の原点である現場レベルの「改善力」に加えて実現するスパイラルな PDCA アプローチによって経営は新しい力を得ることができる。

ここに、戦略レベルの仕事は経営体の管理レベルにふさわしいイノベーションの「規模」を決めることであり、マネジメントプロセスの管理レベルを上位に位置させるほど規模が大きくなり、複雑化することを示している。管理レベルの仕事は、現在のものづくりプロセスと経営資源の2軸で構成されるセルの再構築によって新たなコトつくりプロセスの発見であり、イノベーションの「標準」つくりとなる。さらに、その標準のもとで構築されたアーキテクチャの内外での「密度」を高める改善が現場レベルの活動となる。

参考文献

[1] 能勢豊一他：''情報化時代のものづくり経営'',現代社会の情報・通信マネジメント（中央経済社，2009）.
[2] 野口悠紀雄：''技術を活かしきれない日本の企業経営'',週刊ダイヤモンド，2010年11月20日号.
[3] 日本学術会議：第3部企業行動研究連絡委員会19期対外報告書――経営を科学する，ビジネスをデザインする (2005).
[4] 能勢豊一：''リスクを考慮した経営情報システムと評価'',神戸学院経済学論集，第34巻，第1・2号，pp.109–125 (2002).
[5] 日本科学技術連盟：''BC テキスト第12章サンプリング'' (1992).
[6] 栗山仙之助：電子計算機経営情報システム研究（日本経営出版会，1968）.
[7] 木村英紀：ものつくり敗戦（日本経済新聞出版社，2009）.
[8] G. Nadler, : Work Design: A Systems Concept (1970).
[9] ピーター・F・ドラッカー：''21世紀経営の未来を語る（第1回）'',週刊ダイヤモンド，1999年11月27日号，pp.58–65.
[10] 経営関連学会協議会：ニューズレター創刊号，no.1 (2007).
[11] C. Chandra: "Enterprise Architectural Framework for Supply-Chain Integration", Los Alamos National Laboratory (2004).

[12] 能勢豊一：" 安心と安全を構築する技術，工学，経営の融合"，日本セキュリティ・マネジメント学会第 24 回全国大会発表要旨，pp.109–113 (2010).
[13] IBM Corporation: Business System Planning (1983).
[14] T. Nose, S. Kuriyama, K. Akou. : "A Design for Management Information System by Work-Design Technique", *Computers Industrial Engineering*, vol.16, no.2, pp.151–154 (1994).
[15] 赤穂清隆，能勢豊一，栗山仙之助：" 経営情報システムにおけるビジネスプロセスのリエンジニアリングに関する研究"，大阪工業大学紀要理工篇，vol.39, no.2, pp.81–94 (1995).

第4章　会計学的アプローチ

4.1　はじめに

　本章の狙いは、これまでに実施されているセキュリティマネジメントに関わる会計学研究を整理したうえで、今後進展させるべき研究視点を検討することにある。

　近年、会計学の領域でセキュリティに関わる研究への関心が飛躍的に高まっている。その背景には、以下の3つの潮流がある。

　1つは、会計情報のアンチーク化が進展している点である。かつては財務諸表にオンバランス化されている会計情報で、企業価値の大半の部分を説明することが可能であった。しかし1990年代以降、急速に**会計情報の価値関連性**が低下しつつある。この背景には、経済のIT化、サービス化、知識化が進展する中で、企業価値の決定因子が財務諸表にオンバランス化されている会計情報から必ずしも財務諸表に反映されていない情報にシフトしつつあることが指摘されている。こうした**企業価値**の決定因子であるにもかかわらず、必ずしも財務諸表には反映されていない主要な情報の一つとして、情報資産などの無形資産やそれを守るセキュリティに関わる様々な活動が挙げられるのである。こうした観点から、近年、情報資産やそれを支えるセキュリティに対する関心が増大しているのである。

　いま1つは、情報漏洩や情報システムの停止などのインシデントが頻発している点である。新世紀に入り、情報セキュリティに関わるインシデントが急増している。たとえば、ゲーム会社、情報システム会社、小売会社、石油会社、金融機関などによる顧客情報の漏洩や航空会社や運輸会社、証券取引所などの情報システム障害など枚挙に暇がない。こうした情報セキュリティに関わるインシデントは、企業価値に重大なインパクトを与えかねない。

第4章執筆：加賀谷哲之

とりわけ近年、わが国でも会社法や金融商品取引法において、企業に内部統制の構築が求められるようになりつつあることが会計コミュニティの人々の情報セキュリティに対する関心を増幅させつつある。説明するまでもなく内部統制の構築が求められるようになった一つの背景は、エンロンやワールドコムなどの会計不祥事を契機に、会計情報の信頼性を高めることが企業サイドに求められるようになったことが挙げられる。こうした**内部統制**と情報システムは深く関わっている。会計情報の信頼性を高めるためには、情報システムの活用を通じて、誤謬や不適切な会計処理を効果的に抑制することが求められるためである。こうしたことから、情報セキュリティをめぐるインシデントの増幅は、こうした会計情報の信頼性にネガティブな影響をもたらしかねない。このため、内部統制などの領域でもセキュリティマネジメントへの関心が高まりつつあるのである。

最後に挙げられるのは、情報セキュリティやBCMなどに関わる自発的開示が企業サイドに求められるようになった点が挙げられる。とりわけ内閣府や経済産業省など政府関連の取り組みにおいて、企業サイドに情報セキュリティやBCMなどの取り組みに関わる自発的開示を推進している傾向がある。この背景には、社会的最適投資と私的最適投資のギャップを、市場における評価で埋めていこうという問題意識があるように推測される。

情報セキュリティやBCMに関わるリスク事象は、その発生そのものの不確実性が高いことに加え、情報ネットワークや地域社会におけるつながりを通じて、他社に影響する可能性も比較的高い。にもかかわらず、情報セキュリティなどのリスクマネジメントの実践はコスト増加に結びつくことから、積極的に取り組もうとせず、インシデントの発生時に周囲の会社に多大なコスト負担を余儀なくさせるケースも想定し得るのである。こうした観点から、情報セキュリティやBCMなどのリスク事象はその効果や機能が自社の活動のみでは規定されないなど経済の外部性が働きやすい。このため、そうした取り組みを企業に自発的に開示させ、市場で評価させる基盤を構築することで、各社のセキュリティに関わる取り組みを推進させる試みが進展しているのである。こうした流れを受け、セキュリティに関わる取り組みを外部ステークホルダーに開示する動きが進展しつつある。

こうしたセキュリティ会計で問われていることは、各社のセキュリティマネジメントの実態をいかに「見える化」し、それをステークホルダーに分かりや

すく伝えることで、ステークホルダーからの信頼感や期待を高め、効果的に経済効果に結び付けていくという課題にどのように答えていくかという点である。

このように**セキュリティ会計**に関わる課題は、会計学に関わる研究課題の中でも、特に企業価値評価やディスクロージャー、内部統制に関わる研究課題と位置付けられることが多いことが確認できるだろう。本章では、これらの視点から先行研究で解明できている課題と今後に検討すべき課題をそれぞれ整理していくことにしたい。

4.2 分析視点と先行研究

ここで特に情報セキュリティにフォーカスを当て、会計学研究上での分析視点を整理していくことにしよう。これまでの先行研究をベースにあるべき研究領域を整理すると、大きく4タイプの研究に分類することが可能である（**図4.1**）。

第1に、**情報セキュリティインシデント**が企業価値をどれほど毀損させるか

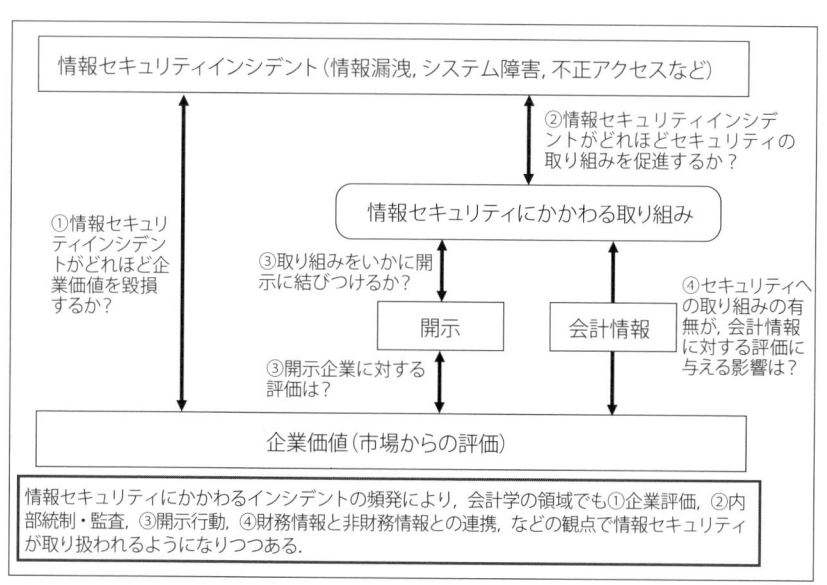

■図4.1　情報セキュリティと企業会計の関係性

という点を株式市場における評価にフォーカスを当て検証するアプローチであり、第2に情報セキュリティインシデントと情報セキュリティの取り組みの関係性についての検討、第3に情報セキュリティに関わる取り組みや開示が株式市場でどのような評価を受けるかを検討するアプローチであり、第4に情報セキュリティの取り組みの有無が会計情報に対する評価にどのようなインパクトを与えるかについての検証である。

4.2.1 情報セキュリティと企業価値の関係性

これまでに蓄積されている先行研究を整理していくと、大きく、①情報セキュリティインシデントがどれほど企業価値を毀損するか、③情報セキュリティに関わる取り組みや開示を株式市場はどのように評価するか、という観点からの研究が多く、②情報セキュリティインシデントがどれほどセキュリティの取り組みを促進するか、④セキュリティの取り組みの有無が会計情報の評価に与える影響、の研究は皆無である。②、④については、各社の情報セキュリティに関わる取り組み実態を示したデータベースがこれまで全く蓄積されてこなかったため、検証の対象外となってきたのである。本節では、特に、①のセキュリティインシデントに対する企業評価、③開示が企業評価に与える影響、の2点にフォーカスを当て、先行研究を整理していくことにしよう。

まずは情報セキュリティと企業価値との関係性について検証した先行研究を紹介していくことにしよう。情報セキュリティなどリスクマネジメントの取り組みを社外ステークホルダーの立場から知ることは困難である。このため、情報セキュリティに関わる取り組みのコストベネフィットは、情報セキュリティに関わるインシデントに対する株式市場からの評価から推測する研究が一般的である。

こうした研究の嚆矢となったのは、Ettredge and Richardson [1] である。同研究では、2000年2月にアメリカで起こったサイバーアタックがインターネット企業に与える影響を、イベントスタディーによって検証している。具体的には、インターネット企業をB2C企業、B2B企業に区分したうえで、それぞれコントロールサンプルを設定し、サイバーアタックに対する累積異常株式投資収益率(CAR)の違いを検証している。CARのみでみると、インターネット企業のCARはコントロールサンプル企業に比べて統計的に有意に低い水準にあ

ることが確認されている。

　Campbell, Gordon, Loeb and Zhou [2] では1995年1月から2000年12月までの期間で発生した情報流出事故43ケースを用いて、米国企業における情報流出事故が株価に与える影響を分析している。分析の結果、機密情報を含む事故の場合、株価が下落していることを報告している。

　Cavusogle, Mishra and Raghunathan [3] では1996年1月1日から2001年12月31日までの期間で発生した、情報流出事故66ケースを用いて、米国企業における情報流出事故と株価との関係を分析している。その結果、情報流出報道の2日後株価は2.1％下落していることを発見している。

　Hovav and Arcy [4] では、1988–2002年に報告されたウィルスアタックに対する公表に対して、株式市場がどのような評価を行っているかを検証している。検証の結果、必ずしも当該公表が株式市場からネガティブな評価を得ているとは限らないことを確認している。

　Telang and Wattal [5] では、1999年1月から2004年5月までに公表されたソフトウェアの脆弱性に関わる公表が、ソフトウェア会社に対する株式市場からの評価にどのような影響を与えるかを検証し、統計的に有意にネガティブなインパクトをもたらすことを確認している。この他 Acquisti、Friedman and Telang [6]、Kannan, Rees and Sridhar [7]、Goel and Shawky [8] など多くの研究が行われている。

　日本企業をサンプル対象とした検証結果としては、インターリスク総研 [9] やIshiguro Tanaka, Matsuura, and Murase [10] などが挙げられる。

　インターリスク総研 [9] では、2004年4月1日から2005年3月31日の1年間で、日本経済新聞に報道された「顕在化したリスク」238ケースを対象に、リスクの顕在化が株価に与える影響を分析している。その結果、情報セキュリティに関するリスクが顕在化した10日後、約3割の企業が株価の下落を経験していると報告している。その中でも約8％の株価が下落しているケースが最も多く、15％以上株価が下落している企業も約5％存在していることを発見している。

　Ishiguro, Tanaka, Matsuura and Murase [10] では、2002年9月から2005年8月までの期間で、日経4紙からキーワード検索を通じて抽出した情報流出事故70ケースを用いて、事故が株価に与える影響を分析している。その結果、情報流出報道の10日後株価は、機密情報漏洩事故の場合は2.25％、不正アク

セス事故の場合は3.18％下落することを報告している。

全般的には情報セキュリティインシデントが株式市場でネガティブな評価を受ける傾向があるという検証結果が導き出されているものの、一部の検証結果では必ずしも統計的に有意な水準で検証結果が導出できていないなど、情報セキュリティインシデントの影響を十分に測定することができているとはいえないのが現状である。

4.2.2 情報セキュリティ報告書

情報セキュリティに関わる取り組みのコストベネフィットを確認することができないのは、各社の取り組み実態が必ずしも外部ステークホルダーの立場からは確認できず、情報セキュリティインシデントの発生などにより、そうしたインシデントの経済的損失をどれほど抑制できたかを見積もることが困難であることが背景にある。

こうした各社の取り組みが必ずしも明らかとならない場合、ときに企業の情

■表4.1 情報セキュリティ報告書モデル

① 基礎情報 報告書の発行目的、利用上の注意、対象期間、責任部署等
② 経営者の情報セキュリティに関する考え方 情報セキュリティに関する取り組み方針、対象範囲、報告書におけるステークホルダーの位置付け、ステークホルダーに対するメッセージ等
③ 情報セキュリティガバナンス 情報セキュリティマネジメント体制（責任の所在、組織体制、コンプライアンス等）、情報セキュリティに関わるリスク、情報セキュリティ戦略等
④ 情報セキュリティ対策の計画、目標 アクションプラン、数値目標等
⑤ 情報セキュリティ対策の実績、評価 実績、評価、情報セキュリティの品質改善活動、海外拠点の統制、外部委託、情報セキュリティに関する社会貢献活動、事故報告等
⑥ 情報セキュリティに係る主要注力テーマ 内部統制や個人情報保護、事業継続計画など特に強調したい取り組み、テーマの紹介、工夫した点等
⑦ （取得している場合の）第三者評価認証等 ISMS適合性評価制度、情報セキュリティ監査、プライバシーマーク制度、情報セキュリティ関連資格者数、格付け/ランキング等

報セキュリティに関わる取り組みが過小となる可能性もある。しかしこうした各社の取り組みは経済厚生の観点から負の影響をもたらすこともあり得る。情報システムや情報ネットワークには外部性が働きやすく、1社の過少投資が情報システムやネットワークを通じて他社に影響を及ぼす可能性があるためである。このため、情報セキュリティに関わる取り組みの開示を促し、市場がそうした取り組みを評価できるような基盤を整備する試みが進展しつつある。

たとえば、2005年3月に経済産業省より公表された「企業における情報セキュリティガバナンスのあり方に関する研究会報告書」(経済産業省 [11]) では、情報セキュリティガバナンスを「社会的責任にも配慮したコーポレートガバナンスと、それを支えるメカニズムである内部統制の仕組みを、情報セキュリティの観点から企業内に構築運用すること」と定義したうえで、それを支える一つの仕組みとして「**情報セキュリティ報告書モデル**」が提示されている。

表 4.1 には、提示されているモデルの概要を示している。経済産業省 (2005) では、この全てを開示することを求めているわけではなく、ステークホルダーへの説明責任遂行や新たな事業価値の創出など、企業が報告書を作成する目的に応じて、記載項目の選択や内容のレベルは選択可能とすべきと提案している。また情報開示のチャネルについても、CSR 報告書などの一部として開示することも選択肢の一つと位置付けている。富士ゼロックス、リコー、NTT データ、キヤノン、富士通など先進的な企業において、情報セキュリティ報告書の開示が始まっている。

また 2004 年 3 月より有価証券報告書内における「**事業等のリスク**」の開示が求められるようになったことも情報セキュリティに関わる取り組みの開示を促進させている。たとえば**図 4.2** には、「事業等のリスク」で開示されているリスク項目を表示している。これによれば、自然災害リスクや情報セキュリティなど企業のセキュリティに関わる項目の開示が進展している。セキュリティに関わる開示について企業サイドの意識が高まりつつあることを示唆している。

さらに実際に情報セキュリティに関わるインシデントが発生した場合のインシデント情報の開示行動がもたらす経済効果を検討している検証も増大している。たとえば、Romanosky, Telang and Acquisti [12] では、個人情報などの漏洩などの発生時に当該事実の開示を求める法律の施行が、個人情報漏洩などの損失を低減させる効果が存在するかどうかについて米国企業を事例に検証している。

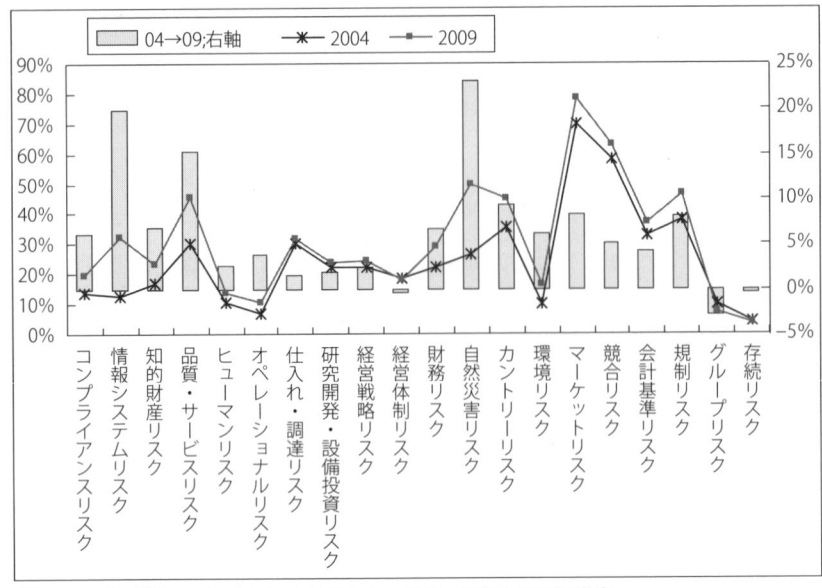

■図4.2 「事業等のリスク」におけるセキュリティに関わる項目内容

検証の結果、必ずしも法律の施行が必ずしも情報漏洩を減少させるわけではないことを確認している。こうした個人情報漏洩などの情報セキュリティインシデントや情報セキュリティの脆弱性の開示についての役割や効果についての検証も徐々にではあるが増大しつつある [13][14][15][16][17][18][19]。

4.2.3 情報セキュリティ開示と市場評価の関係性

では、こうした情報セキュリティ開示がどのような経済効果をもたらしているのだろうか。こうした点を検討している研究として、金 [20] が挙げられる。かつて筆者が証券アナリストにヒアリング調査を行った際には、「情報セキュリティに対する取り組みに関する開示を投資家サイドで評価するケースは稀である。火事と同じで、情報事故が起こった時点でその影響額を推定する」と指摘するアナリストも少なくなかった。では、事前に情報セキュリティに関わるリスクやそれに対する取り組みを開示しておくことは株式市場の評価に影響を与えないのだろうか。金 [20] では、情報セキュリティの開示の有無が株式市場に与える影響はないのか。事前の情報セキュリティの開示が株式市場にポジティブな評価を与えないにせよ、投資家が情報事故発生時点で、各社の情報セ

キュリティへの取り組みを開示情報により確認する可能性があるのではないかとの仮説に基づき検証を行った。

実際に情報流出事故を起こした企業（73件）のうち、そうしたリスクを事前に開示していた企業群（49件）と開示していなかった企業群（24件）それぞれについて、事故報道以後の累積超過リターン（CAR）を調べてみると、全ての企業が発生後4日目までは下落するものの、開示企業はその後1か月にわたって上昇を続けるのに対し、非開示企業は下落を続けたことが判明した。

それではなぜ事前に情報セキュリティに関わる取り組みを開示しておくことで、株価が回復を行い、非開示の場合には、株価は下落し続けるのか。一つの有力な仮説は、事故発生を契機に、投資家が有価証券報告書などの情報を見て、リスク情報を事前に確認している可能性があるというものが挙げられる。リスク情報を開示している企業の多くは、その取り組み内容も同時に開示しているケースが多い。さらにリスク情報を開示するということは、それだけ当該リスクに対する対応や取り組みが実践できているケースが多い。逆に開示していない場合には、投資家の不信感が増幅し、株価低下に歯止めがかからない可能性もある。

このように情報セキュリティに関わるリスクやその取り組みの開示は、平時にはプラスの作用をもたらさないものの、有事には企業価値にプラスに作用する可能性がある [21]。会計学の領域で、有事価値関連性について取り上げている実証研究は皆無であり、そうした会計研究の新たな水平線を切り開くという観点でも情報セキュリティに関わる開示の効果をめぐる検証の注目度は高くなっている。

さらに Ito,Kagaya and Kim [22] では、情報セキュリティに関わる取り組みの開示がコーポレートブランドに対する評価や取引選好の向上を通じて、企業価値の創造に貢献する可能性があることを示している。このように情報セキュリティに関わる取り組みの開示と企業価値との関連性が、少しずつではあるが解明されつつある。

4.3 日本企業の情報セキュリティへの取り組みと会計・企業評価の関係性

ここで日本企業の情報セキュリティに関わる取り組みの実態を確認し、それ

が会計企業評価にどのように結びつくのかという論点を検討していくことにしよう。ここでは、筆者も調査設計に携わった経済産業省・三菱総合研究所による 2010 年 2 月の「情報処理システムと情報セキュリティの投資対効果に関するアンケート」を紹介しながら、その実態の検討とそれを会計企業評価の領域で分析するにあたっての視点や論点を説明していくことにしよう。同調査では日本の上場企業 3772 社の情報処理システム責任者 (CIO) にあたる方、あるいはそれに準じた方に調査を行い、421 社から回答を得た。ここでは特に情報セキュリティの取り組みについての内容のみを抜粋し、紹介していくことにしよう。

図 4.3 には、企業の競争力向上のために情報セキュリティが重要であると回答した 261 社の企業の情報処理システム責任者に、情報セキュリティを強化浸透させるうえでの阻害要因を複数回答で調査した結果を示している。これによれば、「手間コストがかかる」「対策をどこまでやるべきかが分からない」「予算がとれない」などが理由として挙げられている。つまり競争力向上に情報セキュリティへの取り組みが不可欠であると認識しつつも、その投資対効果が十分に認識されていないことが大きな課題となっていることが推測される。

情報セキュリティに関わる取り組みが企業の競争力に大きく結びつく一つの経路は、情報処理システムが企業経営上で重要な役割を果たしているというものである。そうした観点からは、情報セキュリティの取り組みの投資対効果を知るためには、情報処理システムの投資対効果を探ることが不可欠となろう。では、情報処理システムの投資対効果は測定されているのだろうか。

図 4.4 には、その結果を示している。これによれば、「投資対効果を金額換算している」「効果が期待されるいくつかの指標を選択し、その推移を測定している」と回答している企業がそれぞれ約 2 割ある。一方で、約 6 割の企業は投資対効果の測定を行っていないことが確認されている。仮に情報処理システムの投資対効果が確認できなければ、情報セキュリティの投資対効果も測定することが困難である。

次に各社の情報セキュリティに関わる取り組みの実態について検討することにした。図 4.5 には、2007 年 3 月に経済産業省の情報セキュリティガバナンス研究会によって提唱されている情報セキュリティ対策ベンチマークを活用し、各社の情報セキュリティに関わる取り組みの成熟度について調査した内容を表示している。

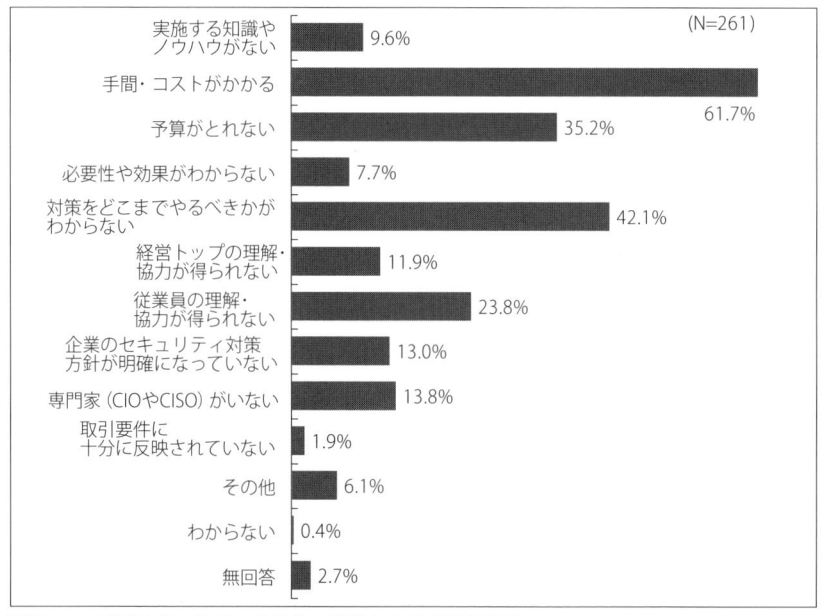

■図4.3 情報セキュリティの強化・浸透における阻害要因

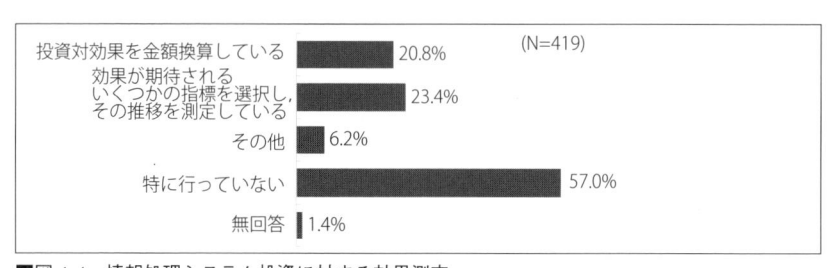

■図4.4 情報処理システム投資に対する効果測定

　図4.5(a)には、組織的な取り組み状況を示している。情報セキュリティポリシーや推進体制については、約6割の企業がきちんと整備しているものの、重要な情報資産の分類や業務プロセスごとの措置については約6割近くの企業が整備できていない。また教育や啓蒙活動についても5割近くの企業がモニタリングを含めたチェックを十分に行うことができていないのが現状である。

　図4.5(b)には、物理的（環境的セキュリティ）上の施策、情報システムおよび通信ネットワークの運用管理状況に関するセキュリティ対策の実施状況を示している。不正プログラムなどへの対応などについては多くの企業が対応して

いる一方で、顧客やベンダーなどの取引先への対応や重要機器や重要書類への管理については十分に対応できている企業が必ずしも多くないことが確認できる。

図4.5(c)は情報システムのアクセス制御の状況、情報システムの開発、保守におけるセキュリティ対策の状況、情報セキュリティ上の事故対応状況を示している。不正アクセス制御への対応については多くの企業が取り組んでいる一方で、BCPや事故対応については多くの企業が十分な体制を整備できていないことが確認できる。

では、こうした情報セキュリティに関わる取り組みがどれほど企業価値の創

1. 2に加え、周囲の環境変化をダイナミックに反映し、常に改善を図った結果、他社の模範となるレベルに達している。
2. 経営層の指示と承認のもとに方針やルールを定め、全社的に周知・実施しており、かつ責任者による状況の定期的確認を行っている。
3. 経営層の承認のもとに方針やルールを定め、全社的に周知・実施しているが、実施状況の確認はできていない。
4. 経営層にそのような意識はあり、方針やルールの整備、周知を図りつつあるが、一部しか実現できていない。
5. 経営層にそのような意識がないか、意識があっても方針やルールを定めていない。

(a) 組織的な取り組み状況

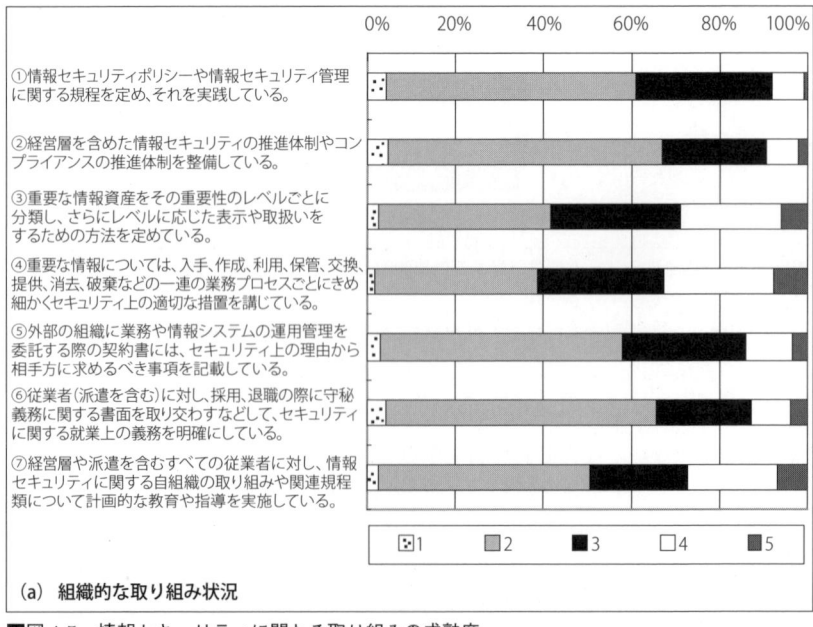

■図4.5　情報セキュリティに関わる取り組みの成熟度

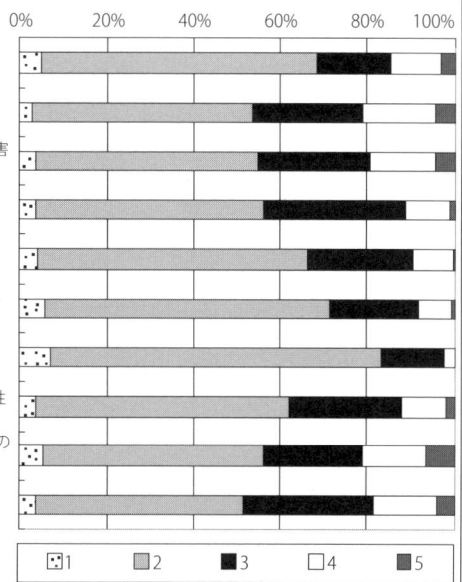

4.3 日本企業の情報セキュリティへの取り組みと会計・企業評価の関係性

(b) 物理的（環境的セキュリティ）上の施策、情報システムおよび通信ネットワークの運用管理状況に関するセキュリティ対策

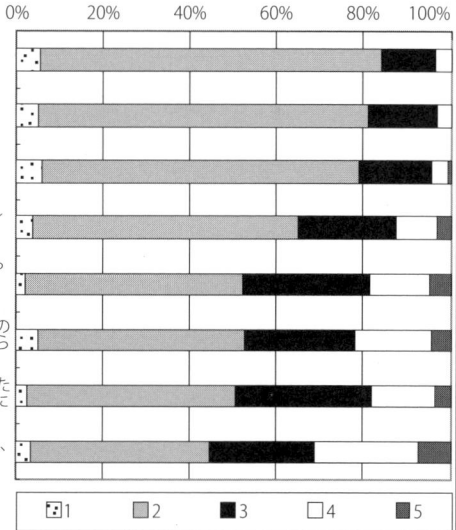

(c) 情報システムのアクセス制御の状況、情報システムの開発、保守におけるセキュリティ対策の状況、情報セキュリティ上の事故対応状況

■図 4.5　情報セキュリティに関わる取り組みの成熟度（続き）

造に貢献しているのか。こうした点を検討するためには、各社の情報セキュリティの対象となっている各種の資産がどれほど利益創造に貢献をしているのか、それが情報セキュリティの取り組みによりどれほど持続性を高めるのか、それを開示することでどれほど企業に対する信頼感が増大するのか、などの観点からの分析が不可欠となる。

しかし、これまでは企業の情報処理システムや情報セキュリティに関わるデータベースがほとんど構築されてこなかったこともあり、こうした分析を行うことが困難であった。こうした情報セキュリティの取り組みに関わるデータを活用し、開示行動や企業評価との関係性を解明していくことが可能となれば、情報セキュリティに関わる取り組みや開示を一連のプロセスで表現した「情報セキュリティ会計」を構築することが可能となるだろう。

4.4 セキュリティ会計研究の将来

本研究では、セキュリティマネジメントに関わる会計学的なアプローチによる研究を、特に情報セキュリティにフォーカスを当て、整理分析した。

会計学研究における基本論点が、企業の重要業務や活動を可視化し、それを企業のステークホルダーに報告することにあるとすれば、情報セキュリティに関わる投資対効果をどれほど効果的に実践できるかが、情報セキュリティに関わる会計学的な研究視点として極めて重要なものとなる。こうした問題意識に基づく実証研究を整理していくと、その多くは情報セキュリティインシデントに対する株式市場からの評価についての検討となっていることが確認できる。この理由の一つは、各社の情報セキュリティに関わる取り組みの実態について外部者では確認できないケースが大半であり、情報セキュリティインシデントが起こったタイミングで初めて情報セキュリティに関わる取り組みの価値が顕在化されることが多いためである。

このため、先行研究では情報セキュリティインシデントの発生時にどれほど企業価値を毀損するかという観点から、情報セキュリティに関わる取り組みの価値を検討する研究が多い。先行研究によれば、情報セキュリティインシデントに対して株式市場はネガティブに評価するケースが多いものの、必ずしも全ての検証でそうした結果が獲得できているわけではない。

しかし近年、各社の情報セキュリティに関わる取り組みや情報開示が株式市

場でどのように評価されているかを検証する研究が増大しつつある。こうした研究が促進されつつある理由の一つとして、情報開示において、情報セキュリティに関わる取り組みやリスクなどを開示する機会が増えつつある点が挙げられる。たとえば、日本では情報セキュリティ報告書の作成企業が存在しているほか、有価証券報告書内における「事業等のリスク」において情報セキュリティに関わる取り組みを開示する企業が増大しつつある。こうした開示行動に、情報セキュリティに関わる取り組みの積極性が現れると想定したうえで、こうした情報セキュリティに関わる開示の有無が、株式市場の評価やコーポレートブランドに対する評価にどのように影響を与えるかを検証されている。

　検証結果によれば、情報セキュリティの取り組み状況は平時にどのように評価されているかは十分に検討されていないものの、情報セキュリティインシデントの発生時などの有事においては、株式市場から一定の評価に結びつく可能性があることが確認されている。事前に情報セキュリティに関わるリスクやそれに関わる取り組みを開示しておくことで、情報セキュリティインシデントの発生時以後の株価の動きが異なることが示されている。具体的には、事前に開示している企業の株価は回復する一方で、事前に開示していない企業の株価は低下し続けるのである。

　その他、情報セキュリティに関わる開示を行っている企業の方が、コーポレートブランドに対する評価や顧客選好が高い傾向があることが確認されている。

　とはいえ、これらの研究の多くは、企業による情報セキュリティの開示から、その取り組み状況を類推した前提に基づく検証であり、実際の情報セキュリティの取り組み状況と企業価値との関係を直接的に検証したものではない点には留意が必要である。情報セキュリティに関わる取り組みを可視化し、企業価値への結びつきやそのプロセスを明確にするためには、どのようなビジネスモデルや戦略を選択している企業が、価値決定因子としてどのような資産を重視していくべきか、そうした資産の利益創造力を維持・拡大していくうえで、情報セキュリティなどが果たすべき役割とその効果を明示化する必要がある。しかしそうした点を検討するためには、企業の開示情報では十分ではない。開示情報で掲載されている情報は限定的であり、必ずしも企業価値との結びつきを検討するために必要なデータが整備されていないためである。このためには、より多角的な視点で企業の情報セキュリティに関わる取り組みについての

情報をデータベースとして整備していくことが求められるのである。

こうした観点で、近年、情報セキュリティに関わる取り組みについてデータベースを整備する動きが進展している。たとえば、4.3節で説明したような調査がそうした試みの代表例であろう。こうしたデータベースの構築とそれに基づく検証を通じて、情報セキュリティに関わる取り組みが外部ステークホルダーに開示する一連のプロセスを通じて企業価値を創造する経路を可視化し、それを定量的な指標に基づき評価分析できる「情報セキュリティ会計」の構築が可能となるかもしれない（こうした定量化の試みとして [23] など）。

こうした「情報セキュリティ会計」の存在は、情報セキュリティの取り組みが求められるにも関わらず、その投資対効果が十分確認できないがゆえに二の足を踏んでいる企業経営者や従業員に対して、情報セキュリティに関わる取り組みの推進を後押しするツールとなる可能性もある。

とはいえ、情報セキュリティ会計の構築を行うことは容易ではない。情報セキュリティは、各社の経営環境や選択するビジネスモデル、事業戦略、そうした戦略に基づき蓄積していくべき経営資産と緊密な関係があり、それらの状況によって情報セキュリティの役割は創出する価値も変わってくることが推測されるためである。情報セキュリティ会計の構築に向けた挑戦はまだ始まったばかりである。

参考文献

[1] M. Ettredge and V. J. Richardson: "Assesing the Risk in E-Commerce", Proceedings of the 35th Hawaii International Conference on System Sciences (2002).

[2] K. Campbell, L. A. Gordon, M. P. Loeb and L. Zhou: "The Economic Cost of Publicly Announced Information Security Breaches: Empirical Evidence from the Stock Market", *Journal of Computer Security*, vol.11, no.3, pp.431–448 (2003).

[3] H. Cavusoglu, B. Mishra and S. Raghunathan: "The Effect of Internet Security Breach Announcements on Market Value: Capital Market Reactions for Breached Firms and Internet Security Developers", *International Journal of Electronic Commerce*, vol.9, no.1, pp.69–104 (2004).

[4] A. Hovav and J. D. Arcy: "The Impact of Virus Attach Announcements on the Market Value of Firms", *Information Systems Security*, vol.13, iss.3, pp.32–40 (2004).

[5] R. Telang and S. Wattal: "An Empirical Analysis of the Impact of Software Vulnerability Announcements on Firm Stock Price", *IEEE Transactions on Soft-*

ware Engineering, vol.33, no.8, pp.544–557 (2007).

[6] A. Acquisti, A. Friedman and R. Telang: "Is There a Cost to Privacy Breaches? An Event Study", Workshop on the Economics of Information Security, (2006).

[7] K. Kannan, J. Rees and S. Sridhar: "Market Reactions to Information Security Breach Anouncements: An Empirical Analysis", *International Journal of Electronic Commerce*, vol.12, no.1, pp.69–91 (2007).

[8] S. Goel and H. A. Shawky: "Estimating the Market Impact of Security Breach Announcements on Firm Values", *Information & Management*, vol.46, iss.7, pp.404–410 (2009).

[9] インターネットリスク総研:"2004年度の顕在化したリスク事象の分析"(2005).

[10] M. Ishiguro, H. Tanaka, K. Matsuura and I. Murase: "The Effect of Internet Security Incidents on Corporate Value in the Japanese Stock Market", Proceedings of the 2006 Workshop on the Economics of Seruting the Information Infrastructure.

[11] 経済産業省:"企業における情報セキュリティガバナンスのあり方に関する研究会"(2005).

[12] S. Romanosky, R. Telang and A. Acquisti: "Do Data Breach Disclosure Laws Reduce Identity Theft?", 7th Workshop on the Economics of Information Security, Center for Digital Strategies, Tuch School of Business, Dartmouth College, pp.1–20 (2008).

[13] T. L. Wiant: "Information Security Policy's Impact on Reporting Security Incidents", *Computers & Society*, vol.24, pp.448–459 (2005).

[14] P. Li and H. R. Rao: "An Examination of Private Intermediaries' Roles in Software Vulnerabilities Disclosure", *Information Systems Frontiers*, vol.9, no.5, pp.448–459 (2007).

[15] A. Garg, J. Curtis and H. Halper: "Quantifying the Financial Impact of IT Security Breaches", *Information Management and Computer Security*, vol.11, iss.2, pp.74–83 (2003).

[16] A. Garg, J. Curtis and H. Halper: "The Financial Impact of IT Security Breaches: What Do Investors Think?", *Information Systems Security*, vol.12, iss.1, pp.22–33 (2003).

[17] H. Tanaka, K. Matsuura and O. Sudoh: "Vulnerability and Information Security Investment: An Empirical Analysis of E-Local Government in Japan", *Journal of Accounting and Public Policy*, vol.24, iss.1, pp.37–59 (2005).

[18] M. Ko and C. Dorantes: "The Impact of Information Security Breaches on Financial Performance of the Breached Firms: An Empirical Investigation", *Journal of Information Technology Management*, vol.62, no.2, pp.13–22 (2006).

[19] S. C. Patel, J. H. Graham and P. A. Ralston: "Quantitatively Assessing the Vulnerability of Critical Information Systems: A New Method for Evaluating Security Enhancements", *International Journal of Information Management*, vol.28, iss.6, pp.483–491 (2008).

[20] 金鉉玉:"リスク情報の事前開示が投資家の意思決定に与える影響",一橋商学論叢, vol.2, no.2 (2007).

参考文献

- [21] 伊藤邦雄："ディスクロージャー学の展望と課題──会計基準のコンバージェンス問題を超えて"，企業会計，2010年10月号．
- [22] K. Ito, T. Kagaya and H. Kim: Information Security Governance to Enhance Corporate Value, Sans Institute (2010).
- [23] C. Villarrubia, E. Fernandez-Medina and M. Piattini: "Towards a Classification of Security Metrics", WOSIS, pp.342–350 (2004).

第5章 経済学的アプローチ

5.1 概観

セキュリティに関する個別の問題を経済学的な定式化に基づいて論じる取り組みは、1980年代から1990年代にかけての諸研究で盛んになされていた。たとえば、過剰な通信や処理要求によってネットワークや計算機資源を枯渇させる**サービス妨害攻撃** (Denial-of-Service attack) は、1件の処理コストが高ければ高いほど、強力である。そのため、サービス妨害攻撃耐性の観点を踏まえてネットワーク資源を最適配置する問題は、ある種のコスト最小化問題として定式化できる [1]。このように、

- 一見すると技術的な問題であっても、実際のインパクトはセキュリティマネジメントの立場で評価できる。

という問題を中心として経済学的アプローチによる研究は存在したが、体系的な取り組みではなかった時代である。

2000年代に入ると、特に情報セキュリティ分野において**セキュリティ経済学** (economics of information security) という言葉が盛んに使われるようになり、一般化や抽象化を伴う研究成果が多く出され始めた。それらは、当該研究コミュニティにおいて、現在でも重要な引用対象となる成果である。たとえば、情報セキュリティに関する管理運用や制度に関する問題の多くが経済学的なメカニズムで説明できることを一般性のある論じ方で指摘する発表が2001年になされ [2]、セキュリティ経済学の重要性を示す参考文献として後に多くの論文に序論で引用されるようになった。

問題をできるだけ一般的に説明し理解する研究だけでなく、抽象化を伴う理論を構築して多様な応用をもたらす研究が芽生えたのも、ほぼ同時期である。たとえば、情報通信システムで管理されている電子マネーやポイントなどの実

第5章執筆：松浦幹太

第5章 経済学的アプローチ

際の価値（それらを用いて取引する際の価値）は、将来どのように変化するか確実には予測できない。発行体の破綻などの経済主体の問題だけでなく、付与されている電子署名の危殆化や接続要求時の閉塞といった技術的な問題の影響も受け得る。このような**信用リスク** (credit risk) の問題を抽象化して扱う金融工学的なモデル化は2001年になされ [3][4]、後に**脆弱性市場** (vulnerability market)[1]に関する研究 [5][6] やプライバシー定量化の研究 [7] などで引用されている。また、たとえば、情報セキュリティ対策に投資する効果とはそもそも何かを問いかけ、守るべき情報資産を抽象的に一つのまとまりと捉えて、費用対効果の観点で最適投資戦略を論じる理論が2002年に提示された [8]。これは、次節5.2で詳しく述べるように、豊富な定性的知見を導出して応用する研究を触発した。

このように、21世紀初めは、後に多様な研究に影響を与える体系的な研究成果が現れた時代である。その結果として、競争力のある研究コミュニティが確立された。解説論文 [9] がサイエンス誌に掲載されたことは、一つの象徴と言えよう。

ここで、セキュリティマネジメント学全体の中で、経済学的アプローチの意義を捉えてみよう。セキュリティマネジメントは、対象となる分野で取り上げる基本性質[2]に関する品質管理である。そのため、第二次大戦前後に品質管理分野で体系的な研究を行ったウォルター・シューハート (Walter A. Shewhart) やエドワーズ・デミング (W. Edwards Deming) らの研究 [10][11] を経て提唱された「Plan（計画）、Do（実施）、Check（評価検証）、Act（処置改善）」の**PDCAサイクル** (PDCA cycle) に当てはめて、セキュリティの管理態様を理解することが多い。情報セキュリティ分野では、経済学的アプローチによって、利害関係者の動機付けが適切になされない理由を説明したり、プライバシーに関する定量的な枠組みを提示したりできるようになった。その結果、多

---

[1] 狭義には、開発者や販売者ではない第三者がソフトウェアなどの脆弱性を発見したときにその脆弱性情報を仲介企業に売り、その仲介企業が契約に基づいて開発者や販売者に脆弱性情報を提供するような仕組みのことをいう。広義には、一定期間後にある脆弱性が発見されているか否かで支払い金額が異なる契約（ソフトウェア購入者と販売者が交わす契約）を一つの金融派生商品と見なしたものなど、より一般にITに関する金融派生物を利用したリスク管理のための市場を指す。

[2] たとえば、情報セキュリティ分野では、**守秘性** (confidentiality)、**完全性** (integrity)、そして**可用性** (availability) の3つ。

くの具体的な問題[3]を理論的に評価検証し理解できるようになった。経済学の教科書に登場する用語だけで評価検証の道筋を概ね想像できる例は、代表的なものだけでも少なくとも4つ存在する。

モラルハザードと関連する分析例：立証責任がユーザ側にあると、業者は十分にセキュリティ投資をしない [2]。

情報の非対称性と関連する分析例：ユーザに評価能力がないと、質の低い製品が支配的になる [12]。

外部性と関連する分析例：ソフトウェアベンダーは、多人数の適度な能力の試験官（ソフトウェアのテストを行う技術者）を雇い、少人数の極めて優れたプログラマーを雇うべきである [13]。

ビジネスモデルと関連する分析例：まず社内システム（たとえば別拠点間を結ぶシステム）で普及するキラーアプリケーションから売り出せば、いずれ爆発的に普及する。一般標準から切り込むのは難しい [14]。

より高度な研究として具体的な問題分析に取り組む研究の類型は2つあり、以下のようにまとめられる。

研究類型 1：情報セキュリティに関する、ある具体的な問題がすでによく知られている。この問題の発生要因は、経済学的に最適な戦略が直感に反するため、人々や組織がその戦略にあまり従わないことにある。よって、経済学的に最適な戦略を理論と共に実務家に説明し、直感を正させることによって、問題を解決または緩和できる可能性がある。たとえば、ピアツーピアの情報交換システムにおける検閲耐性の問題が、この類型で論じられている [15]。

研究類型 2：情報セキュリティに関する、ある具体的な問題がすでによく知られている。この問題の発生要因は、経済学的に最適な戦略に人々や組織が従うがままにしておくと問題が発生するにもかかわらず、それを抑制したり回避したりするための社会制度設計などの対策が十分とられていない点にある。よって、適切な社会制度設計などの対策を促すことによって、問題を解決または緩和できる可能性がある。たとえば、情報セキュリティの**ただ乗り問題** (free-riding problem) が、この類型で論じられている [16]。

---

[3] たとえば、なぜソフトウェアベンダーは、「まずは製品をリリースし、後からセキュリティのパッチをリリースする」という手順をとりがちなのか。

以上のような Check に関する研究の進展は情報セキュリティに限ったことではなく、たとえば、より広いビジネスリスクマネジメントにおいても、多くの問題が経済学的に理解されている [17]。言い換えれば、経済学的アプローチによって、Check を理論的根拠に踏み込んで実施できるようになったわけである。

ただし、Check だけでは、セキュリティマネジメントに大きく貢献したとは必ずしも言えない。特に、研究の将来性を考えれば、Check だけでなく Plan と Act の高度化ももたらすことができるかどうかが重要である。その可能性を高めるポイントは、

1. 研究レベルゆえ限定的ではあっても、実証研究が存在すること（実用に供すべく信頼性を増すために有効）。
2. 徹底的に単純化したモデルが提示されており、本質が追究されていること（他の問題理解に適用して、アナリシス型の研究としての発展性を示すために有効）。
3. PDCA サイクルにのっとった体系的な枠組みでシンセシスに寄与した例があること（Plan と Act の高度化を促すために有効）。
4. 豊富な含意が導出されていること（制度設計に貢献する材料をより豊かにして研究の意義を高めるために有効）。

である。本稿では、以上の観点で意義深い先駆的研究の例として、Gordon と Loeb による情報セキュリティ最適投資問題の定式化（**Gordon-Loeb モデル**）[8] を詳しく述べる。Gordon-Loeb モデル (Gordon-Loeb model) は、松浦による拡張 [18] も踏まえて、情報セキュリティの**製品認証制度** (product-validation system) に関するガイドライン開発に応用されている（将来性を高めるポイント 3）[19][20]。

5.2 情報セキュリティ投資

5.2.1 投資モデルの類型

文献 [21] に「Input/output model」としてまとめられているように、ベストプラクティスを文書化するタイプのアプローチが存在する。このアプローチには、他の分野におけるユーザ支援文書と同じく、実務的に一定の役割がある。ただし、情報セキュリティ投資を取り扱うがゆえの学術的な新規性を主張する

ためには、より解析的な枠組みを伴う研究のアプローチが必要となる。そのようなアプローチを比較的容易にとることができるモデルとして、会計学的なモデルとゲーム理論的なモデルがよく研究されている。

会計学的なモデルでは、次節以降で詳しく述べる Gordon-Loeb モデルのように、モデルへの主な入力と出力を直感的に理解しやすい。これは、投資する主体単位でモデルを適用するためである。ただし、守るべき対象を情報セットとしてまとめてしまうため、直接的な実務展開はかえって困難なこともある。

入力：
- モデルを適用する投資主体が守るべき情報セット
- 各情報セットの価値（または攻撃が成功したときの損失）
- 各情報セットの脆弱性
- 情報セキュリティの特性を反映してモデルを記述する関数
- 投資主体のリスク性向

出力：
- 最適投資額
- 最適投資額に対応する限界利益率

一方、ゲーム理論的なモデル（たとえば文献[16]）では、より抽象的な考え方が入力や出力の設定に必要となる。これは、多くの投資主体を含むシステム単位でモデルを適用するためである。

入力：
- モデルに適した枠組みで区分されたシステムと関与者の集合
- 各関与者の情報セキュリティ対策への取り組みの程度（エフォートという語で抽象化される）
- 単位エフォートあたりの費用
- システムの正常動作によって各関与者の得る利益
- 情報セキュリティの特性を反映してモデルを記述する関数
- 最適化する尺度の定義

出力：
- 各関与者の最適投資額を与える平衡を達成する投資戦略
- 異なる最適化尺度に対応する異なる投資戦略を等価にするための制度またはその制度を記述するパラメータ

5.2.2 定式化

ここでは、会計学的なモデルに分類される Gordon-Loeb モデルの定式化を、詳しく述べる。具体的には、次の基本パラメータを定義して定式化する。

λ： 攻撃等の脅威が成功したときの経済的損失。

t： 攻撃等の脅威が生起する確率 ($0 \leq t \leq 1$)。単に**脅威** (threat) と呼ばれる。表記簡略化のために、$L = t\lambda$ と定義されるパラメータ L も用いられる。L は、**潜在損失** (potential loss) と呼ばれる。

v： 攻撃等の脅威が生起した際に、生起したという条件の下で、脅威が成功する条件付き確率 ($0 \leq v \leq 1$)。**脆弱性** (vulnerability) と呼ばれる。

今、金額 $z \geq 0$ の情報セキュリティ投資を行うことを考える。Gordon-Loeb モデルでは、投資によって脆弱性を低減でき、低減後の脆弱性は投資金額と投資前の脆弱性のみに依存すると仮定し、低減後の脆弱性を $S(z, v)$ と表記する。この $S(z, v)$ を、**セキュリティ侵害確率関数** (security breach probability function) と呼ぶ。いたずらに複雑なモデルを考えず、

- 「情報セキュリティ投資が、いかなるリスクパラメータを、どのように低減するか」を考察して解析的に表現することがモデル化の本質であること。
- できるだけ単純化してたった1つのリスクパラメータが低減されるとするならばそれは何かを考えると、脆弱性であること。
- どのように低減されるかを追究すると、投資後の脆弱性が投資前の脆弱性と投資額のみに依存するというモデルになる、ということ。

を主張している点が、Gordon-Loeb モデルの特徴である（将来性を高めるポイント2）。

さらに、直感的洞察により、セキュリティ侵害確率関数は次の4つの性質を満たすと仮定されている。

(A1) 任意の z に対して $S(z, 0) = 0$ である。すなわち、最初から脆弱性が皆無ならば、投資額にかかわらず脆弱性は皆無のままである。

(A2) 任意の v に対して、$S(0, v) = v$ である。すなわち、投資をしなければ、脆弱性は変化しない。

(A3) 任意の $v \in (0, 1)$ と任意の z に対して、セキュリティ侵害確率関数の z に関する1階の偏微分は負で2階の偏微分は正である。すなわち、投資す

ればするほど脆弱性を下げることができるが、その低減率は徐々に鈍る。

(A4) 任意の $v \in (0,1)$ に対して、$\lim S(z,v) \to 0$ $(z \to \infty)$ である。すなわち、投資を十分に行えば、脆弱性を十分に下げる（いくらでもゼロに近づける）ことができる。

リスク中立性 (risk neutrality) を仮定すれば、最適投資問題は、この脆弱性低減による損失低減の期待値から投資額を差し引いた「純利益の期待値」である **ENBIS**(Expected Net Benefits from an investment in Information Security) を最大化する問題

$$ENBIS(z) = vt\lambda - S(z,v)t\lambda - z \to \max. \quad (5.1)$$

として定式化される。

5.2.3 含意

セキュリティ侵害確率関数としては、いくつかの関数系が検討されている。特に、

$$S(z,v) = v^{\alpha z + 1} \quad (5.2)$$

で定義される関数系は、

- 極めて低い脆弱性や高い脆弱性ではなく、中程度の脆弱性に対して重点的に投資すべきである。

という直感的に理解しやすい投資指針を表現した解析解をもたらし、唯一の実証サポートを有する関数系として注目されている [22][23]（将来性を高めるポイント 1）。正の定数 α は、「**情報セキュリティの生産性** (productivity of information security)」を表現していると考えられている。このとき ENBIS 最大化問題 (5.1) の解析解は

$$z^* = \frac{\ln \frac{1}{-vt\lambda\alpha(\ln v)}}{\alpha(\ln v)} \quad (5.3)$$

で与えられる。ただし、

$$F(v) \equiv v \ln v + \frac{1}{\alpha t \lambda} = v \ln v + \frac{1}{\alpha L} \geq 0 \quad (5.4)$$

の場合には、投資額をゼロに限りなく近づけたときの限界効用が限界費用を上回らないので、投資はなされない。$F(v) < 0$ の場合に限り、式 (5.3) が最適な投資額を与える。

また、式 (5.3) を被害額の期待値 $vt\lambda$ で除して、$x = -vt\lambda(\alpha \ln v + \beta \ln t)$ とおけば、

$$\frac{z^*}{vt\lambda} = -\frac{1}{x}\ln\left(\frac{1}{x}\right) \tag{5.5}$$

となる。式 (5.5) の右辺は、$x = e$ において最大値 $1/e$ をとる。ゆえに、最適投資額は、被害額の期待値の高々 $1/e$ 倍すなわち 37％である。最適投資曲線の形状のように定性的な含意だけでなく、定量的な含意も導出されているわけである（将来性を高めるポイント 4）。

5.2.4 拡張と応用

基礎研究を応用研究へ結びつけるきっかけは、技術的立場からモデル拡張のアイデアを見つけることである場合が多い。実際、Gordon-Loeb モデルの松浦による拡張 [18] は、情報セキュリティ技術に
1. 発生した攻撃が成功しないような防御を提供する（例：通信の暗号化）。
2. 攻撃が発生し難いように抑止力を提供する（例：ログの管理）。

という 2 つの役割があるという洞察から始まっている。すなわち、Gordon-Loeb モデルでは上記の 1. の効果しか考慮されていないので、より実際に即したモデルとするためには上記の 2. の効果も考慮すべき、という発想である。その効果を反映させる自然な考え方は、

- 情報セキュリティ投資が脆弱性だけでなく脅威も低減する

というモデルを立てることである。そこで、投資 z によって脆弱性が v から $S(z, v) = v^{\alpha z + 1}$ に下がるだけでなく、脅威も t から

$$T(z, t) = t^{\beta z + 1} \tag{5.6}$$

に下がるという定式化を行うこととしよう。このとき ENBIS 最大化問題は

$$ENBIS(z) = vt\lambda - S(z, v)T(z, t)\lambda - z \tag{5.7}$$

$$= vt\lambda - v^{\alpha z + 1} t^{\beta z + 1} \lambda - z \to \max. \tag{5.8}$$

となる。ただし、

$$G(v) \equiv v \ln v + \frac{\beta \ln t}{\alpha} \cdot v + \frac{1}{\alpha L} \geq 0 \tag{5.9}$$

の場合には、投資額をゼロに限りなく近づけたときの限界効用が限界費用を上回らないので、投資はなされない。$G(v) < 0$ の場合に限り、最適投資額は

$$z^* = \frac{\ln\left\{-1/\left(vt\lambda \ln(v^\alpha t^\beta)\right)\right\}}{\ln(v^\alpha t^\beta)} = \frac{\ln \frac{1}{-vL\{\alpha(\ln v)+\beta(\ln t)\}}}{\alpha(\ln v)+\beta(\ln t)} \tag{5.10}$$

で与えられる。正の定数 α を「脆弱性低減に関する情報セキュリティの生産性」と呼び、β を「脅威低減に関する情報セキュリティの生産性」と呼ぶ。

詳細に場合分けして分析すると、最適投資額の振舞いは以下のようになる。

(I) $G(v_0) \geq 0$ の場合;

この条件は、$\beta \leq \frac{\alpha(\ln \alpha L - 1)}{\ln t}$ と書ける。$G(v) \geq G(v_0) \geq 0$ であるから式 (5.9) が成り立つ。よって、$z^* = 0$ である。

(II) $G(v_0) < 0$ の場合;

この条件は、$\beta > \frac{\alpha(\ln \alpha L - 1)}{\ln t}$ と書ける。$G(v_0) = \frac{1}{\alpha L} - v_0 < 0$ ゆえ、$v_0 > \frac{1}{\alpha L}$ である。ここで、さらに以下のように細かく場合分けする。

(II-A) $\frac{1}{\alpha L} \geq 1$ も満たされる場合;

$\alpha \leq 1/L$ かつ $v_0 > \frac{1}{\alpha L}$ ゆえ、$v_0 > 1$ である。よって、$G(v)$ の最小値は $G(1) = \frac{\beta \ln t}{\alpha} + \frac{1}{\alpha L}$ であるから、さらに以下のように細かく場合分けする。

(II-A-1) $\beta \leq -\frac{1}{L \ln t}$ も満たされる場合; $G(v) \geq G(1) \geq 0$ ゆえ、式 (5.9) が成り立ち、$z^* = 0$ である。

(II-A-2) $\beta > -\frac{1}{L \ln t}$ も満たされる場合; $G(1) < 0$ ゆえ、以下を満たす脆弱性の値 $V_1 \in (0, 1)$ が存在する。

- 脆弱性区間 $0 < v \leq V_1$ では式 (5.9) が成り立ち、$z^* = 0$ である。
- 脆弱性区間 $V_1 < v \leq 1$ では式 (5.9) が成り立たず、z^* は式 (5.10) で与えられる。

(II-B) $\alpha > 1/L$ も満たされる場合;

$v_0 \geq 1 \Leftrightarrow \beta \geq -\alpha/\ln t$ であることに注意して、さらに以下のように細かく場合分けする。

(II-B-1) $\beta \geq -\frac{\alpha}{\ln t}$ も満たされる場合;

$v_0 \geq 1$ ゆえ、$G(v)$ の最小値は $G(1) = \frac{\beta \ln t}{\alpha} + \frac{1}{\alpha L}$ である。$\alpha > 1/L$ であるから $\beta + \frac{1}{L \ln t} > \beta + \frac{\alpha}{\ln t} \geq 0$ となり、よって

$$G(1) < -\frac{1}{L\ln t} \cdot \frac{\ln t}{\alpha} + \frac{1}{\alpha L} = 0$$

が成り立つ。したがって、以下を満たす脆弱性の値 $V_1 \in (0,1)$ が存在する。

- 脆弱性区間 $0 < v \leq V_1$ では式 (5.9) が成り立ち、$z^* = 0$ である。
- 脆弱性区間 $V_1 < v \leq 1$ では式 (5.9) が成り立たず、最適投資額 z^* は式 (5.10) で与えられる。

(II-B-2) $\beta < -\frac{\alpha}{\ln t}$ も満たされる場合;

$v_0 < 1$ ゆえ、$G(v)$ の最小値は $F(v_0) < 0$ である。$G(1) = \frac{\beta \ln t}{\alpha} + \frac{1}{\alpha L}$ であることに注意して、さらに以下のように細かく場合分けする。

(II-B-2-a) $G(1) > 0$ も満たされる場合;

$G(1) > 0$ ゆえ $\beta < -1/(L\ln t)$ である。よって、以下を満たす脆弱性の値 V_1 と V_2 $(0 < V_1 < V_2 < 1)$ が存在する。

- 脆弱性区間 $0 < v \leq V_1$ と $V_2 \leq v \leq 1$ では、式 (5.9) が成り立ち、$z^* = 0$ である。
- 脆弱性区間 $V_1 < v < V_2$ では、式 (5.9) は成り立たず、最適投資額 z^* は式 (5.10) で与えられる。

(II-B-2-b) $G(1) \leq 0$ も満たされる場合;

$G(1) \leq 0$ ゆえ $\beta \geq -1/(L\ln t)$ である。よって、以下を満たす脆弱性の値 V_1 $(0 < V_1 < v_0 < 1)$ が存在する。

- 脆弱性区間 $0 < v \leq V_1$ では、式 (5.9) が成り立ち、$z^* = 0$ である。
- 脆弱性区間 $V_1 < v \leq 1$ では、式 (5.9) は成り立たず、最適投資額 z^* は式 (5.10) で与えられる。

脆弱性低減に関する情報セキュリティの生産性を横軸、脅威低減に関する情報セキュリティの生産性を縦軸にとった2次元空間を考えれば、上記のようにして導かれた最適投資戦略は図 5.1 のように3つの領域に分けて理解できる。この2次元空間を、**情報セキュリティの生産性空間** (productivity space of information security) と呼ぶ。

(I) と (II-A-1) の場合からなる領域 (左下の領域) では、投資しないことが推

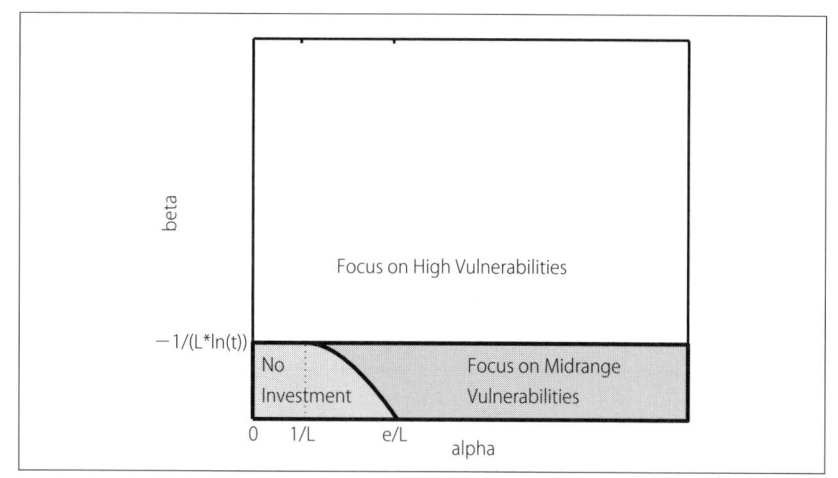

■図 5.1　情報セキュリティの生産性空間と 3 つの投資戦略
横軸 (α) は脆弱性低減に関する情報セキュリティの生産性、縦軸 (β) は脅威低減に関する情報セキュリティの生産性

奨される。この領域をゼロ投資領域と呼ぶ。生産性があまりに低く投資効果が見込まれない場合には、リスク中立の立場では投資しないという結論になる。

(II-B-2-a) の場合からなる領域（右下の領域）では、脆弱性が中程度のときに多く投資することが推奨される。この領域を中庸脆弱性重点投資領域と呼ぶ。中庸脆弱性重点投資領域における最適投資曲線の例を、**図 5.2** に示す。脅威すなわち t は、環境も含めて分析しなければアセスメントが困難である。一方、脆弱性すなわち v は、第一義的には、守るべき対象だけを分析してアセスメントできる。そのため、最適投資戦略を表現する最適投資曲線は、図 5.2 のように横軸に脆弱性をとり縦軸に最適投資金額をとって描かれる。

残る領域すなわち (II-A-2)、(II-B-1)、そして (II-B-2-b) の場合からなる領域（上方の領域）は、高脆弱性重点投資領域である。この領域では、高い脆弱性に多く投資することが推奨される。最適投資曲線の例を、**図 5.3** に示す。

5.2.5　感度分析

最適投資モデルから直接的な知見を得る例は、すでに述べた。より発展的な知見を得るうえで幅広く用いることのできる技法は、**感度分析** (sensitivity analysis) である。すなわち、投資モデルに含まれる入力以外のパラメータを

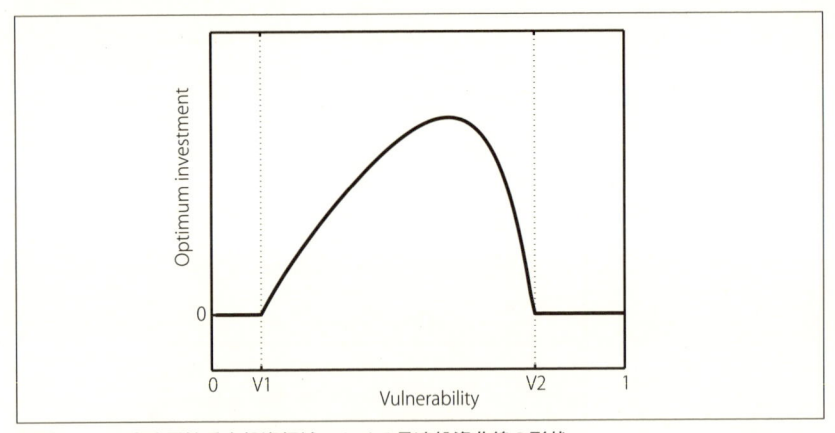

■図 5.2　中庸脆弱性重点投資領域における最適投資曲線の形状

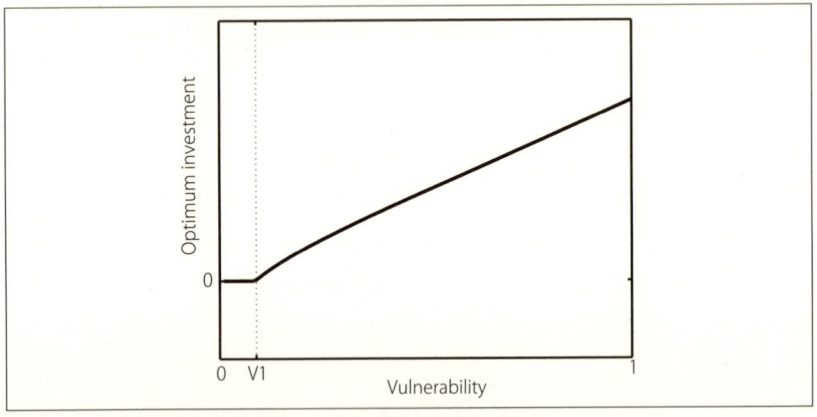

■図 5.3　高脆弱性重点投資領域における最適投資曲線の形状

変更したときに、直接的な知見がどのように変化するかを考察するとよい。特に、モデルが陽に解析解を持つ場合には、変更すべく着目したパラメータに関する偏微分の符号を調べることが有効である。

実際に式 (5.10) を偏微分すれば、

$$\frac{\partial z^*}{\partial \alpha} \geq 0 \Leftrightarrow \frac{\partial z^*}{\partial \beta} \geq 0 \Leftrightarrow -v\ln v \leq \frac{\beta \ln t}{\alpha} \cdot v + \frac{e}{\alpha L} \tag{5.11}$$

であることが分かる。式 (5.9) において L を L/e で置き換えれば式 (5.11) と同じ条件が得られるので、5.2.4 節と同様の手順で以下の 3 つの定理を証明することができる。

(定理 1)　情報セキュリティの生産性が条件

$$\left(\frac{e}{L} < \alpha\right) \bigwedge \left(\frac{\alpha(\ln \frac{\alpha L}{e} - 1)}{\ln t} < \beta < -\frac{e}{L \ln t}\right)$$

を満たすとする。このとき以下を満たす脆弱性の値 V_3 と $V_4 (0 < V_3 < V_4 < 1)$ が存在する。

- $z^* > 0$ ならば、脆弱性区間 $0 < v \leq V_3$ と $V_4 \leq v < 1$ においては、生産性向上に伴って最適投資額 z^* も増加する。
- $z^* > 0$ ならば、脆弱性区間 $V_3 < v < V_4$ においては、生産性向上に伴って最適投資額 z^* は減少する。

(定理 2)　情報セキュリティの生産性が条件

$$\beta \leq \frac{\alpha(\ln \frac{\alpha L}{e} - 1)}{\ln t}$$

または

$$\left(\alpha \leq \frac{e}{L}\right) \bigwedge \left(\frac{\alpha(\ln \frac{\alpha L}{e} - 1)}{\ln t} < \beta < -\frac{e}{L \ln t}\right)$$

を満たすとする。このとき $z^* > 0$ ならば、任意の v に対して、生産性向上に伴って最適投資額 z^* も増加する。

(定理 3)　情報セキュリティの生産性が条件

$$\beta > -\frac{e}{L \ln t}$$

を満たすとする。このとき以下を満たす脆弱性の値 $V_3 \in (0, 1)$ が存在する。

- $z^* > 0$ ならば、脆弱性区間 $0 < v \leq V_3$ においては、生産性向上に伴って最適投資額 z^* も増加する。
- $z^* > 0$ ならば、脆弱性区間 $V_3 < v < 1$ においては、生産性向上に伴って最適投資額 z^* は減少する。

5.2.4 節のような投資戦略の考察は、第一義的には、ユーザのインセンティブに着目した考察である。しかし、情報セキュリティに関する利害関係者は、ユーザだけではない。たとえば、情報セキュリティ技術の研究開発には、その研究開発が必ずしも売り上げ向上につながらないかもしれないというベンダーの不安が伴う。すなわち、情報セキュリティ技術の研究開発を行うベンダー

も、利害関係者である。この不安を分析してベンダーの研究開発に関するインセンティブを論じるために、「研究開発による技術革新が情報セキュリティの生産性向上をもたらす」と仮定してみる。すると、定理1〜3を用いて、以下のような考察をすることができる。

まず、脅威低減に関する情報セキュリティの生産性が高く

$$\beta > -\frac{e}{L \ln t}$$

である場合は、生産性空間において高脆弱性重点投資領域に位置する。しかし、定理3より、技術革新で情報セキュリティの生産性が向上すると、高脆弱領域におけるユーザの投資額が減少してしまう。よって、ベンダーが研究開発のインセンティブを持ち難い。

次に、脅威低減に関する情報セキュリティの生産性が低く脆弱性低減に関する情報セキュリティの生産性が高いという条件

$$\left(\frac{e}{L} < \alpha\right) \bigwedge \left(\frac{\alpha(\ln \frac{\alpha L}{e} - 1)}{\ln t} < \beta < -\frac{1}{L \ln t}\right)$$

が満たされる場合は、生産性空間において中庸脆弱性重点投資領域に位置する。しかし、定理1より、技術革新で情報セキュリティの生産性が向上すると、最適投資戦略で重視される中庸脆弱領域 $V_1 < v < V_2$ においてユーザの投資額が減少してしまう場合があること（$V_1 < v < V_2$ かつ $V_3 < v < V_4$ を満たす脆弱性 v の区間があること）が懸念される。ただし、最適投資曲線のピークを与える脆弱性（V_5 とする）に集中して投資するユーザに関しては、技術革新で投資が減少する懸念（$V_3 < V_5 < V_4$ となる懸念）は不要である。実際、$v \in (0, 1)$ においては、式 (5.10) より

$$Q(v) \equiv \frac{v \{\alpha(\ln v) + \beta(\ln t)\}^2}{\alpha} \cdot \frac{\partial z^*}{\partial v}$$
$$= -\frac{\beta \ln t}{\alpha} + 1 + \ln L + \ln(-\alpha(\ln v) - \beta(\ln t)) \quad (5.12)$$

が成り立つ。$v \in (0, 1)$ においては $\alpha > 0$ かつ $v \{\alpha(\ln v) + \beta(\ln t)\}^2 > 0$ であるから、z^* の v に関する偏微分の符号は式 (5.12) で与えられる $Q(v)$ の符号と一致する。$v \in (0, 1)$ において $Q(v)$ は単調減少であり、

$$Q(v) \to \infty \ (v \to +0) \quad (5.13)$$

であるから、

$$(Q(V_5) = 0) \bigwedge \left(-V_5 \ln V_5 > \frac{\beta \ln t}{\alpha} \cdot V_5 + \frac{e}{\alpha L}\right) \quad (5.14)$$

は $V_3 < V_5 < V_4$ となるための必要条件である。条件 (5.14) の前半すなわち $Q(V_5) = 0$ が成り立つならば、式 (5.12) より、

$$-\alpha(\ln V_5) - \beta(\ln t) = \frac{t^{\frac{\beta}{\alpha}}}{eL} \quad (5.15)$$

が得られる。さらに、条件 (5.14) の後半が成り立つならば、$\alpha/V_5 > 0$ に注意して、

$$-\alpha(\ln V_5) - \beta(\ln t) > \frac{e}{LV_5} \quad (5.16)$$

が得られる。式 (5.15) と式 (5.16) から

$$t^{\frac{\beta}{\alpha}} > \frac{e^2}{V_5} \quad (5.17)$$

が得られるが、$0 \leq t \leq 1$ より $t^{\frac{\beta}{\alpha}} \leq 1$ であって $0 < V_5 < 1$ より $\frac{e^2}{V_5} > 1$ であるから、不等式 (5.17) は成り立ち得ない。よって条件 (5.14) は成り立たないので、$V_3 < V_5 < V_4$ とはならない。

以上のいずれにも当てはまらない場合には、技術革新による生産性向上がユーザのセキュリティ投資を活性化させる。ベンダーが安全性向上の技術革新を推進するインセンティブを持ちやすい領域である。

5.3 むすび

セキュリティマネジメントにおける経済学的アプローチでは、本章で見たように、有用な定性的知見を数多く導出できるような定量的モデルの研究のインパクトが大きい。ただし、利用できるデータの不足などにより、実証研究は容易ではない。したがって、理論の活用事例を体系的に整理できるようになるまでには、まだ時間がかかるであろう。本章で示した4つのポイントを意識しつつ多様な研究が行われることが、望まれる。

参考文献

[1] J. Millen: "A Resource Allocation Model for Denial of Service", Proc. 1992 IEEE Computer Society Symposium on Research in Security and Privacy, pp.137–147.

[2] R. Anderson: "Why Information Security Is Hard–An Economic Perspective", 2001 Annual Computer Security Applications Conference.

[3] K. Matsuura: "Security Tokens and Their Derivatives", Technical Report 29, Centre for Communications Systems Research, University of Cambridge (2001).

[4] K. Matsuura: "Digital Security Tokens and Their Derivatives", *Netnomics*, vol.5, no.2, pp.161–179 (2003).

[5] R. Böhme: "A Comparison of Market Approaches to Software Vulnerability Disclosure", In G. Müller (Ed.): *ETRICS 2006, Lecture Notes in Computer Science*, vol.3995, pp.298–311 (Springer, 2006).

[6] M. Schwalb: "Exploiting Derivatives & National Security", *Yale Journal of Law & Technology*, vol.9, pp.162–192 (2007).

[7] S. Berthold and R. Böhme: "Valuating Privacy with Option Pricing Theory", T. Moore, D. Pym and C. Ioannidis (Eds.): Economics of Information Security and Privacy, pp.187–209 (Springer-Verlag, 2010).

[8] L. A. Gordon and M. P. Loeb: "The Economics of Information Security Investment", *ACM Transactions on Information & System Security*, vol.5, no.4, pp.438–457 (2002).

[9] R. Anderson and T. Moore: "The Economics of Information Security", *Science*, vol.314, pp.610–613 (2006).

[10] W. A. Shewhart: "Statistical Method from the Viewpoint of Quality Control", The Graduate School of the Department of Agriculture (1939).

[11] W. E. Deming: Elementary Principles of the Statistical Control of Quality, Nippon Kagaku Gijutsu Renmei (1950).

[12] T. Moore: "Countering Hidden-Action Attacks on Networked Systems", Fourth Workshop on the Economics of Information Security (2005).

[13] R. J. Anderson and T. Moore: "Information Security Economics–and Beyond", In A. Menezes (Ed.): *CRYPTO 2007, Lecture Notes in Computer Science*, vol.4622, pp.68–91 (Springer, 2007).

[14] J. A. Ozment and S. E. Schechter: "Bootstrapping the Adoption of Internet Security Protocols", Fifth Workshop on the Economics of Information Security, (2006).

[15] G. Danezis and R. Anderson: "The Economics of Censorship Resistance", Third Annual Workshop on Economics of Information Security (2004).

[16] H. Varian: "System Reliability and Free Riding", L. J. Camp and S. Lewis (Eds.): Economics of Information Security, pp.1–15 (Kluwer, 2004).

[17] 酒井康弘:"社会経済的リスクの分析とマネジメント", 日本リスク研究学会（編）: リスク学事典, pp.182–185（TBSブリタニカ, 2000）.

[18] K. Matsuura: "Productivity Space of Information Security in an Extension of the Gordon-Loeb's Investment Model", M. E. Johnson (Ed.): Managing Information Risk and the Economics of Security, pp.99–119 (Springer, 2009).

[19] 松浦幹太, 楊鵬:"セキュリティ投資モデルとTrust-But-Verifyアプローチによるモジュール選択", 第50回情報処理学会コンピュータセキュリティ研究会(情報処理学会研究報告), 2010-CSEC-50.

[20] K. Matsuura: "A Guideline for Product-Validation Systems Regarding Security Modules", Computer Security Institute Annual Conference 2010 (CSI Annual 2010).

[21] R. Rue, S. L. Pfleeger and D. Ortiz: "A Framework for Classifying and Comparing Models of Cyber Security Investment to Support Policy and Decision-Making", 2007 Workshop on the Economics of Information Security.

[22] H. Tanaka, K. Matsuura and O. Sudo: "Vulnerability and Information Security Investment: An Empirical Analysis of E-Local Government in Japan", *The Journal of Accounting and Public Policy*, vol.24, iss.1, pp.37–59 (2005).

[23] W. Liu, H. Tanaka and K. Matsuura: "Empirical-Analysis Methodology for Information-Security Investment and Its Application to Reliable Survey of Japanese Firms", 情報処理学会論文誌, vol.48, no.9, pp.3204–3218 (2007).

第6章　行動科学的アプローチ

　情報セキュリティの行動科学的アプローチとは、情報セキュリティに関与する主体の態度・行動や振舞いに焦点を当てた研究領域である。行動・振舞いを決定するための、意思決定のメカニズムや要因などを探求するために、行動経済学、社会学、社会心理学などの知見を援用したアプローチを採用する。行動経済学では、リスク下において迫られた選択について、その利得の大小から合理的に意思決定する状況に対し、個人の認知的バイアスが意思決定に反映されることが分かっている。これをリスク下の情報セキュリティ対策においても、適用するという動きがある。また、社会心理学は、人間の社会性を扱う学問分野である。「個人の社会的認知（対人知覚、ステレオタイプ）や態度、コミュニケーション・相互作用、集団行動、群集行動、世論形成など、マイクロなレベルからマクロなレベルにいたるまで、幅広い社会行動をその研究対象」としている [2]。ここでは、情報セキュリティに関連すると思われる、環境配慮行動の心理学、説得の心理学について紹介する。まず情報セキュリティに関連すると考えられるリスク下における意思決定のメカニズムの研究領域で使用される理論・手法の概要を6.1節で述べ、次に環境配慮行動など情報セキュリティに類似すると想定される社会的ジレンマ状況を分析した研究について6.2節、説得メッセージにより態度変容を起こすことを目的とした説得の心理学などについて6.3節で紹介し、6.4節で具体的な分析研究例を紹介する。

6.1　意思決定と態度

6.1.1　リスク下における人の認知の違い

　リスクを確率的に含む事象に対して、意思決定主体者が、その価値を数値化

し評価したものを効用といい、その期待値を期待効用という [29]。選択を迫られたとき、期待効用が最大化される選択を決定する、といった合理的な個人の選択を期待効用理論と呼ぶ。しかし、個人の選択は必ずしも合理的ではなく、**フレーミング**と呼ばれるリスク下における人の認知の違いに左右されることが確かめられている [6]。フレーミングは、個人のリスク認知に対するバイアスであり、情報セキュリティにおいても、情報資産のリスクを分析する際や対策を実施する際に考慮が必要と考えられる。本節では、リスク下における人の認知の違いについてよく知られた研究を述べる。

(1) リスク認知のバイアス

リスク認知の例として、有名な"コイントス"を紹介する [1]。

以下に、2つのシナリオを想定する。それぞれ A)、B) の選択があるが、人間はどちらを取るであろうか。

```
シナリオ1
    A) 必ず5ドルもらえる。
    B) コイントスで表が出たら10ドル。
    →72%がA)。リスクがないことを選択
```

```
シナリオ2
    A) 必ず5ドル損失。
    B) コイントスで表が出たら10ドル損失。
    →64%がB)。損失が保障されているよりも、
      損失しない機会があることに注意しがちである。
```

どちらのシナリオも期待値は5ドルである。しかし、意思決定時のリスク評価の際には、"ネガティブな結果"は潜在的に大きく評価され、"可能性"はしばしば見えないことが確かめられている。(シナリオ1)

実施しようとするセキュリティ対策の損失に比較し対策を実施しない場合のセキュリティ意思決定の損失が見えない(潜在的)であるとき、利用者は、リスクをとる(対策をとらない)。

セキュリティの例をとると以下のシナリオになる [1]

このような人の認知バイアスを「フレーミング」という。

フレーミングを数理的に説明するものに、**価値関数**と**確率加重関数**があり、それぞれ以下のように定義される [4][5][6]。

シナリオ3 （ゴールはWebページを見ることである。）
A) 知らないサイトからの公開鍵証明書やActiveXをインストールしないと、ウェブページを見ることができない（初期のゴールを達成しない）。
B) 知らないサイトからの公開鍵証明書やActiveXをインストールし、ウェブページを見ることができる（初期ゴールを達成）が、何か悪いことが起きる。
→ A）を選択して何も見られないよりも、B）を選択。

- 価値関数 (value function)
  人間が選択した結果についてどの程度の価値 (value) を得ると評価した関数。参照点依存性（たとえば、10ドルと20ドルの差の利得は、110ドルと120ドルの差の利得よりも大きく感じるといったものである）と感応度逓減性（価値関数は損失の結果の方を、利得の結果よりも大きく感じるといったもの）、損失回避性（利得よりも、同じ大きさの損失をより深刻に感じる）という3つの特性からなる。
- 確率加重関数 (weighting function)
  人がその選択の価値を判断する際に、個々の事象が発生する確率ではなく、認知上の確率を採用し、評価するというものである。これによると、人は、低確率の場合は、確率は加重され中程度、高程度の確率の場合は、低く評価されるといった関数である。

価値関数と、確率加重関数のグラフをそれぞれ図6.1、図6.2に示す。

(2) 情報セキュリティへの適用
セキュリティの脅威に対する認知バイアスを、クレジットカードを利用した

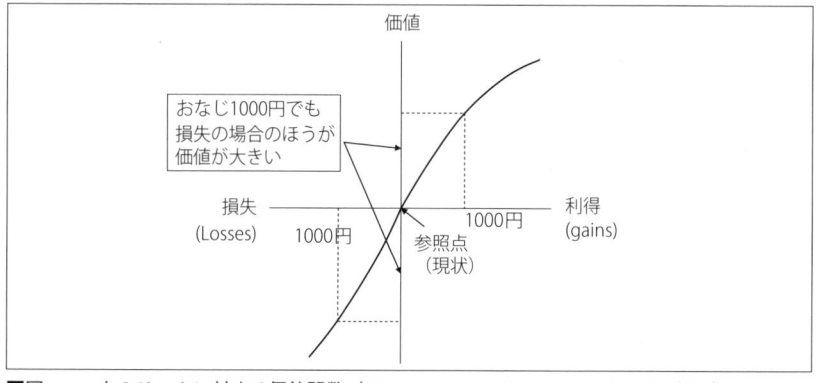

■図6.1　人のリスクに対する価値関数（Tversky and Kahneman[6] より加工）

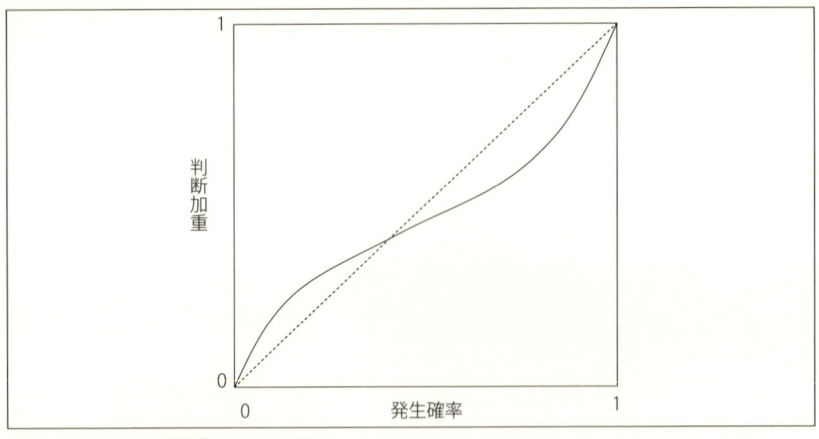

■図 6.2　確率加重関数のイメージ

消費者購買行動に理論的に適用した報告がある [26]。本領域における研究はまだ少数だが、情報セキュリティ対策におけるリスク管理は重要であることから、今後の研究が期待される。

6.2　環境配慮行動と社会的ジレンマ状況

環境配慮行動とは、地球環境にとって望ましい個人（あるいは企業の）行動をいう。どのような認知の状況であれば、個人の自発的な環境配慮行動を促すことができるかについての研究が、社会学、社会心理学の領域で行われてきた。そして、情報セキュリティ対策の実施は、環境配慮行動に類似しているのではないか、と考えられる。つまり、非競合的で排除性がない公共財的な性格をもつ「インターネット」に対して、その安全のためには「セキュリティ対策行動」を実施することが望ましい。ここでは、環境配慮行動の状況が「個人と社会の相克」である「**社会的ジレンマ状況**」と考えられていることから、社会的ジレンマ状況と環境配慮行動について紹介する。

6.2.1　囚人のジレンマゲームと社会的ジレンマ状況

ゲーム理論は、個人が他者との関係において、何らかの意思決定を行う場合、その意思決定の選択それぞれに利得を設定し、いかなる選択が可能であるかを検討する手段の一つである。ゲーム理論において、個人の合理性とゲーム

6.2 環境配慮行動と社会的ジレンマ状況

囚人のジレンマ		
A\B	黙秘	自白
黙秘	1年, 1年	10年, 3か月
自白	3カ月, 10年	8年, 8年

囚人のジレンマの利得行列		
A\B	黙秘	自白
黙秘	5,5	-4,6
自白	6,-4	-3,-3

（5,5）→集団合理的な戦略
（-3,-3）→個人合理的な戦略

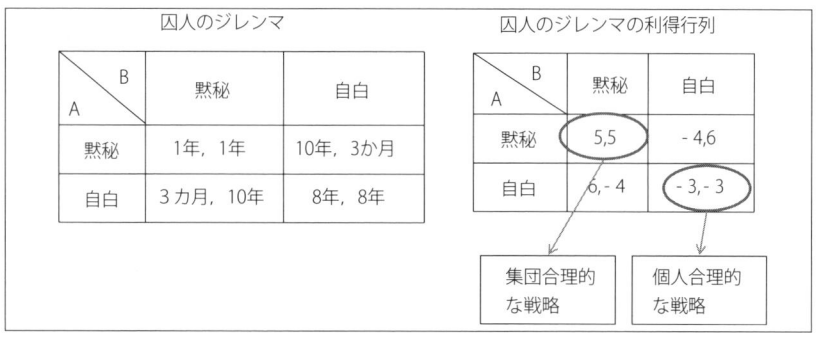

■図 6.3 囚人のジレンマ

参加者全体の最適性が相反するゲームとして、次に述べるような**囚人のジレンマゲーム**が有名である。これを多数人以上の集団の社会的現象に適用したものを社会的ジレンマ状況の一つとして研究されている。

重大な犯罪を犯した2人がその容疑について、取り調べを受けている。検事は十分な証拠をつかんでいない。「罪を自白するか黙秘するか、もし2人が自白すれば、犯罪が確定しともに8年の刑。もし2人とも自白しなければ、拳銃の不法所持で1年の刑。もし一方が罪を自白すれば自白したものは、3か月の軽い刑となる。そのとき自白しなかった者は最も重い10年の刑を受ける」その利得行列はたとえば図6.3のようになる。

囚人にとって相手がどの戦略をとろうとも「自白」戦略の利得が「黙秘」戦略の利得よりも大きいので、「自白」は「黙秘」を支配している。したがって、「自白」は、個人合理的な戦略である。次に、囚人が互いに協力して戦略を選択できるならば、2人の集団にとっては（自白、自白）の戦略の組より（黙秘、黙秘）の戦略の組を選択する方がいい。

このように、囚人のジレンマは、個人が合理的であると考える戦略が、集団社会的にみて最適でないことを表す。

6.2.2 環境配慮行動

環境配慮行動とは、環境問題に対する人間の心理を追求する分野である。環境問題は、地球温暖化などの恐れに代表されるように誰もの周辺に起きており、身近な例としては以下の例がある。

- エアコンの最適温度

猛暑の中、電力供給の限界やそれに伴う環境資源の消費を考慮し、一般の住居やビルなどで、幾分高めの最適温度が設定されていると感じられるときがある。このような場合でも、自己が快適であることを追求した温度設定をしてしまうような行動。
- 環境汚染と車の性能
環境汚染を考慮すれば、排ガス性能が高い車を購入すべきであるが、スピード性能などを高く考慮した車を購入してしまうこと。
- ごみ分別廃棄の問題
ごみ処理場や環境を考慮し、多くの地方自治体では、ごみをその処理方法の違いによって細かく分別して廃棄するというルールがある。しかし、ルールに従うには、個人による手間が多くかかる。

これらの例で共通するのは、個人の行動と社会や地域が望む行動が相反しているという現象である。これが、社会的ジレンマ状況といわれる状況である。

(1) 社会的ジレンマ状況の類型と定式化

社会心理学者のドウズは、次の2つの条件を満たす社会状況を、社会的ジレンマ状況と定義した [3]。

a) 社会的に非協力な行動をとる各個人の行為への結果 (payoff) は、他の誰が協力していようが、協力行動をとる個人の行為への結果 (payoff) よりも高い。

b) しかし、全員が非協力の場合の、1人ひとりの行為への結果 (payoff) は、全員が協力した結果 (payoff) より小さい。

また、ドウズは、社会的ジレンマ状況を N 人囚人のジレンマゲームとして定式化した。これは、個人が、ある選択を迫られたとき、その選択がもたらす利得の大小のみによって行動を選択する「合理的選択理論」で意思決定することを前提とする。利得とは、個人がある行為を行った結果、個人が得られる益を指す。ここでは、金銭ではかられるものだけでなく、使いやすさなども含まれる。

条件 a) で述べた N 人からなる集団において、他人に迷惑をかける選択行為を「非協力」、迷惑をかけない選択行為を「協力」とし、それぞれ D、C とする。集団において m 人が協力を選択している場合、$C(m)$ を協力を選択した個人が受ける利得、$D(m)$ を非協力を選択した個人が受ける利得とする ($0 \leqq m \leqq N$)。受ける利得は全員が m により一定であるとする。ドウズは、

■表 6.1　社会的ジレンマの類型化（木村 [16]）

	社会的トラップ	社会的フェンス
環境から何かを取る	資源管理問題 （「共有地の悲劇」）	環境汚染物質の除去
環境から何かを投入する	環境汚染 （負の公共財の共有）	集合財（公共財）の供給

以下の式 (6.1)、(6.2) が成り立つ状況を社会的ジレンマ状況と定義した。

$$D(m-1) > C(m) \tag{6.1}$$

かつ

$$D(0) < C(N) \tag{6.2}$$

式 (6.1) より、個人が協力を選択したときに得られる利得は、非協力を選択したときに得られる利得よりも常に少ないことを表す。このため、他者との関係において、利得を最大化しようとすると、個人は非協力を選択することになる。しかし、式 (6.2) では、全員が協力を選択する状況での個人の利得は全員が非協力であるときに得る利得よりも大きいことを示す。ここに、個人の選択が社会としては望ましくない状況がおき、社会的ジレンマと称される状況となる。

一方、社会的ジレンマ状況は、**表 6.1** に示すように類型化される [16]。表 6.1 で、環境とは社会的ジレンマ状況が発生する対象の環境をいう。**社会的トラップ**は、合理的な選択を取り続けていると社会的"わな"にはまってしまうこと。**社会的フェンス**は、合理的な選択を取り続けていると目標を達成することが困難であるような状況をそれぞれ指す。牛飼いが個人の利得のみを追求した結果、放牧地が荒廃してしまうことを取り上げた共有地の悲劇 [10] や、公共財の供給問題は、それぞれ社会的トラップや社会的フェンスと捉えられている。

(2)　社会的ジレンマ状況の解決

社会的ジレンマ状況を解決するために、社会学、社会数理学、社会心理学、経済学などの分野からの研究が進められている。

これらの領域での研究によって、**図 6.4** に示すように、2 つの方策が社会的ジレンマ状況の解決に必要といわれている。

方策の一つは、構造的解決である。構造的解決は、対象となる状況について、その利得構造などの構造を変更することで、ジレンマ状況を解消するといったものである。もう一方は、心理的解決である。人間が認知するジレンマ状況の

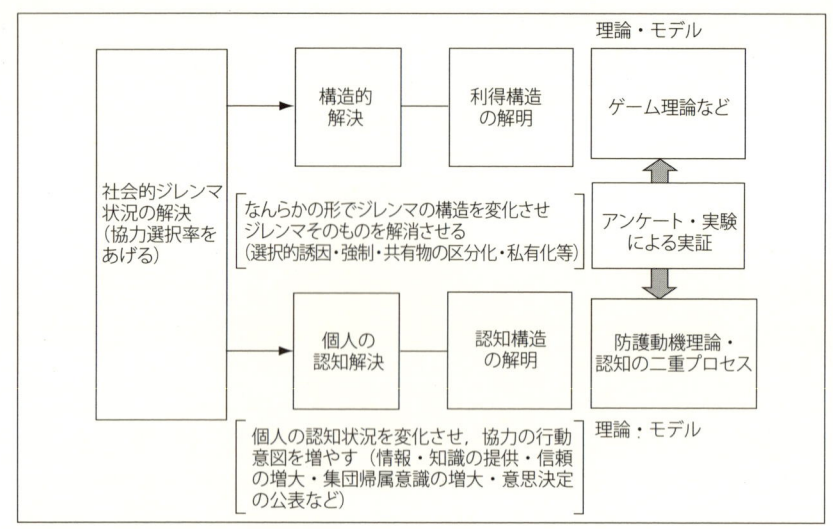

■図6.4 社会的ジレンマ状況の解決

その認知を変更することで、ジレンマ状況を解消するといったものである。

6.2.3 社会調査による認知状況についての実証研究——環境配慮行動

社会的ジレンマ状況の解決のアプローチのうち、個人の認知の構造を解明し、その状況を変化させることにより協力行動を選択する集団を増やす「認知的解決」について述べる。2005年海野[19]らは、国内3つの市の住民に対する「家庭廃棄物（ごみ）に関する住民の意識と行動による調査」を実施し1772名の回答を得て、社会的ジレンマ状況を社会調査によって定義する研究を実施した。この調査は社会的ジレンマ状況の社会調査として知られている。ごみの分別廃棄が、各家庭にとって手間がかかるものであるが、社会全体としては、分別廃棄をすることによって、環境資源の節約になる、という状況を想定して実施されたものである。調査では住民がごみの分別廃棄についてどのように認知しているかを、以下の3つの認知要素を定義し認知の状況を類型化し、これらの関係を分析している。

① コスト性
② 危機性
③ 無効性

上記①のコスト性とは、ドウズの a) に対応し、協力行動にコストが伴うという性質である。②の危機性とは、b) に対応し、社会の構成員がコスト回避行動すなわち非協力行動を選択した場合、社会構成員にとって望ましくない状態をもたらすという性質をいう。③無効性とは個人の協力行動が社会状態に及ぼす結果は無限に小さいという性質で、海野によって追加された。3つの認知要素によって認知状況を類型化すると、ごみの分別廃棄問題を社会的ジレンマ状況と捉えている人は、全体の1割強で、大多数の人にとって状況は社会的ジレンマ状況ではないという結果が示された。この調査において、対象となる現象は、社会的ジレンマ状況として可能性がある状況であるが、実際は異なる状況である可能性もあることを示し、何らかの社会的仕組みなどにより、社会的ジレンマ状況を解決する手段がすでに社会に存在する可能性があることを示している。海野は、このような社会的ジレンマ状況への解決の手段をも含めて社会的ジレンマ状況を研究すべき、ということを主張する。

6.2.4　社会的ジレンマ状況と情報セキュリティ

　最近では、新聞などのマスメディアや ISP などは、情報セキュリティ対策が利用者にとって安全にネットワークを使用するために必要であると積極的に注意喚起するようになった [22]。しかし、対策を怠ったことによるセキュリティ事故は延々として発生し続けている。日本ネットワークセキュリティ協会の調査によれば、2009 年上半期のインシデント件数は、2008 年の 1373 件に対して 1528 件と予想された [23]。ここで個人にとって情報セキュリティ対策をとることがどのような状況であるかを考えてみよう。対策ソフトの購入や設定など、費用や手間がかかることが必要であり、一方で自分にセキュリティ対策をしないことで本当に不便や障害が起きるかを想像しにくい状況かもしれない。あるいは、自分だけ対策をとらなくても、それほどネットワークの安全性への影響はないと思っているかもしれない。このように個人が自己の手間などの"コスト"を優先して対策をしなければ、ネットワークには脅威による障害が増加してしまい、その結果、被害が蔓延し、ネットワークの品質が低下することとなり、個人がネットワークから受ける利益が低下し、"安全な"ネットワークを実現できない状況に陥るのではないかと考える。情報セキュリティ対策は、対策を迫られる個人にとって合理的であると考えられる選択が、その個人が利用

するネットワーク全体にとって最適でない状況ではないだろうか。このような状況は、表6.1で述べた社会的ジレンマ状況の類型のうち「社会的フェンス」と仮定できるのではないかと考えられる。

6.3 説得の心理学と態度変容

情報セキュリティ対策を推進するためには、個人が情報セキュリティ対策を実行することが必要である。企業や組織などは、経営的な観点から情報セキュリティマネジメントを実施し、セキュリティポリシーやルールを規定し、組織の成員に対して、強制力のある働きかけが可能であることに対し、企業・組織に属さない立場でのネットワーク利用者は自発的に、セキュリティ対策を実施することが求められている。この場合は、対策をすべきネットワーク利用者の目的がそれぞれ異なることから、セキュリティ対策への実施・啓発は強制力をもたない。**説得の心理学**は、説得メッセージを受け取った個人がどのようなプロセスを経てその態度を変容するか、という"説得コミュニケーション"の領域である。説得とは、メッセージの伝達による活動、あるいは過程であり、主にコミュニケーションによって実施される。また、説得メッセージの送り手が受け手の態度や行動を変化・変容させることが説得の目的である。この際に、説得メッセージには、強制的な内容を含まず、自発的な態度変容を期待する[30]。企業や組織に所属しない立場のネットワーク利用者に対して、情報セキュリティ対策を実施するよう働きかけるには、自発的な行動を促すことを目的としている説得の心理学における**態度変容**の研究が有効であると考えられる。

特に、情報セキュリティの脅威を知らせてセキュリティ対策を取るという態度変容について、脅威への対処行動を促すための理論である**防護動機理論** (Protection Motivation Theory) を想定した研究が複数ある[25][26]。ここでは、また、説得メッセージによる態度変容をどのような情報を利用して行うかの理論である**精緻化見込みモデル** (ELM: Elaboration Likelihood Model) を紹介する。

6.3.1 防護動機理論

説得メッセージに含まれる脅威に対して、その認知と対応によって態度変容

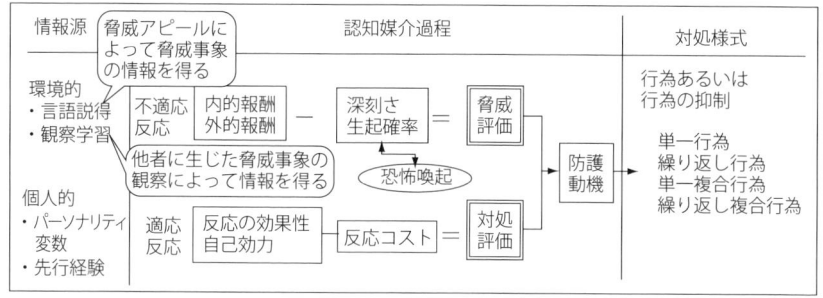

■図 6.5　防護動機理論 [18]（出典：深田（編著）「説得心理学ハンドブック」p.379 より）

を起こすモデルである（図 6.5）。

防護動機理論[1]によると、プラスの要因として、内的報酬、外的報酬、反応の効果性や自己効力で、マイナスの要因として深刻さ認知や生起確率、対応するためのコストなどがある。ここで、自己効力とは、自分が実施することが可能であるかを表す。それぞれ脅威を評価するプロセスと対処行動を評価するプロセスをあわせ、防護動機が形成され、態度変容へ結びつく。

6.3.2　認知のプロセス

人が、脅威を説明する内容を含み、現状の態度を変容することを促す説得メッセージを受け取った場合、どのような情報を使用して、その内容から態度変容を起こすかを表す、認知のプロセスについて紹介する。精緻化見込みモデル（ELM）は、人間が説得メッセージを受けた際のプロセスをモデル化したものである（図 6.6）。

ELM では、人は、説得メッセージを精査し、その内容に関連性や責任性が強く、理解が深いほど中心ルートと呼ばれるプロセスをとおり、強固な態度変容につながる。一方、説得メッセージを処理することへの動機付けが弱い場合は、周辺的な手がかりとして、送り手への信頼などを使い態度変容を起こすが、それは変わりやすい。

本モデルは、情報セキュリティを推進させるためには、対策を促すメッセージには、人のプロフィールによって必要な情報が異なる可能性があることを示唆する。

---

[1] 最初の防護動機理論は 1978 年の Rogers によって提案され、1983 年に修正防護動機理論が提案されている。本書では、修正防護動機理論に基づく。

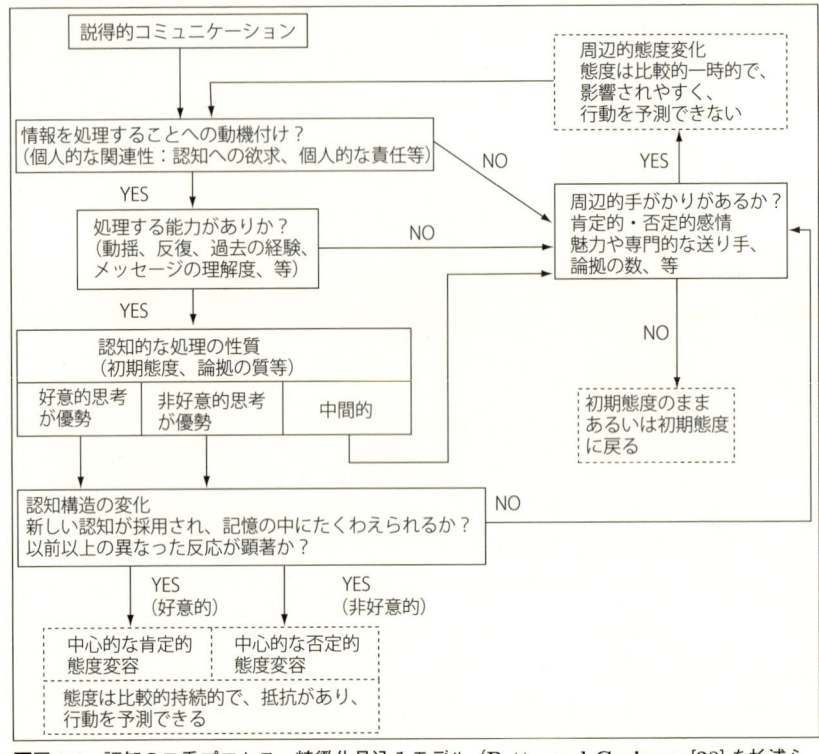

■図 6.6 認知の二重プロセス—精緻化見込みモデル（Petty and Cacioppo[28]を杉浦ら[13]を参考に翻訳）

6.3.3 社会関係資本と個人の態度

　Putnam (1993, 2000) によれば，社会関係資本とは，「人々の協調行動を活発にすることによって社会の効率性を高めることのできる『信頼』『規範』『ネットワーク』といった社会組織の特徴」をいう．「信頼」は，「知っている人に対する厚い信頼」と「知らない人に対する薄い信頼」を区別し，ソーシャルキャピタルの観点からは，後者の方がより広い協調行動を促進することにつながるため重要である．「規範」は，特に「互酬性」の規範を重視し，均衡のとれた互酬性（同等価値のものを同時に交換）よりも，一般化された互酬性（現時点では不均衡な交換でも将来均衡がとれるとの相互期待をもとにした交換の持続的関係）が重要である．「ネットワーク」は，上司と部下のような「垂直的な

ネットワーク」とボランティアやサークルのような「水平的ネットワーク」があり、ソーシャルキャピタルの観点からは、後者の方が有効である。社会関係資本（ソーシャルキャピタル）が情報セキュリティ対策の効果や推進を考慮する際に有効であるという研究が発表されている [9]。情報セキュリティ分野において、個人情報保護法などの法律遵守を過度に意識するあまり、管理の強化が行われ、組織内における構成員の士気低下、組織感情の悪化などが引き起こされる可能性があるという現状について分析したものである。情報セキュリティ対策は、進め方によっては組織活性化などに悪影響を与える副作用があること、副作用を抑制するために効果的なのは、セキュリティ担当者が利用者の立場に立って対策を進めることであると報告している。そして、コミュニケーションの強化によってソーシャルキャピタルを充実していくことも、情報セキュリティ対策の効果を高めるために必要であることが報告されている。

6.4 情報セキュリティ対策への適用の例

情報セキュリティの様々な事象を行動科学のアプローチから研究する分野は、まだ始まったばかりであるが、ここでは、社会的ジレンマ状況を情報セキュリティの状況と仮定した研究と、防護動機理論・認知プロセスの分析から情報セキュリティ対策を推進させる要因の研究 [14][25] を紹介する。

6.4.1 ボット対策の推進状況

ボットウィルスとは、コンピュータを悪用することを目的に作られた悪性プログラムで、コンピュータに感染すると、インターネットを通じて悪意を持った攻撃者が、感染したコンピュータを外部から遠隔操作し、インターネットの他の利用者への迷惑メール送信や攻撃をすることが知られている。このため、利用者は自分自身への被害を認知することなく、ネットワーク全体へ被害を引き起こしているという状況が想定される。**CCC (Cyber Clean Center)** では、ISP の協力を得て、ボット感染利用者に対して注意喚起メールを送付し、駆除ツールを CCC のサイトで提供している [20]。感染を知らされた利用者は、駆除ツールをダウンロードし、自己の PC にインストールして対策をとることが期待される。ボットに感染した自分の PC に対して、ISP から注意喚起メールを受け、その指示に従って対策をすることを、協力行動とみなし、環境配慮

行動を援用し、このような状況を社会的ジレンマ状況と捉えようとする試みが筆者らによって報告されている [14]。以下に、本研究を紹介する。

(1) 意思決定における誘因値

情報セキュリティ対策に類似した"環境汚染物質の除去"についての定式化から、対策実施の誘因値を導出している [16]。

集団の成員が共有している環境が汚染されているとき、コストをかけて汚染物質を取り除くことを協力とし、何もしないことを非協力とする。このときの利得関数は、全員が非協力を選択している状態を初期状態とし、以下で表される（[16] で記述されている記号をそのまま用いる）。

$$C(m) = D(0) + \gamma(m) - \delta(m) \quad (1 \leq m \leq N) \tag{6.3}$$

$$D(m) = D(0) + \gamma(m) \quad (0 \leq m \leq N-1) \tag{6.4}$$

ただし、$\gamma(m)$ は、m 人が協力行動をした場合に、集団の成員1人ひとりが受ける正の外部性の大きさを表す関数（$\gamma(m) \geq 0, \gamma(0) = 0$）である。なお、外部性とは経済活動における意思決定が市場を通さずに他の経済主体へ影響を及ぼすことをいう。

$\delta(m)$ は、協力行動を m 人がした場合に、それぞれ負担するコストの大きさを表す（$\delta(m) > 0$）。

経済学では、インターネットのように、財の排除性がなく競合的でない財である公共財を実現するために、集団の成員がコストを負担し協力しなければならない状況において、フリーライダー（ただのり）と呼ばれる問題が生じることが知られている。フリーライダーとは公共財を実現する目標があるとき、他者のコスト負担により、自分自身は協力しなくても、その恩恵により自分も利得を得ている個人を指す。これも、社会的ジレンマ状況を表すと言われる。

個人が協力行動・非協力行動を取ったときのそれぞれの利得を表したが、合理的選択理論によれば、集団における成員が、協力か非協力を選択するための誘因は、それぞれの利得の差によって表すことができる。木村は、「集団の目標とする集合財の供給が集団規模が大きいと実現されにくい」というオルソン問題を社会的ジレンマの現象の一つとしてそのモデル化を試みているが、その中で、意思決定における誘因値を以下に示すように定義している [17]。

自分が協力すると協力者が m 人になるとしたとき、利用者が協力行動を選択する誘因値 $t(m)$ は以下で表される。

$$t(m) = D(m-1) - C(m) \tag{6.5}$$

$t(m) < 0$ であれば、協力行動の方が、非協力行動よりも利得が大きいことを表す。したがって、協力行動をとる。$t(m) = 0$ であれば、特に行動を起こさない初期状況のままとする。$t(m) > 0$ であれば非協力行動の方が協力行動よりも利得が大きいことを表す。したがって非協力行動をとる。

(2) 社会調査によるボット対策事業に対する、個人の利得と認知の状況

6.2.3 節で述べた環境配慮行動による社会調査を参考に、ボット対策事業を仮定し、インターネットを利用した調査[2]の結果を紹介する。まず、社会的ジレンマ状況を仮定し情報セキュリティ対策推進への要因をアンケート調査の結果によって分析している。これによると、約 8 割の回答者が、対策実行意図をもつことが分かっている。これら回答者の誘因値は、コストよりも対策を実行する利得感の方が高いことが示されており、誘因値にしたがった実行意図をもつことが報告されている。次に、社会的ジレンマの認知要素が個人のボット対策事業を実施する意図に影響を与えているかを統計的に分析した結果、「個人への危機感」が最も統計的に有意に影響を与えていることが明らかになった。また、ごみの分別廃棄問題と同様に、認知としてジレンマ状況にある集団は低かった。しかし、これは実際の CCC のデータとは異なる結果であり、CCC の状況を説明することはできない。これらの結果より、情報セキュリティ対策実行を求められるネットワーク利用者について、意図と振舞いは異なるのではないか、という状況が明らかになっている。

6.4.2 説得心理学の観点からの分析

次に、ボット対策が、注意喚起メールを送信して対策実行を促すことから、注意喚起メールを説得メッセージとみなし、防護動機理論や精緻化見込みモデルなどから、個人がセキュリティ対策を取ることへの説得メッセージのあり方を調査分析した試みについて紹介する [25]。

(1) 調査の概要

調査は、インターネットのアンケートモニター 2254 人（男 1144、女 1110 人）に対して実施した。説得メッセージとして、ボットネット対策を促すた

---

[2] 調査は、2009 年 3 月に実施された。対象は、Goo リサーチモニター 5132 名、有効サンプル数は 3714。

■表6.2 ボット対策を実行する人のプロフィール

	対策を実施する	対策を実施しない
認知の状況	・ボットウィルスが何であるかよくわかっている。 ・責任意識が高い。 ・セキュリティ対策への意識が強い。 ・友人集団の和を重視する傾向にある。 ・新しい情報に積極的。 ・課題解決に満足感を覚える。 ・創造性意識や周囲の人を助ける意識が高い。	・対策意識にネガティブで、そのような行動は面倒だと思いつつ利己的な人は、対策を実施しない傾向（ゲームを優先している）があると言える。 ・従来の上下意識（指示系統が働く組織意識）が強い人。
ITスキル	・普段から積極的に検索行動を行っていてWeb活用の高い人は対策を行っている。	

め、脅威を含む情報、ファイルをダウンロードするなどの対策内容を提示し、メッセージに対する認知の状況やその後の対策意図について質問をするといった構成であった。前節で説明したCCCの注意喚起メールに類似した状況を作り出したといえる。この結果を統計分析して、対策を実施する人のプロフィールを抽出し（表6.2）、また防護動機理論における認知要素の状況や、精緻化見込みモデルにおける人のプロフィールを明らかにしている。

(2) 防護動機理論における要素の実行意図への影響

防護動機理論で定義されている認知要素のうち、実行意図へ最も影響を与えたものは、多重回帰分析により「効果性認知」であることが明らかになった。これにより、態度変容への効果的なメッセージには、その態度変容による効果がより分かりやすく説明されていることが必要であることが示唆された。

(3) 精緻化見込みモデルにおける認知のプロセス調査

説得メッセージの内容をより精査し、態度変容を起こす中心ルートに関係する要素と、送り手への信頼などの周辺的な情報により態度変容を起こす周辺ルートの要素を調査した。中心ルートは、メッセージの説得力や理解度であり、周辺ルートは送り手への信頼やIPSへの信頼である。これらの要素に対して、回答者を「ITスキルが高い・低い群」「ボットへの関与や知識が高い・低い群」でそれぞれ実行意図への影響の状況を統計分析している。結果は、ITスキルが高い群は、低い群に比べ、理解度が実行意図へ与える影響が有意に高いことが報告された。

6.5 おわりに

情報セキュリティに対する行動科学からのアプローチは、本書の執筆時点で国際的にも始まったばかりの取り組みである。「情報セキュリティ対策における最も脆弱であるものは、人である」といわれているように、人を対象とした行動科学のアプローチが情報セキュリティ対策への新たな可能性を与えるものとして、期待されている。本書執筆時点で参考となる情報を得るために、以下に、関連する活動団体や情報サイトを挙げておく。

- Psychology and Security Resource Page by Ross Anderson
  http://www.cl.cam.ac.uk/~rja14/psysec.html
- Community- Home pages of People Interested in Security Psychology
  http://www.cl.cam.ac.uk/~rja14/psysec.html#Homepages
- 情報処理学会 情報セキュリティ心理学とトラスト (SPT) 研究会
  http://www.sig-spt.org/
- 電子情報通信学会 技術と社会・倫理研究会 (SITE)
  http://www.ieice.org/~site/

参考文献

[1] Communications of the ACM, vol.51, no.4 (2008).
[2] 亀田達也, 村田光二：複雑さに挑む社会心理学（有斐閣, 2000）.
[3] R. Dawes: "Social Dilemmas", *Annual Review of Psychology*, vol.31, pp.169–193 (1980).
[4] A. Tversky and D. Kahneman: "Prospect Theory: An Analysis of Decision Under Risk", *Econometrics*, vol.47, pp.263–291 (1979).
[5] A. Tversky and D. Kahneman: "Advances in Prospect Theory: Cumulative Representation of Uncertainty": *Journal of Risk and Uncertainty*, 5: pp.297–323 (1992).
[6] A. Tversky and D. Kahneman: "The Framing of Decisions and the Psychology of Choice", *Science, New Series*, vol.211, iss.4481, pp.453–458 (1981).
[7] P. Slovic and A. S. Alhakami: "A Psychological Study of the Inverse Relationship Between Perceived Risk and Perceived Benefit.": *Risk Analysis: An International Journal*; vol.14, iss.6, pp.1085–1096 (1994).
[8] 内閣府：ソーシャル・キャピタル——豊かな人間関係と市民活動の好循環を求めて (2002). https://www.npo-homepage.go.jp/data/report9_1.html

参考文献

[9] 浜屋敏："情報セキュリティと組織感情", 富士通総研研究レポート, vol.345 (2009). http://jp.fujitsu.com/group/fri/report/research/2009/report-345.html

[10] G. Hardin: "The Tragedy of Commons", *Science*, vol.162, pp.1243–1248 (1968).

[11] R. Anderson and T. Moore: "The Economics of Information Security", *Science*, vol.314, pp.610–613 (2006).

[12] 日景奈津子, カール・ハウザー, 村山優子："情報セキュリティ技術に対する安心感の構造に関する統計的検討", 情報処理学会論文誌, vol.48, no.9, pp.3193–3203 (2007).

[13] 杉浦昌, 小松文子, 上田昌史, 山田安秀："情報セキュリティエコノミクスの挑戦", Proc. CSS2008, pp.725–730 (2008).

[14] 小松文子, 高木大資, 松本勉："情報セキュリティ対策における個人の利得と認知構造に関する実証研究", 情報処理学会論文誌, vol.51, no.9, pp.1711–1725 (2010).

[15] 木村邦博：大集団のジレンマ（ミネルヴァ書房, 2002).

[16] 木村邦博："環境汚染問題の3つのモデル", 土場学, 篠木幹子（編）：個人と社会の相克, pp.53–75（ミネルヴァ書房, 2008).

[17] 小松洋："環境問題はいかに認知されているか", 土場学, 篠木幹子（編）：個人と社会の相克, pp.77–104（ミネルヴァ書房, 2008).

[18] 木村堅一："脅威認知・対処認知と説得：防護動機理論", 深田博巳（編著）：説得心理学ハンドブック, pp.374–417（北大路書房, 2004).

[19] 海野道郎："誰が社会的ジレンマを定義するのか?", 社会学研究, 東北社会学研究, no.80, pp.1–28 (2006).

[20] サイバークリーンセンター. https://www.ccc.go.jp/ ※ Last Visited, 2009. 11

[21] 藤井聡：社会的ジレンマの処方箋, p.193（ナカニシヤ出版, 2003).

[22] Yahoo! ネットの安全対策. http://special.security.yahoo.co.jp/

[23] JNSA: "2009年情報セキュリティインシデントに関する調査報告書上半期速報版 Ver1.0", (2010). http://www.jnsa.org/result/incident/data/2009fp incident-survey sokuhou v1.0.pdf

[24] 海野道郎, 篠木幹子："社会調査における社会的ジレンマの測定について：方法論的検討", 日本行動計量学会大会発表論文抄録集, vol.34, pp.296–299 (2006).

[25] IPA: "第二回情報セキュリティと行動科学ワークショップ資料", 情報セキュリティと個人・社会 (2010).

[26] 猪俣敦夫, 東 結香, 上田昌史, 小松文子, 藤川和利, 砂原 秀樹："防護動機理論に基づく情報セキュリティリスク解明モデルの高等学校教育への実践", 情報処理学会研究報告, vol.2010-CSEC-49, no.12 (2010).

[27] 藤田邦彦："情報セキュリティリスクの認知と行動のモデル化", コンピュータセキュリティシンポジウム 2010, 情報処理学会シンポジウムシリーズ, vol.2010, no.9, pp.501–506 (2010).

[28] R. E. Petty and J. T. Cacioppo: "The Elaboration Likelihood Model of Persuasion", *Advances in Experimental Social Psychology*, vol.19 (1986).

[29] 岡田章：ゲーム理論,（有斐閣, 1996).

[30] 深田博巳（編著）：説得心理学ハンドブック,（北大路書房, 2004).

第7章　法学的アプローチ

7.1　はじめに：「物」の窃盗と情報窃盗

　最初に、本章が他の章と、いささか趣を異にするかと思われる2点について、お断りをしておきたい。まず第1は方法論についてである。おそらく他の章においては、ほぼ確立されている、それぞれの学問分野の方法論を用いて、セキュリティに関する分析が加えられるであろう。そして、そこで「当該学問分野の方法論への懐疑」が述べられることは稀か、あっても補足程度であろう。

　しかし法学の場合には、そもそもセキュリティを法学的に分析することは可能なのか、可能とすればどのような方法論によるべきか、といった原理論から取り組まねばならない。いわば説明者自身が、前人未到の荒野に踏み出すことを求められる。他方、説明を受ける読者が、法学の専門家とは言えないとすれば、一体どのような説明ができるのか？

　私は、2004年の情報セキュリティ大学院大学の設立以降、一貫して「セキュア法制と情報倫理」という科目を担当しているが、このような悩みに対処するには院生と情報を共有して、痛みを分かち合うしかないことを知った。そこで私達が開発した手法は、「**物の窃盗**」と「**情報窃盗**」の対比である。[1]

　「物を盗んではいけない」ということは、子供の頃から躾けられるもので、いわば人間が社会生活を営むうえで必要な、イロハのイである。ところが、コンピュータ内の情報をダウンロードして、会社から支給されたUSBメモリーに入れて持ち帰り、これを友人に渡したとしよう。「USBを盗んだ」ことは罪に問われるが、情報窃盗という罪は法定されていないので、情報そのものを渡し

第7章執筆：林紘一郎

[1] 法学が専門の読者に対しては、私人間取引の基本である所有権のアナロジーがどこまで情報財に適用可能か、をまず論ずべきかもしれない（差止、返還請求の可能性、妥当性など）。ここでは技術系が主体の読者に分かりやすい例を選択し、所有権アナロジーについては、7.6節でまとめて述べる。

たことは罪に問われないと聞いた院生は、一様に驚きを隠せない[2]。
　そこで、以下のような設問をして、論点をよりクリアにしてみる。
- 有体物である「物」に対する基本的権利は、**所有権**です。
- 所有権を侵害から守る基本の一つは、それを盗んだ場合に、国家が「窃盗罪」として処罰してくれることです。
  刑法235条（窃盗）：他人の財物を窃取した者は、窃盗の罪とし、10年以下の懲役または50万円以下の罰金に処する。
- ここで「財物」とは、何でしょうか？　また、電気は「財物」とみなされますが、「情報」はどうでしょうか？
  刑法245条（電気）：この章の罪については、電気は、財物とみなす。
- 「みなす」とは、どういう意味でしょうか？　情報は「電気」と同様に扱われるのでしょうか？　それとも、「電気」とは反対の扱いを受けるのでしょうか？

　ここまで進むと、大方の院生は「現状では仕方のないことか」というところまでは理解するが、なお腑に落ちない顔をしている。そこで、「あなたが『情報窃盗』を刑法に追加したい場合、以下の態様のどれを、罪の対象に含めますか？」という問いを発し、以下の8つの例を提示してみる。

- 電車で座っているときに、隣の人が読んでいる新聞を、盗み見する。
- 観光ツアーの一団に密かに加わり、ガイドの案内を盗み聞きする。
- 試験において、隣の人の答案を書き写す。
- 社員として勤務中に、発注先から預かった個人情報を、友人に漏らす。
- 社員として勤務中に、「**営業秘密**」（社外秘）として管理されている情報を、ライバルの会社に漏らす。
- 書店に行って、他人の著作からレポートに役立ちそうな部分を書き写す。あるいは、カメラ付き携帯で写し取る。
- カリスマ美容師に弟子入りして、ノウハウを盗む。あるいは、ビデオに収録する。
- USBメモリーを盗んだが、肝心の情報には暗号がかかっていて、読めな

---

[2] 態様はやや異なる業務上横領事件であるが、企業に勤務中に自分が開発したプログラムが製品化されなかったので、自ら独立して販売すべくシステム設計書等を社外に持ち出しコピーする行為が「横領」にあたるとされた例がある（新潟鉄工事件、東京高判1985年12月4日、判例時報1190号143ページ）。なお、競業他社に売り込む行為は別途「不正競争」として刑事罰の対象になり得る（不正競争防止法2条、21条など）。

かった。

　ここまで進むと、ほぼ全員が「情報を窃盗から守りたいが、うかつに情報窃盗罪を作ると、自分が何気なく行っていることも形式的に窃盗になりかねない」ということを理解してくれる。ことほど左様に、セキュリティ（このケースは情報のセキュリティ）を法的に保障することは難しいのである。

　次のお断りは、分析の範囲についてである。本書のタイトルは『セキュリティマネジメント学』であるし、執筆のご依頼も、そのような前提でいただいた。ところが、これまでの説明からも分かるとおり、「セキュリティ一般に対する法学的アプローチ」を総論的に論ずるのは至難の業である。そこで、編者や企画者のご期待には反するかもしれないが、以下の論述は「**情報セキュリティに関する法学的アプローチ**」に限らせていただく。

　その理由は、以下の3点に集約される。まず第1点は、法学においては「大は小を兼ねる」とは言い難いことである。セキュリティ一般に関する法学的アプローチを尽くせば、より小さな集合である「情報セキュリティ」に関する分析が省略できるかというと、そうはいかない。むしろ、より小さな集合である情報セキュリティに関する分析からスタートして、より大きな集合にも適用できる原理を探していく方が、現実的である。

　後述するように、法学が「**仮説検証型**」のアプローチを避けてきたのは、「学問であるよりも実践である」（理屈をこねるよりも紛争を解決するのが先決）という性格に由来する面があると思われる。したがって、この性格を無視して体系化を急ぐよりも、「急がば回れ」の作戦が賢いと思われる[3]。

　第2の理由は、セキュリティ一般の大部分は、その情報的側面、すなわち情報セキュリティの部分を押さえておけば、かなり広範囲をカバーできると思われることである。たとえば、物理的セキュリティの代表格ともいうべき「入退室管理」を取り上げてみよう。ガードマンを雇って対処するとすれば、その人事管理の部分が情報セキュリティに該当しないことは言うまでもない。

　しかし、今日では何らかの技術的仕組みを導入しないで、ガードマンという人的資源だけに依存するセキュリティは考えにくい。入退出時に提示するプラスティックの社員証が、ICカードになり、生体認証付きになるというように、次第に技術依存度を高めているのが現状である。そうすると、情報的対策が全

---

[3] もっとも私が、旧来の方法論に満足できず、「仮説検証型」などの革新的（冒険的？）アプローチに挑戦していることも事実であるが、それはおいおい明らかにしていきたい。

てではないにしても、セキュリティのかなりの部分をカバーしていることになる。

第3点は、言い訳に類するが、筆者の研究が情報セキュリティの分野に限られており、それを超えた分析は手に余ることである。しかし、この分野に関する限り、情報セキュリティ大学院大学の設立から7年の経験を経て、それなりの研究の蓄積もあるので、それをベースになるべく前広に論じていくことにしたい[4]。

7.2　法学とセキュリティ

「セキュリティ」という言葉は、広狭様々に使われている。これを最広義に取れば「安全」あるいは「安心」とほぼ同義[5]になり、「法学全体がセキュリティ学の一分野である」という命題も成り立つ。なぜなら、法律とは社会の安全を維持する制御方法のうち、国家権力による強制力を伴うものに他ならず、セキュリティを担保する最後の手段とも言えるからである。

しかし本書の読者は、おそらく上記の説に違和感をお持ちであろう。つまり読者はセキュリティをもう少し狭義に解釈し、「法学とセキュリティ学は一部が交錯しているに過ぎない」と理解されているのではないかと思われる。このことは、当大学院に入学した直後に、主として理系の院生から発せられる次のような質問を見れば、容易に推測できる。

- 「情報セキュリティ法」とか、「情報セキュリティ基本法」といった法律はないのでしょうか？
- 沢山の法律が関連しているとしても、「情報セキュリティ六法」という「まとまり」もないのでしょうか？
- 個別の法レベルで「まとまり」を付けるのは難しいとしても、学問体系として「**情報セキュリティ法**」という領域が未確定だとは、信じられません。
- 法学の専門家は、いつも「その先は専門家でないと分からない」と言っ

---

[4] 幸い、情報以外のセキュリティ対策が「情報セキュリティの先行研究」として有効であるケースを何回も経験した。こうした知見を、なるべく幅広く紹介していくことが、結果として編者や企画者の期待に大筋で合致することを祈るのみである。

[5] 「安全」は危険がないという「客観的状態」を、「安心」は「不安がないという心理的状態」を示すものというのが、一般的理解であろう。しかし海上保安法制においては、safetyは救助を、securityは法の執行を意味する。

て、インシデントに法的に向き合うことを、避けているのではないでしょうか？

- **ISMS** (Information Security Management System) など、手続き的なセキュリティ施策が普及している中で、それが法的な保障とどう関連している（あるいは関連していない）のかが、知りたいところです。
- 仮に、これまでは専門家任せで良かったとしても、インシデントが誰の身にも降りかかる現在では、素人にも分かる法理論が、求められているのではないでしょうか？
- 裁判員制度が定着しつつある中で、法的な問題を素人に分かりやすく説明することは、マストではないでしょうか？

以上を踏まえれば、上述の広狭2つの理解は、後述する「制定法」の国であるわが国では、次のような比喩によって表現することができる。すなわち、広義の理解によれば「セキュリティに関する法とは、六法全書の全てである」のに対して、狭義の理解によれば「一般的な六法の他に、セキュリティ六法を編集すべきであり、そこに収録される法がセキュリティ法である」ことになる。そして、読者は後者の立場を支持しているのではないか、と推測される。

そこで問題は、日本に2000近くもある法律（実は六法がいくら分厚くても、収録されているのは一部に過ぎない)[6]の中から、適切な条文を摘出して、「セキュリティ六法」を編集することは可能か、という疑問に還元される。しかし、これに応えることは、意外に難しい。

たとえば、誰もが名前は知っている「日本国憲法」を取り上げてみよう。全体で103条しかない（法律としては比較的短い）この法律の全部を、「**セキュリティ六法**」に収録すべきだろうか。あるいは、特定の規定だけを収録すべきだろうか。ちなみに憲法の規定は、①平和主義を宣言したもの、②基本的人権を保障したもの、③三権分立・議院内閣制などの国家機構を定めたもの、の3要素に分解できる。

このうち、①の平和主義はNational Securityの大原則を定めたものだから、「セキュリティ六法」に入れないわけにはいくまい。②の基本的人権の保障も、これまた個人が日常生活を平穏理に送るために不可欠な規定を含んでいるから、当然入れるべきだろう。問題は、③の規定である。一見したところ、大統

---

[6] これは、国の法令データベース検索システムで提供されている「現行法」の数である。http://law.e-gov.go.jp/announce.html 参照。

領制であろうが議院内閣制であろうが、それがセキュリティに関係があるとは思えないかもしれない。

しかし、②によって裁判を受ける権利が保障(この部分を「実体法」という)されていて(32条)も、それが一審制であるよりは、三審制である方(この部分を「手続法」という)がセキュリティの度合いが高いと考えれば、それを保障した③の規定(たとえば76条)は「セキュリティ六法」に収録すべきことになる。このように、次節で述べる「セキュリティのジレンマ」もあって、どこかで線引きすることが極めて難しいのである[7]。

7.3 セキュリティのジレンマ

セキュリティを学問的に探求するためには、克服しなければならない4つのジレンマがある。①否定的にしか定義できないこと、その結果「絵」ではなく「地」にならざるを得ないこと、②トレードオフが一般的であること、③守るより攻める方が容易であること、④直接の被害者がいない場合が多いこと、の4点である[8]。以下、順に説明していこう。

まず第1点の、「否定的にしか定義できない」ことについて。『広辞苑(第5版)』によれば、セキュリティは、「①安全。保安。防犯。②担保。③証券。」と定義されている。このうち「安全」が最も近い定義だとして、改めて「安全」を引いてみると、「①安らかで危険のないこと。②物事が損傷したり、危害を受けたりする恐れのないこと。」となっており、結局「セキュリティ」の定義は「危険」や「危害」の定義に依存していることになる。

他の国語辞典も同工異曲であり、セキュリティは「〜(の状態)である」と肯定的に説明することができず、「〜でない」という否定的な説明しかできないのが宿命である。そしてこのことは、たかが定義の問題ということを超えて、社会的には意外に大きな差をもたらす[9]。たとえば、企業においてセキュ

---

[7] このうち特に、実体法と手続法のどちらが大切かという点は、これまで前者を重んじるのが一般的であったが、今後は後者の有効性を無視することができなくなるものと思われる。この点はフォレンジックにも関係するので、7.12節で改めて議論したい。

[8] 政治学や国際関係論の分野では、「国王に権力を集中するとナショナルセキュリティは高まるが、基本的人権の面でのセキュリティは低下する」ことをもって、セキュリティのジレンマと呼んでいたようである[1]。この要素は、ここでは②に含めて考える。

[9] 否定的な定義しかできない状態は、少なくとも学問的な対象の確定に至っていないことと近似である。私のNTTでの経験でも、電話の次に出現するサービスについて「非電話系」

リティ投資の必要を訴えるとき、人事においてセキュリティ担当の重要性を訴えるとき。読者の中には、こうした際の説得力に欠けることに悩まれた方も、相当おられるのではないかと思われる。

これを言い換えれば、セキュリティは、「絵」ではなく「地」にならざるを得ない。「セキュリティを絵にしてみなさい」という宿題を出したとすると、誰もがセキュリティが破られた状態、あるいは破られるリスクにさらされた状態を表現するだろう。実は、こうして集められた「破られた状態」の影にあって、何枚もの絵に共通の事象を集めたものが、セキュリティ対策になるのである。つまりリスクが「絵」で「地」の部分がセキュリティである。

このような性格から、セキュリティ研究は、必然的に学際研究にならざるを得ない。このことは、基本的にはデメリットである。特に、タテ社会の典型である日本の学会においては、学際研究は「ままっこ」扱いであり、孤独を覚悟し徒手空拳で戦わざるを得ない。しかし考えようによっては、デメリットをメリットに転ずることもできる。学際研究はどこからでも入れるのが特徴だから、インターネット世代が育ってくれば、タテ社会を「ヨコ転」することができるのではないか、と期待もしている[10]。

第2点として、より深刻なのは、「トレードオフが一般的である」ことである。代表的な事例として、DNA認証を取り上げてみよう。DNA情報は、地球上に現存する人間の間では重複する可能性が極めて低いことから、「究極の認証技術」として期待する向きもある。しかし、照合するのもハードやソフトが関係するし、サンプリングの誤差もあるから、（他のセキュリティ技術と同様）100％ということはあり得ない。

そこで、「本人なのに他人と誤認され」たり（false negative、第1種の誤謬）、逆に「他人が本人と間違えられ」たり（false positive、第2種の誤謬）することが避けられない。図7.1はこの状態を示しており、どこに閾値を設定して判定しても、誤りがゼロにはできない。できるのは、より安全サイドでゆくか（この場合、利便性が犠牲になる）、より利便性を重視するか（この場合、安全性が犠牲になる）の選択になる。

従来の科学法則の一般型は、「AならばBである」という形式で、これに当てはまらないものは、「例外」として切り捨ててきた。法学の世界も同様で、

と呼んでいた時代には、現在のインターネット・サービスの概念を掴みきれていなかった。
[10] しかし、どうやら法学の「ヨコ転」は、最後になりそうである。7.4節・7.5節を参照。

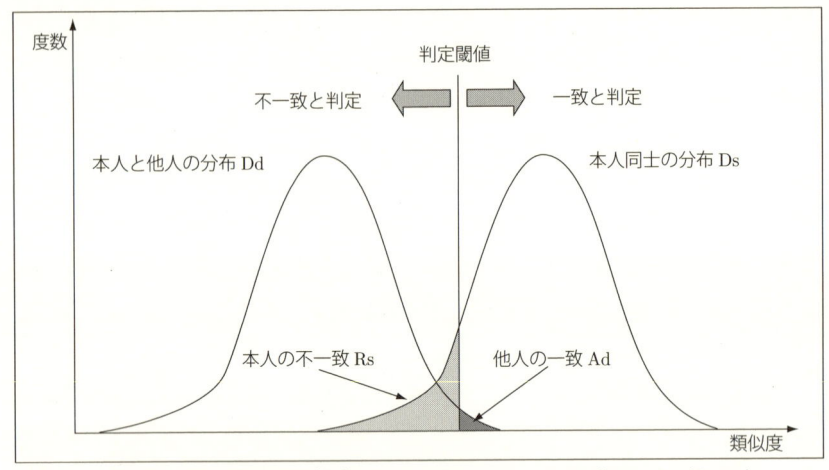

■図7.1 第1種と第2種の誤謬（出典：http://www.ipa.go.jp/security/fy15/reports/biometrics/documents/biometrics2003.pdf）

古来から「例外のない規則はない」という法諺があったにもかかわらず、原則論の追及に集中してきた嫌いがあった。今後は、トレードオフを前提にした分析、100％はないという冷徹な眼、確率論や複雑系の科学などを積極的に取り入れる態度などが欠けると、セキュリティ分野における法学の寄与が、不可能あるいは僅少になるのではないかと懸念される。

そしてジレンマの第3点は、セキュリティは守るよりも**攻める方が格段に楽**なことである。読者の多くは毎日スパムメールに悩まされているであろう。どうしてスパムが無くならないかと言えば、スパムを送る側は機械化して何万通を送っても、大したコストも時間もかからないからである。これを受け取った側は、個別の処理に毎日ある程度の時間を取られているであろう[11]から、その社会的コストは馬鹿にならない。

社会全体としては効用より費用の方が大きいから、ぜひともスパムを減らしてもらいたいところである。しかし、発信者側のミクロのレベルでは、たとえ1万通に1通でも応答があって、それで何らかの商売（通常は詐欺などの非社会的なものであろうが）が成り立つなら、効用＞費用となって止める理由はない。このマクロとミクロ、送信側と受信側の不公平を是正する方法は、今のと

---

[11] スパムフィルターを入れても前述の2つの誤謬は避けられないから、最終的には受信者が受信メール全体をチェックせざるを得ない。

ころ見出されていない。つまり、パソコンやネットワークが、あまりに安価で使いやすくなったために、現時点ではセキュリティを破る方が圧倒的に優位に立ち、セキュリティを守る側を苦しめているのである[12]。

最後に第4点として、情報セキュリティは他のセキュリティと違って、直接の被害者がいない場合が多いことを付加しておこう。情報セキュリティもセキュリティの一種である以上、被害者が存在し、実害が発生することも多い（たとえば、営業秘密の漏洩）。しかしスパムメールや「いわゆる有害コンテンツ」[13]の拡大のように、社会全体としては損失を被っているのだが、個々の損害については僅少であるか、把握しにくいため、対策が打ちにくいものの方が圧倒的に多い。

しかし、7.9節で述べるように近代法の大原則は「個人責任」であるから、このような事態に対しては新しい発想で法システムを構築するしかない。これが只でさえ難しい情報セキュリティを、ますます難しくしている。

7.4 法学の伝統的アプローチ

このような状況であるから、情報セキュリティのような新しいテーマについて法学的に研究しようとしても、①それを教えてくれる教師がいない、②標準的教科書がない、③博士論文を審査してもらえない、という三重苦に悩まされることになる[14]。これは学問の発展にとって、由々しき事態ではないかと心配である。

こうした欠陥の克服を、学者に期待しても無駄であるし、学者には克服するインセンティブもない。なぜなら、「**実定法の解釈が大切で、立法政策に踏み込むことは好ましくない**」という評価システムを変えない限り、学者は伝統に従っていた方が「安全かつ有利」だからである。となると、期待できるのは実

[12) このことは、インターネットの特質とされる「信頼の原則」「問題先送りの原則」に遠因がある、という見方もある [2]）。

[13) 世間では有害コンテンツという言葉が氾濫しているが、それが「青少年にとって有害」なものを意味するなら、そのように表記すべきである。さもないと違法コンテンツとの差がなくなり、憲法で保障された「言論の自由」に悪影響を及ぼす。私は一貫して「いわゆる有害コンテンツ」と表記している。

[14) 情報セキュリティ大学院大学のような（法学としては）マイナーなところに、時として稀に見る秀才の応募があるのは、他に同レベルのサービスを提供しているところが少ない証左であろう。

務家(特に弁護士あるいは企業法務担当者)が中心になるし、またならざるを得ない。彼らは、日々新しい事態に直面して、その解決に悩んでいるからである[15]。

その頂点にあるのは、岡村久道氏である。同氏は、インターネットなど新しいサービスの出現に伴って生じた各種の紛争に弁護士として積極的に関与したほか、情報セキュリティという新しい要請にも初期から参画して、法学的なアプローチから種々の提言や分析をしてきた([3]など)。岡村[4]は、その体系書ともいうべきもので、以下の構成となっている。

- 第1章:情報セキュリティと法制度——総論
- 第2章:機密性(Confidentiality)
- 第3章:完全性(Integrity)
- 第4章:可用性(Availability)
- 第5章:情報セキュリティマネジメントと法制度

目次から容易に読み取れるように、この書物は情報セキュリティでは定説化している、**CIA** (Confidentiality, Integrity, Availability) を大分類として採用している。つまり、情報セキュリティを維持するためには、「秘密として守りたい情報が保たれ (C)」「改ざんもされず元のまま維持され (I)」「システムを利用できる権限が明確で、有資格者はいつでも使いたいときに利用できる (A)」状態を、「セキュリティが保たれた状態」と定義していることになる。そして、この定義に合致する現行法を網羅した書物、ということになる。

この本は、前述の問いである「セキュリティ六法を編集することは可能か」に対して yes と答え、「これがセキュリティ六法だ」という試案を提起したことになる。実務家としては、真に誠実な態度であり、法学の伝統に照らしても「正統派の模範回答」という印象を持つ。確かに、現在インターネット等に紛争が起きれば、大陸法のわが国では現行法の解釈で対応するしかないし[16]、ましてや実務家としてはそれが期待されているのだから、この書物が生まれるのは必然であるとさえ言える。

---

[15] 岡村[3]の執筆者延100人のうち、専業の学者は31人に過ぎず、他は弁護士や組織内(会社・官庁等)の法務担当者であったことは、この間の事情を象徴的に示している。

[16] 係争となっている事態にピッタリの条文や先例がないときは、それに最も近いと思われる条文や先例により「類推」するか「反対解釈」することになる。ただし国民に苦役を強いる刑事法の分野では、「疑わしきは被告人に有利に」という原則が支配し、類推解釈は許されない。7.1節の情報窃盗は、その典型例である。

しかし、そこにこの書物の限界もある。もともと実務と学問とは相互に無縁の存在ではないが、違いがあるからこそ、お互いの交流の価値も生まれる。学問が実務そのものであれば、交流は無意味になってしまう。そこで、学問としての特徴は何かといえば、実務から一旦離れて、法律の条文や判決文の意味するところを幅広く、かつ深く考察することによって、日常の解釈を超えた価値を見出すことであろう。あるいは、前述の「情報窃盗」のように法律が未整備であるとすれば、そのあるべき姿を考究することであろう。

そのような面からすれば、岡村理論は現時点の到達点を示しているが、① CIA アプローチから抜け出せない、②「輸入法学」の後追いをせざるを得ないという欠陥を内包している、と言わざるを得ない。順に説明していこう。

CIA アプローチは、1992 年の OECD の情報セキュリティの勧告[17]で採択されたもので、そのキャッチィで覚えやすい命名法が受け入れられて、業界等では呪文のように使われている。しかし、C と I と A の三者の関係については、いまひとつすっきりしない。C と I は、後述するように、保護の客体が「秘密型」か「知財型」かを示し、それ以外に保護される客体はないことを示しているなら、それなりに理解できる。

しかし、A はそれとは全く違った要素を意味している。もちろん、日常の業務処理がコンピュータに過度に依存し、今後はさらにクラウドコンピューティング化していくとすれば、「いつでも使いたいときにはシステムが利用できる (A)」状態が不可欠であることは論を待たない。しかし、それはビジネス感覚をそのまま表明したに過ぎず、学問的分析とは程遠い[18]。

学問になるためには、CIA の要素と相互関係をさらに明確にするとともに、CIA 以外の要素が必要かどうか、さらなる探求が必要であろう。しかも CIA 概念の背景には、「情報セキュリティとは**情報資産**を守ること」という暗黙の了解があるが、それをも疑ってかかる必要がある。なぜなら、「情報資産」は静的な概念で、有体物と同様に「たな卸し」可能という理解で初めて成り立つものだが、現在の情報セキュリティ問題は、そうした範囲を超えて、動態的セキュリティにも及んでいるからである [5]。

第 2 点としての、「輸入法学」の後追いをせざるを得ないという欠陥は、わが

---

[17] 1992 OECD Guidelines for the Security of Information Systems.
[18] とりわけ C と I は両立が容易だが、C（あるいは I）と A は両立が難しいことを看過しているのではないか。図 7.1 と改めて対比して欲しい。

国法学界全体を覆うもので、この点で岡村理論を非難するのは、不適切かもしれない。しかし、専任の学者としては未だ14年目にしかならない私の乏しい経験からしても、日本でユニークな説を紹介しても評価されないが、それが外国の有力教授の説と合致すると、にわかに脚光を浴びるという経験を3度までしている[19]。

岡村氏は「外国かぶれ」でも何でもないが、われわれが独自の理論を追求すべきことだけは、間違いのないところだろう。

7.5 所有権アナロジーの限界

伝統的なアプローチの背景にある考えは、おそらく「所有権」(英米法の近似の概念は property) という近代法の基本概念は普遍であり、いかにデジタルが主流の社会が来ようとも、この基礎概念を中心にした現在の法体系で、ある程度までの対応は可能だという信念であろう。

法学は元来保守的なものだから、アナログとデジタルの違いが最も明瞭な形で現れた著作権法の世界でさえ、両者は「連続」していると見る派と、「断絶」の面が強いと見る派に分裂しているようである [9][10]。「知的所有権」という表現を好む法学者や、「所有権理論」を信ずる経済学者の多くは、暗黙のうちに「連続」を選択していると見てよい [11]。

これに対して私は2001年以降一貫して、デジタル化した**情報財**をアナログの所有権のアナロジーで考えること自体の、限界と危険を強く意識してきた ([12][13] など)。なぜなら、有体物の場合は、「**占有**」(民法180条) として他人の利用を排除することが可能だし、占有者を所有者と推定することに、あまり支障はない (民法186条)。また、売買契約によって「占有の移転」が生ずることも、容易に理解できる (民法186条)[20]。

他方、情報財は、有体物に体現されない限り、人間が知覚できるものではないし、容易に複製でき、かつ複製後も最初の情報が消えてなくなってしまうわ

---

[19] 1度目は、「通信と放送が融合する」ことを見出した1984年 [6]。2度目は、「著作権の権利宣言システムとしての ⓓ マーク」を発表した1999年 [7]。3度目は、「通信と放送の融合法制としてはレイア別分離法制が適している」ことを提言した2001年以降 [8]。

[20] 現行法では、「占有」とは「自己のためにする意思をもって物を所持する」(民法180条) ことであり、「自己のためにする意思をもって財産権の行使をする場合について準用する」(同205条、準占有) とされているが、後者についての分析は乏しい。

けではない。法的に言い直せば、「占有」も「占有の移転」も明確ではないのである。このような財貨は、経済学でいう「公共財」という性格を持っているので、特定の人に権利を付与して、他の人の利用を排除することが難しい[9][14]。

またさらに重要なことは、有体物には「一物一権」という単純な原理が適用できるが、情報財は「一財多権」にならざるを得ないことである[15]。わが国では物権と債権は峻別されているが、物権が成り立つのは「一物一権」が大前提である。またコモンローの国々でpropertyという概念が成り立つのも、それが一意に決まるものだからであり、同時に複数の場所に存在し得るものを律する法制度は、世界中どこでも未だ発明されていない[11]。

したがって仮に、有体物の法制になぞらえるとすれば、その対象物に関して、以下の5つの条件は不可欠ではないかと思われる。

- 何らかの形で固定されている（流動的で、変化するものではない）。
- 触って確かめることができるか、少なくとも見読可能である。
- 専有状態を第三者に知らせることができる（明認方法がある）。
- 専有が明確に移転する（移転後は、旧占有者に何も残らない）。
- 占有者を所有者とみなすことに、さほどの抵抗がない。

そのうえで、以下の対応を考えることになろう。

- 有体物に固定されていれば、当該有体物を扱う法体系に従えば良い（現在の知的財産制度は、このことを黙示的な前提としている）[21]。
- 秘密として管理していれば、その管理体制が占有にふさわしいか否かを見れば良い（営業秘密における「秘密管理性」や、通信の秘密における「管理体制」）[17][18]。
- 知的財産はproperty ruleで、秘密はliability ruleで対処するのが一般的である。なお、この両者の違いは、前者が「事前の権利付与」で、後者が「事後の救済」だと考えればよい[9][11]。
- 情報財の保護方式としては、個人情報保護法の制定以前には、情報を公開して守る「知的財産保護方式」と、秘匿して守る「秘密保護方式」の2タイプしかなかったが、同法は「第3類型」を導入しようとして失敗した[15]。この点については、次節で詳しく述べる[22]。

---

[21] 国領[16]の情報財の収益モデルの3分類（擬似物財型、物財帰着型、サービス帰着型）に従えば、擬似物財型ということになる。
[22] 営業秘密は従来「知的財産」の一種とされてきたが、この観点からは「秘密」の一類型と

- 刑事罰を課すか否かは、以上とは別論で、公益的保護の必要性いかんによる。しかし「秘密」の保護の刑事法制が整備されているかと言えば、刑法典に一般的保護条項が明示されていないことを含め[23]、構成要件や刑の軽重などが不揃いである [17][18]。

7.6　個人情報保護の可能性と限界

　前節の議論を、「**個人情報を法的に保護することは、そもそも可能なのか？**」という問いに変換して検討を続けてみよう[24]。このような問いが発せられること自体、法学になじみのない読者には異様に写るかもしれない。しかし「情報窃盗」に可罰性がないことに加えて、私人間取引を律する民法においても、「この法律において『物』とは、有体物をいう」（85条）とされ、無形財の扱いは専ら知的財産法に委ねられている、という状況にあるから、この問いには十分な意味がある。

　さて情報は、「公開情報」として保護するものと「非公開（秘匿）情報」として保護するものの2つに、大きく分かれる。前者は、特許発明など原則として公開することを条件に、一定期間の独占権が付与される法制である。後者は、営業秘密、プライバシーに係る情報など、非公知であること、秘密としておきたい（あるいはそのように管理している）ことを、法的保護の要件にしているものである [18][19]。

　これらの情報は、さらに2つに分類することができる。1つは法人その他の団体が保用する情報、もう1つは、個人が保用する情報である。ここで「保用」とは、有体物の「占有」に対応する、無体財に関する財産上の権利を示す。現行法では「準占有」（民法205条）に、所有権のうち「使用」に相当する機能（同206条）を加味したものである[25]。

して再整理されることになる。
[23] 信書開封罪（133条）と秘密漏示罪（134条）があるに過ぎず、しかも後者は身分犯（65条1項）である。
[24] 情報的取引の代表例としてまず採り上げるべきは、電子マネーではないかとの批判もありそうである。しかし貨幣は、①価値の評価機能、②交換機能、③貯蔵機能がある一方で、④使用価値がない、といった特殊な性格を持っているので、まずは一般的な財貨の例として「個人情報」を採り上げたところである。
[25] 前稿までは「保有」の語を当てていたが、それでもなお「所有」の語感が強く残るため、本稿から「保用」に改めた。

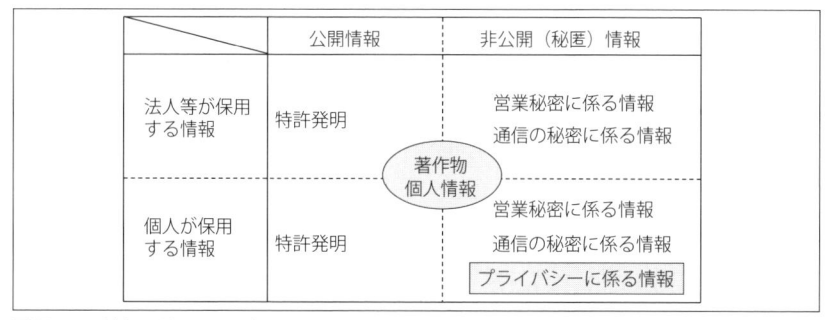

	公開情報	非公開（秘匿）情報
法人等が保用する情報	特許発明	営業秘密に係る情報 通信の秘密に係る情報
	著作物 個人情報	
個人が保用する情報	特許発明	営業秘密に係る情報 通信の秘密に係る情報 プライバシーに係る情報

■図 7.2　情報の法的保護（林・鈴木 [20] を一部修正）

　なぜ新たな用語を考案したかといえば、無体財の法体系を有体物とは別に構想し、「所有から利用へ」という時代の変化を反映させたかったからである。仮想（バーチャル）化、クラウドコンピューティングなど、情報経済は物の時代の「所有」に代わって、「利用」をより重視しているからである。

　以上の関係を図示すれば、図 7.2 のようになる[26]。この図においては、有体物に体現された情報は除き、情報が何らの媒体に固定されることなく、情報のまま取引されるという究極の場合を想定している。

　ここでは、「**保用**」を軸に分類しているが、帰属（ある情報が特定の自然人と有意な関係性を有すること）を軸にすることもできる。するとその内容は、かなり異なったものになるだろう。実は「**保用**」と「**帰属**」が異なることが、最大の問題点であるが、この点については次節で詳しく述べる。

　前述のとおり、有体物については「占有」≡「所有」と言って良いが、無形財の場合には、そのような推計はできない。また、個人情報は、①人格権と財産権を切り離しにくい。②事前の権利設定が難しい。③ 2 次、3 次被害が予見不可能。④リスクの受容水準が自分で決められないため、従来のマネジメント手法が使えない、ことが事態をさらに複雑にしている [20]。

　ここで同時に注目されるのが、著作物と個人情報が、4 つの類型の全てに当てはまることである。著作物は、個人の創作によるものだが、法人著作の場合もある。また、著作物は書籍等のように広く公開される場合もあれば、日記の

---

[26] この図の中央に「著作物」と「個人情報」を並べておいたことに、違和感をお持ちの読者も多いかもしれない。その点については本文を読み進むうちに氷解していくと思われる。著作物に対してどのような権利を付与するかが、情報財保護のあり方のモデルケースと考えてきた私にとっては、これは自明のことであった [12][13]。

ように著者が非公開を望むものもある。

　一方、個人情報は公開・非公開を問わない概念であることから、上述の公開という要素と非公開（秘匿）という要素の2つの領域にまたがる。氏名は個人情報の典型の一つであるが、公開を求められることが多い。コミュニケーションに欠かせない情報だからである。一方、この氏名をキーワードにしてセンシティブな情報やプライバシーに係る情報が検索されるときなどは、秘匿性を求める要請もまた同時に働くことがあり、その取扱いルールのあり方を複雑にしている。

　基本4情報とされる「氏名、性別、生年月日、住所」についても、その秘匿性は一様ではない。氏名は、識別情報の基本であり、公文書その他で広く使われている。偽名・匿名を使いたい（あるいは使うしかない）という例外的なケース（たとえば、公益通報）を除けば、氏名を**プライバシー**に近いものとして守る意義は少なく、これを隠しておくことに伴う不利益は、公開のリスクより遥かに大きいと思われる。

　同様のことは、性別にも言えるであろう。性同一性症候群の患者や、性転換をした人々にとっては、これこそプライバシーだとの主張もあり得よう。しかし一方で、男女差の識別が必要な空間（トイレ、公衆浴場など）もあるのだから、これをプライバシーに近いと観念するケースは例外というべきだろう。これに対して、住所のプライバシー性は他の2要素に比べれば高く、ATMの悪用事例などを見ると、生年月日がそれに次ぐと思われる。

　さらに個人情報とされるひとかたまりの情報の中には、自己の情報だけではなく他人の情報が含まれることもあり、他人の権利利益との調整も問題となり得る。また、法人等団体の代表者の氏名なども含むため、法人等の情報の一部を取り込んでいるという評価も可能である [20]。

　また通常個人情報は、その情報から本人と識別される当該個人の「もの」（これを法的にどう位置付けるかが難しい問題を提起するが）だと考えがちで、いわゆる「自己情報コントロール権」もそのような認識から出ている[27]。たとえ

---

[27] 憲法学者の間では、「自己情報コントロール権」がかなり広まっているようだが、それが技術的に可能かどうか、さらには技術が暴走する危険はないのか、といった議論をした邦文の論文は、阪本昌成氏の一連の著作 [21][22] 以外に知らない。アメリカではLessig[23] 以来「（コンピュータ）コードが法になる」ことを心配した議論が一般化しているのに対して、何という無知（或いは意識的サボタージュ？）だろうか。行政機関の保用する個人情報についてのみ「自己情報コントロール権」を検討するなど、地に足がついた議論が望まれる

ば、インターネット上の検索エンジンによって私に関する情報を収集すると、その大部分に対しては私が何らかの「クレイム」（法的な主張）を発することができる、とするのは理に適っているかに見える。

　しかし一方で、収集された情報が「私のもの」というには、躊躇を感ずるようなものもあり、その内容は2つに分かれる。1つは、明らかに私に関する情報であるが、私が見たくもない、あるいは忘れたいものである。これに対しては、上述の「クレイム」の一環として削除などの権利を設定すれば済むことであろう。問題なのは、もう1つのタイプで、これは私だけの情報というのが憚られる、あるいは私だけの情報としない方が、社会全体のためになるような情報である。

　たとえば私が遺伝子治療を受けているとして、開発中のある薬剤を使用したところ深刻な副作用があったとしよう。その副作用は、私とDNA配列がある確率以上に似ている患者には、ほぼ同様の被害を及ぼす恐れがある。この際、私のDNA情報は私の「もの」かもしれないが、私以外の人にも開示した方が「みんなのため」である。しかし、これを開示すると私が難病にかかっていることが広く知られ、極端な場合は私が解雇される、などの不利益を蒙るかもしれない。ここでは開示することによる利益と、それに伴う不利益とを比較考量することにならざるを得ない[28]。

　つまり個人情報は、図7.1の全ての類型に当てはまり、この4つの類型で示される特徴を全て有しているが、実は、この図では表現しきれない特徴をも有していることになる。これが、著作物の特徴と異なるところである。要するに、個人情報は、①個人が保用する情報と、②法人等が保用する情報と、さらには③誰が保用するかを論じることができない情報とが、混在してしまう広い概念である [24]。経済学では、この現象を「情報が公共財的性格を持つ」と表現している。

　これでは、財産権（英米法でいう、広義の **property** 概念）として、捉えきれない情報を対象とすることになる。保用性を論じられない情報を対象とすることは、物と人とが1対1で対応することを基礎とする、従前の物権法制の考え方も、その応用型も妥当しない。これに単一のルール（法的義務）を一律に

---

[15]。

[28] 先駆的な例として、ムーア事件の判決がある。Moore v. Regents of the University of California, 51 Cal.3d 120 (Sup. Ct. of California, 1990)

課したのでは、混乱が起こることは、むしろ当然である。

7.7　個人データとしての保護方式

そこで今後の検討にあたっては、「個人情報」というやや情緒的な概念を捨てて、「個人データ」に統一[29]し、シャノン的な「構文論的」に法体系を構築し直すことが必要であろう[30]。そのうえで、この図で述べた「保用」と「帰属」については、以下の諸点を指摘することができる。

- 個人データにおける「情報主体」のように、ある情報が一意に決まる自然人と密接な関連を有し、当該個人に何らかの権利を付与することが正義に適うと思われる場合、当該個人は「帰属権」(right of attribution) を取得する。
- 情報を、次のいずれかの方法で入手し、これを善良なる管理者の注意をもって保管し使用する者は、当該情報に関する「**保用権**」(right of holding and usage) を取得する。①合意取得＝契約による取得、②自然取得＝公知の情報源からの取得、③変形的取得（アメリカの著作権におけるtransformative[31]に対応する態様での取得）。
- ①においては、「取得者が事前に承諾を得なければならない」とするopt-in方式をとるか、逆に「利用者に契約解除の事由を認めさえすれば、事前の承諾がなくとも利用して良い」とするopt-out方式をとるか、が重大な影響を与える。
- ②は、インターネット等に存在するパブリックドメインの情報を、そのまま利用するか、何らかの加工を加えて利用することを想定している。
- ③の態様は、アメリカ著作権におけるfair useの法理から発展した概念

---

[29] 現行法においては、「個人情報」のうち個人情報データベース等に収録されコンピュータで検索可能になったものが「個人データ」である（個人情報保護法2条1項、2項、4項）が、むしろ端的に保護の対象を「個人データ」に限定すべきであろう。

[30] Claude Shannonは、[25]などにおいて、情報量（ビット）や通信容量・信号対雑音比などの基礎的概念を明確にし、数学的な根拠を与えた。その際、情報が持つ「意味」(semantics) を捨象し、専ら「構文」(syntax) に集中したことで、今日のインターネットにつながる通信とコンピュータ科学の発展に貢献した。

[31] 著作権の世界では、通常「変形的」と訳されており、原著作物からの改変の度合いが大きいものを指す。なお全米科学財団 (NSF) の定義ではinnovativeよりもradicalなものとされている。

(transformative) を援用したものである。

- アメリカでは、既存の著作物を変形する度合いが強いほど、fair use として自由利用できることになる。これは、日本法においても、「改変」の度合いに応じて、別個の著作物か 2 次的著作物かになることと、同じ主旨である [26]。
- 今後は、著作物におけるマッシュアップや、個人データの分野における行動ターゲティング広告のための履歴付き個人データなどについて、transformative な利用に該当するかどうか、議論されることになろう。
- また、DNA 情報など、従来は「**帰属権**」が議論されなかったタイプの情報についても、問題が深刻化する恐れがある。

そうすると、少なくとも情報財については、以下の諸点を念頭において、あるべき法体系を考えるべきだ、という結論になろう[32]。

- 情報財については、帰属者と保用者が異なる場合が常態であり、この関係をいかに捌くかが、情報法の基本課題になる。
- しかし、占有に近い処理が可能な情報は限られており、契約に依存せざるを得ない部分が大きいと思われる。
- 既存の知的財産についても、その本質がライセンスによる利用であるにもかかわらず、利用契約の細部は当事者に任されており、標準契約書の雛形もない。このことは、利用形態の多様性や複雑性がより高い著作物の利用契約について、著作権利用契約法的な検討が意味を持つことを示している [27]。
- したがって「失敗作」という評価が多い UCITA (Uniform Computer Information Transaction Act) の利害得失も、十分に検証する必要がある。

7.8 属性情報のセキュリティと第三者認証

ところで、「情報」は世間のどこにでもある（遍在している）し、物質・エネルギーや生命でさえ、最終的には情報によって制御されているとすれば、これを網羅的に分析するには長期的な学際研究の蓄積が必要であろう。

そこで前節までは、最も簡単な例として、情報のうちでも交換価値を有する

---

[32] そこで、私たちの研究グループは、「情報財利用契約研究会」を組織して、今後 2 年間程度の基礎研究を続ける予定である。

もの、すなわち情報財を考えてきた。そこで判明したのは、情報財を法的に保護することは意外に難しいことであった。しかし、保護の最終的な目的が、情報財の円滑な流通であるとすると、情報財そのものの他に、その属性情報も保護しなければならないことになる[33]。

　読者が買い手として市場で取引する場合、ある商品の品質はどうやって知ることができるだろうか？　経済学では、プレイヤーは「価格」というシグナルに基づいて行動するもので、需要と供給が交わる点で価格が決定されると考えている。その際、品質その他の属性は全て価格の中には含まれるという前提を設けている。この前提自体相当に大雑把なものだが、それでも量産品の新品については、許容範囲にあると言って良いかもしれない。

　ところが、中古車のように品質が安定していないものについては、売り手は欠陥等についての情報を持っているが、買い手はそれを知る手段がないため、「情報の非対称性」が取引を歪める結果になることが知られている[34]。有体物でさえこのような状況だから、ましてや「見えないもの(intangibles)」である情報財については、何らかの工夫をしなければ品質を担保することはできない [12][29]。

　属人的な信頼関係に基づく小規模な取引関係ではなく、市場を前提にした大規模取引において**品質を保証**する方法として、古くから知られているものが2つある。1つは基準を定めて、それをクリアした商品やサービスに「保証マーク」を付ける方法である。有体物に関する例として、日本工業規格 (JIS: Japanese Industrial Standard) と日本農業規格 (JAS: Japanese Agricultural Standard) による認証制度がある。これらは、それぞれの国際的取り決めに準拠しているので、いわゆるグローバルスタンダードである。

　同種のアイデアで「見えないもの」に特化した方法は、債券などの元本および利息を、発行体（企業・政府・自治体など）が償還まで予定どおり支払えるかどうかの見通しを、簡単な記号で評価する「格付け機関」である。一方、有体物である「商品」に関する品質保証の仕組みを、会社の経営品質に転用したの

---

[33] 世間では、こちらの方をむしろ情報セキュリティの主たる対象と考えているようである。ISMSやCIAなどの概念は、この分野の方によく当てはまるからであろうか？
[34] よく知られた例は、中古車の取引である。売手は潜在的な欠陥を知っているが、買手は知り得ないとすれば、良質なものも「屑物」(lemon) と同じ価格でしか取引されない。すると良質なものの出品が減って、ますます「屑物」が増えるので、さらに良質なものが減り、…という悪循環に陥って市場が崩壊してしまう（Akerlofのレモンの市場 [28]）。

が、ISO9000 シリーズの「品質マネジメント」の手法である。この発想は、環境基準に関する ISO14000 シリーズを経て、ISO27000 シリーズ（前述の ISMS は、この重要な要素である）へと引き継がれている[35]。

　第 2 の方法は、商品の提供者に資格を付与することにし、その審査を厳密にすることによって、品質を保証しようとするものである [12]。官僚は公開の国家試験を通過したものにしか門戸が開かれていないし、民間サービスについても、弁護士・公認会計士・税理士等々の資格試験の厳しさは広く知られている。それだけ、サービスの品質に配慮されていると考えてよい。

　経済がサービス化し、情報という「見えないもの」の比率が増大するにつれて、このような資格制度は広く民間セクターに広まっている。情報セキュリティは「見えないもの」の代表例でもあることから、それに関係する資格の数は 15 種類にも上っている [31]。こうした資格は、前述の第 1 の方法と併用されることが多く、有資格者でないと認証や格付け作業ができない、という規制が行われることになる。

　このような視点から見ると、情報セキュリティには、日常生活に欠かすことのできない商品やサービスの品質を保証するために、市場の機能を補完する工夫も含まれると考えられる。そこで、ここではこうした属性情報の保護の部分を「見えないものの品質その他の属性を保証し、それを実効性あらしめる仕組み」（略して「見えないものの品質可視化」）と定義しよう[36]。

　さて ISMS **適合性評価制度**は、「見えないものの品質可視化」の代表的手段である。ここには、企業等が構築した ISMS が JIS Q 27001 (ISO/IEC 27001) に適合しているかどうかを審査し登録する「認証機関」と、審査員の資格を付与する「要員認証機関」、さらにこれらの各機関がその業務を行う能力を備えているかどうかをみる「認定機関」がある（**図 7.3**）。なお審査員になるためには研修が必要だが、それを実施する「審査員研修機関」は、要員認証機関が自身で承認している。

　これを評価希望組織の視点から見ると、3 階層で「**第三者認証**」が担保されていることになる。まず、具体的作業に携わる審査員については、「要員認証

---

[35] ただしアメリカ等では、「品質保証」と「品質マネジメント」を区別し、前者は後者の一部で、品質要求事項を満たすための実施技法に準拠していることを保証することに限定している [30]。両者を区別しないことが多いわが国の発想が、ISMS 至上主義をもたらしたのかもしれない。

[36] この定義は、林 [29] による定義を、一部修正している。

第7章 法学的アプローチ

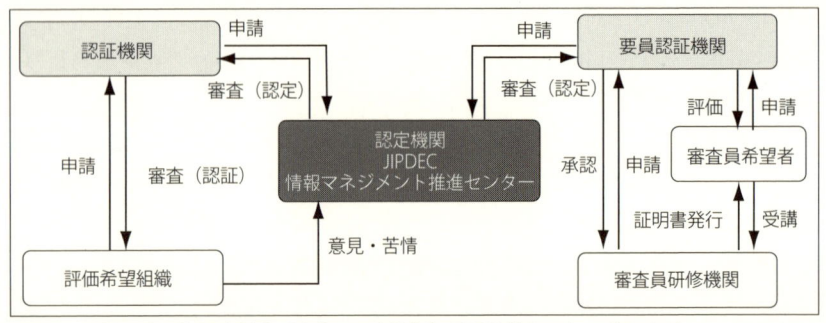

■図7.3 第三者評価認定制度（出典：日本情報処理開発協会のウェブサイト）

機関」の第三者認証を得ている。審査を担当する「認証機関」についても同様に、「認定機関」という第三者のお墨付きを得ている。そして「認定機関」は通常一国一機関であり、ISO という国際機関で認知され、外国の同種の機関と相互認証することによって、その品質を担保している。これは前節で述べた「第三者認証と資格制度の組合せ」としては、最強の仕組みであるように思われる。

ところがこの制度には、①本来別物である「手続き」の認証に「品質保証」の要素が混入し、しかも一部の関係者はそれを容認している、②認証を受ける範囲を評価希望組織が選べることになっており、全社的な担保の理想からは程遠い、③認証を受けたことを対外的に表明するマークはあるが、範囲を示す簡易な方法が用意されていない、④認証の主旨を逸脱した行為があった場合に、資格剥奪などの責任が追及されるのかどうかが明確でない、といった欠陥がある[37]。

このうち最後の責任の問題は、特に重要である。過去数年の中に、こうした実例が複数発生したにもかかわらず、認証機関の対応が遅かったうえ透明性に欠けていたため、世間の批判を浴びた。そこで日本適合性認定協会で改善策を検討したが、まとめられた報告書の「組織不祥事に対する情報公開・公表への対応」の末尾の記述は、この制度に内在する制約を示している。

「認証機関は当初より認証組織との間で、不祥事報道に対する情報公開方針の合意の下、認証機関から状況に応じて直接に公表ができる審査契約を事前に締結しておくことが望ましい。」[32]

---

[37] なお、ここでの責任とは法的責任より幅広く、ペナルティのみならず報奨も含めた「信賞必罰」に近いものと考えており、sanction の語を当てたい。この点については、次節で詳しく述べる。

このような困難を克服するには、「第三者」がなぜ必要なのか、という原点に回帰した議論が必要であろう。なぜなら、「見えないものの品質可視化」は当該企業のためにあるのではなく、それを購入する相手先、とりわけ情報不足に陥りがちな最終消費者のためにある、と考えられるからである。つまり、ある企業が第三者認証方式により品質の担保をしたのに、それが守られなかった場合には、消費者→当該企業（認証取得者）→認証機関、というように責任の連鎖が生ずるが、何よりもまずその認証を信じて行動した消費者が保護されねばならないのである。

7.9　法人の責任

ここで、実行者すなわち個人の責任ではなく、法人の責任を問うていることに注目して欲しい。なぜ法人の責任を問うのだろうか[38]。第1の理由は、近代資本主義市場における企業等法人の存在の大きさである。第2の理由は、可視化された品質を十分に満たさないのが、企業等法人に他ならないということである。もちろん毀損行為そのものは自然人が行うものであるが、組織的対応が不可欠である。

第3の理由は、アメリカの**「法と経済学」**が発見した「CCA: Cheapest Cost Avoider」による理由付けである [34]。CCAの原理とは、当該リスクに関して、最小のコストで回避可能な主体に責任を負わせるべし、との考え方である。企業はコストを価格に転嫁することに長けているし、仮にこのコストを他に転嫁できなかったとしても、他の主体に責任を課すよりも社会全体のコストは少なくてすむからである。

第4の理由は、企業の社会的責任である。環境問題などを契機として、企業は社会の重要な構成員であり、自然人が負う社会的責任と同等かそれ以上に、重い責任を負わねばならないとの意識が高まっている。情報を大量に取り扱い、それによって多額の利益を享受している企業が、その安全について社会に一定の責任を有すると解することはむしろ当然のことというべきであり、この考えを排除するには逆に特別の理由付けが要る、というべきだろう [35]。

---

[38] 以下の理由付けは、林 [33] とは若干異なり、「リスクテーカーとしての企業」の代わりに「CCA」をいれてある。企業経営者への訴求が主目的の論稿と理論研究が主目的の本稿との違い、と理解していただきたい。

なお以上の説明は、実行行為者の故意・過失を問わず妥当するものであるが、近年頻発している企業不祥事（これは狭義の故意に「未必の故意」を加えたようなケースが多いだろう）などにあっては「個人の行動」といっても、1人ひとりばらばらな個人が行うのではなく、「組織の中の個人」という環境がもたらす側面が大きいことが、次第に解明されている [36]）。これを「**組織性逸脱行為**」と名付けた本間 [37] によれば、「企業不祥事」自体も、次のように読み替えられる。

「集団・組織上の行為であって、組織目的に沿うものとして集団内メンバーにより感知され、違反の実行者を含む複数の直接的・間接的関与者によって生ずる、一般社会の基準に照らした逸脱行為であり、当該集団以外の人々に何らかの悪影響をもたらすもの」（本間 [37] pp.10-11 の定義を私なりに一部改変）。

さて、「企業の社会的責任」が重視されるようになっても、法体系はすぐには追いついてこない。現在の日本法においては、責任の第一の主体は個人（自然人）で、法人が責任を負うのは、その監督責任に限定されるのが建前になっている。これを、市民相互の関係である民事事案と、社会秩序の維持と関係する刑事事案の両面から見ていこう。

まず民事の事案においては、故意や過失で他人の権利や利益を侵害すると、それを賠償する責任が生ずる（民法 709 条）が、その主体は行為者すなわち個人である。当該個人を雇っている法人は、事業執行上のことであれば「使用者責任」を負うが（同 715 条 1 項）、「相当の注意」を払っていれば免責される（同条但し書き）。刑事の事案においては、この原則はさらに徹底しており、処罰されるのは行為者（個人）であって、法人に責任が及ぶのは「両罰規定」として、その旨が法に特に規定されている場合（たとえば、労働基準法 117 条以下など）に限るとされてきた。

しかし、公害に代表されるように企業活動そのものが他人の権利を侵害したり、製造物責任のように、働いている労働者の行為というよりも、企業そのものの行為と見た方が常識に合致するような事例が、多く見られるようになった。そこで、民事の事案においては、法人そのものが責任の主体であることが、珍しくなくなっている。刑事の事案については、通説はなお「法人責任論」に対して懐疑的といわれるが[39]、それを真正面から主張する見方も出始め

---

[39] いわゆる「公害罪」についても、両罰規定の仕組みが維持されている（人の健康に係る公害犯罪の処罰に関する法律 4 条）。

分類	説明と例示	リスク対応	対応するガバナンス制度と対策
単独過失型	いわゆる「うっかりミス」。ヒヤリ、ハットやパソコンの置き忘れなど。	回避	回避できる範囲は限られているので、政府機関や重要インフラ提供者などの施策を集中的に強化。
故意型（単独または共同）	サイトの攻撃や、社員による意図的な情報の漏洩など。	低減	あらゆる組織が低減を目指す姿勢をとり続けられるよう、啓発・注意喚起、教育などを継続。表彰、ベスト・プラクティス紹介、認証や格付などのインセンティブが有効。
公害型	上記の範囲が拡大した場合のほか、違法(有害?)サイトの遍在など。	移転	わが国ではリスクを移転することへの抵抗感が強く、あまり発展していない。逆選択やモラル・ハザードを避けつつ、普及を促進すべき。逆にリスクの即時全面移転は禁止し、リスク・テークの義務化も（サブプライム・ローンの教訓）。
複合汚染型	上記の組合せによる全体の汚染。例えばメールに誘因されてサイトをクリックすると、ウィルスに感染するなど。	受容	「セキュリティについて100%はありえない」という常識（リスク前提社会）を浸透させる必要。しかし他方、それに甘んじることなく、「過去の失敗から学ぶ」仕組みを工夫すべき。さもないと「レモンの市場」になりかねない。

──→ 主たる関係
┈┈→ 従たる関係

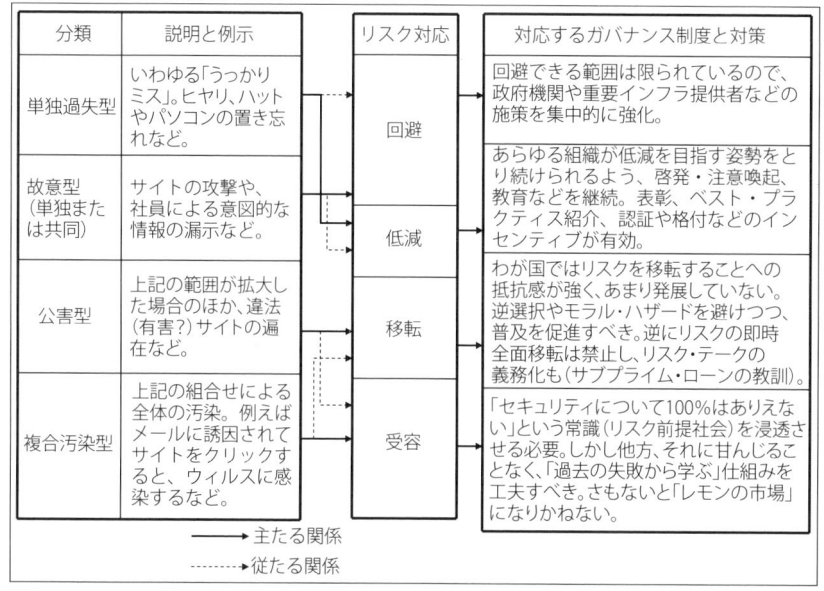

■図7.4 リスク対応とガバナンス (林[5])

ている。

以上の文脈を、情報セキュリティに当てはめると、どのような見取り図が描けるだろう。責任を論ずるには、「**リスクテーカー**」である企業にとって、どのような対応があり得るのかを見定める必要がある。そこで図7.4は、セキュリティの専門家が「インシデント」と呼んでいる事件や事故と、リスクの取り方、さらにガバナンスの基本となる事項を対応させたものである。ここでは、インシデントを単独過失型、故意型、公害型、複合汚染型の4つに分け、一方リスクの取り方を、回避・低減・移転・受容の4つに分けている。

この図から分かることは、情報セキュリティのインシデントは、かつて故意や悪意があるとしても、典型的な愉快犯であったものが、インターネット全体を汚染し、あわよくば一儲けしようといった知能犯や、場合によってはゲーム感覚的行為に、移行しつつあることである。そこでリスク対応も、インシデントのAタイプにはこれ、Bタイプにはこちら、といったように1対1で対応することができず、主たる関係と従たる関係が入り乱れる結果となっている。

このことを責任論の面から図示したのが、**図7.5**である。この図の横軸は、原因者が責任を負うのか、被害者が自己責任で防御を迫られるのかを示し、縦

第7章 法学的アプローチ

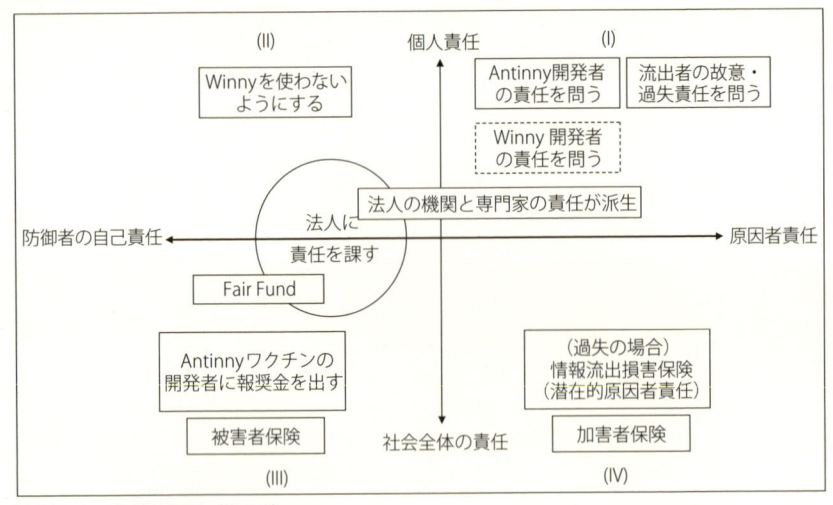

■図7.5 責任の類型（林 [5]）

軸は個人の責任なのか、社会全体で責任を負うべきかを分けている。近代法の建前は、(I)の領域にある原因者の個人責任であり、これは今でも責任論の第1原則になっている。たとえば、情報の流出事故が起これば、流出させた個人を特定して、その責任を問うのが第1である。

この原則に従えば、一時情報漏洩の主原因とまで言われたp2pソフトの代表例であるWinnyと、そのウィルスであるAntinnyについては、Antinny開発者を逮捕してウィルス作成罪（その法制化前は、著作権侵害なりの別罪）に問うのが王道であろう。ところが、匿名を隠れ蓑に活動する犯人を捕まえるのが至難の技であるため、警察はWinnyの開発者に著作権侵害の幇助の罪を着せようとした。これはもともと「無理筋」であるため、主として技術者の間から「革新的なソフトの開発などに萎縮効果が及ぶ」ことが懸念されていたが、大阪高裁では無罪の判決が下された[40]。

このように(I)の領域が有効に機能しないとすれば、その他の領域の適用を考えねばならない。時の政府は、「Winnyを使わないように」と呼びかけることで事態の収拾を図ろうとしたが、それは(II)の領域に属する。また、「Antinnyワクチンの開発者に報奨金を出す」など、インセンティブを与える方法(III)もある。こうした報奨金方式は、日本ではなじみが薄いが、アメリカでは広く

---

[40] 2009年10月、大阪高等裁判所は一審判決を破棄し無罪を言い渡したが、検察側が上告中。

行われている。また、加害者が掛けるにせよ被害者が掛けるにせよ、保険が用意されていれば、事業活動等に伴うリスクを、「移転」という方法で避けることができる（IIIとIV）。

このように、近代法が想定していた「行為者＝個人責任」だけに固執していると、情報セキュリティを維持できないことが、広く認識されつつある。図7.5の左側に「**法人に責任を課す**」という円を入れたのは、そのような意味である。ただし、行為者が罰せられず法人だけが責任を負うという制度も、これまでの慣行になじまない[41]。その際には、法人の機関や専門家の責任も、併せて検討せざるを得ないことになろう（この点については、次節で再度触れる）。

しかし、こう言ったからといって、sanctionの有効性[42]を追求するあまり「厳罰化」を求めているわけではないことに、留意していただきたい。たとえば、個人情報保護法の施行以来、情報漏洩に対する社会的意識が高まった。それ自体は遵法精神の向上として評価すべき面もあるが、困ったことは「厳罰化」が追及される一方で、責任の所在が曖昧なままの「責任の希釈化」が、同時並行的に進んだことである [20]。責任のあり方は、過大でも過小でもいけない。適切なレベルを維持する必要がある。

この面からは、「**失敗学**」的な発想 [38] で、「事故の責任追及」よりも「再発防止」に資するため、たとえば捜査よりも事故調査を優先させ、一定の条件を満たせば「事故調査に協力する限りで責任は問わない」という免責条項を新設することも、検討されてしかるべきだろう。最近は裁判も、被害者や遺族の感情に、より配慮するようになった。そのこと自体は必然の流れであるが、被害感情をも超えて公益に資する「情報」を入手し活用することに、もっと努力が傾注されて良い [39] し、個々人の過失よりもシステムとしての不完全さに、より注目すべきであろう [40]。

---

[41] 現行の個人情報保護法においては、安全管理義務違反を犯した企業に対して主務大臣の改善命令が出て、それにもなお従わない場合に初めて、刑事罰が課せられる可能性がある（個人情報保護法20条、34条、56条など）。このように限定的な措置（間接罰）であるにもかかわらず（あるいは限定的であるが故に？）、企業人の間からは漏洩の主体である個人に対して、直ちに刑事罰を加える方式（直罰方式）を望む向きが多い。

[42] sanctionは通例「罰」に近いマイナスのイメージがあろうかと思われるが、ここでは報奨金のようなプラスの仕組みも含めて考えている。

7.10　コミットメント責任

　そこで法人責任の具体例として、「コミットメント責任」という仮説を提示して、今後の議論を促したい[43]。

　コミットメントという用語はゲーム理論等において広く使われているし[41]、社会心理学等では「コミットメント関係」という語も使われている[42]。ここでの語感に最も近いと思われる定義は、主として行動経済学の分野で使われている「コミットするというのは、自分が将来にとる行動を表明し、それを確実に実行することを約束すること」[43] であろう。

　これらを踏まえ、「事業者が、情報管理の取扱いに関する約束事を消費者に対して表示し、または社会に対して宣言したにもかかわらず、それに違反することによって生じる責任（法的責任を中心としながらも、より広い概念としての責任。免責を含む）」[20] を、「コミットメント責任」と呼ぶことにしよう。

　アメリカのプライバシー保護に関する第三者評価認証制度である TRUSTe は、事業者がプライバシーステイトメントやポリシーをウェブサイト上に「表示」することで、消費者との間で一定の「コミット」をするよう制度上要請されている。つまり、わが国のプライバシーマーク制度とは異なり、自己宣言を基調とする制度設計となっており、消費者に対して表示と異なる欺瞞的な行為をした場合は、FTC（連邦取引委員会）の調査権の発動を招く。民間の第三者評価認証制度が、事業者取得コストの負担を軽減しながら、法律との補完関係によって一定程度の消費者保護の実効性を確保できるという、好例として参考になろう。

　翻って、日本における運用の実際はどうであろうか。「プライバシーポリシー」にきれいごとを書き連ね、消費者を信頼させたうえで、それに反するビジネスをしている企業に対して、主務大臣はどのような関与が可能であろうか。公正取引委員会が、景品表示法等によって介入することは可能だろうか。日本情報処理開発協会は、認証を与えたプライバシーマークを表示しながら、主旨に反する活動をしている企業に対して、法律によることなく契約上どこま

---

[43] Commitment という英語は、「約束・義務・責任・委託・犯行」など幅広い意味を持つ（『ジーニアス英和辞典』）。私の使用法は前3者を包含する広いもので、日本語に訳すのが難しいので、ここでは原語のまま使うことにしたい。

で関与することができるだろうか。

このあたりが不明確であるとしたら、「プライバシーポリシー」を表示することを推奨する現在の個人情報保護法制は、いったいどこまで考えて、何を狙いとして行政を行っているのか、はなはだ疑問となってくる。事業者は誰とも「コミット」することなく、単なる形式的な表示を行っているに過ぎないからである [20]。

このような懸念が顕在化したのが、2007年を通じて連続的に発生した、いわゆる「偽装」事件である。それは建築確認から、食品の消費期限の改ざんに及ぶ幅広いもので、全てを同一視することはできない。しかし、「表示の要件とプロセス」が標準化され、それに基づいて「業務を運営し、または製品やサービスを提供していることについて期待を与えた」ことに対して、何らかの責任が論じられる、という点は共通している。

すなわち、これらは前述した「見えないものの品質可視化」という共通項を持っており、電気通信機器の自己確認制度（電気通信事業法63条）など、法律によって委任されたもののほか、「アクセシビリティを考慮した商品」のUマーク [44] や、著作権の自己登録方式であるクリエイティブコモンズ[44]や ⓓ マーク [7] など、幅広い応用例がある。こうしたマークが、時に法律により、時に自然発生的に生じてきた背景と、その有効性について、学際的な考察を期待したい。

ところで、第1次的責任の主体を企業等法人とすれば、全てが丸く収まるわけではない。行為者は常に自然人であり、自然人が責任を十分果たすことが必要である。特に、「個人情報保護管理者」（JIS Q 15001）といった情報の管理に責任を有する者、または情報保護のマネジメントシステムが適正に運用されていることを監査するための専門家など特定の職位につく者の、個人（あるいは専門家）としての法的責任を問う制度も検討されなくてはならない。特に監査が「助言型」から「保証型」へと変質していくとすれば、「お墨付き」への社会の期待も高まるため、それに伴う「責任」も十分検討しなければならない [45]。

しかしアメリカには、CIOとかCISOといった専門職種があるが、わが国ではこうした役職を置く企業でさえ、それが十分に機能しているとは言えない。何でも米国型が良いとは限らないが、少なくとも情報管理に関する限り、ロー

---

[44] http://www.creativecommons.org

テーション人事をやっていては専門家が育たないし、それでは変化の激しい技術革新に対応できまい。会計監査や内部統制監査が公認会計士の専門的知識に期待するように、また裁判実務では弁護士に期待するように、情報管理とセキュリティに関しても、専門家の育成と資格制度の整理・充実が必要であると思われる。

そのためには、15種類もの資格を整理統合して、真に信頼に値するものとしていくことが望まれる。要すれば、有資格者が法人の責任の実質的担い手として、社会的にも信用されるが個人的な責任も重い、ということにならざるを得まい[45]。法人の責任を主としつつも、それを担う個人にも責任を分担してもらう、という方式である[46]。

7.11 仮説検証型法学と類似のアプローチ

以上私が気づいた範囲での「情報セキュリティ法」の論点を見てきたが、このような分析は私が当初から持っていた方法論から自然に生まれた成果物ではない。実は研究を始めた当初は、私も伝統的アプローチでいけるはずだと信じていた。この間の事情は、2005年秋の情報ネットワーク法学会での報告である「情報セキュリティ法の体系化の試み」の以下の件に端的に示されている[46]。

「私は2004年4月に現職に就任以来、『セキュア法制と情報倫理』という科目のうち、前半の法制の部分を講義している。情報セキュリティに特化した大学院で、この科目を教える以上、『セキュア法制とは何か?』を明確にすること、換言すれば『情報セキュリティ法』なる法領域を画定し、その基本理念を明確にしていく必要に迫られている。今回の発表では、OECDのガイドラインを踏まえて、情報セキュリティの3大要素とされるCIA (Confidentiality, Integrity, Availability) ごとに、関連する法（法律、政省令、ガイドライン、規格、標準、倫理綱領など）を摘出した。今後『情報セキュリティ法』の内包と

---

[45] ISMSの審査員など、情報セキュリティの専門家を対象にするセミナーの都度、「ISMSの認証取得企業と未取得企業に、同じデータベースの個人情報へのアクセスを許してシステム開発をさせたところ、両者ともに同じような規模の情報漏洩を起こした。この場合、両者の責任の度合いは、① 前者がより重い、② 差がない、③ 後者がより重い、のいずれであるべきか?」という調査をしたことがある。われわれの予測に反して①の比率が相対的に高かったことは、専門家の責任についても言えそうである [20]。

[46] これは主従が逆転した、新たな「両罰規定」という要素を内包している。

外延をさらに明確にすることに努め、両3年内には体系化を終えたい。」

　しかし同時並行的に進めていた「C（秘密）」に関する分析を終わって[17][18]、次は「I（完全性）」に移ろうとした頃から、伝統的アプローチでは問題が解けないか、大きな部分を取り残してしまうのではないか、との疑念が生じてきた。かねてから「情報財の権利保護モデル」として取り組んできた著作物保護のあり方との、接点を見出すことが難しかったことも、そのような「迷い」の原因になっていた[8][47]。

　しかし、若干の収穫もあった。特に「**電磁的記録**」という法概念が、無体の財貨を有体物に擬制することによって、旧来の有体物の法体系に依拠できるようにする、という機能を果たしていることを知った[47]。一時は、この考えを延長すれば、情報財の取引関係をかなりの程度カバーできるのではないか、と考えたこともあった。いわば国領[16]の「擬似物財型収益モデル」の法学バージョンとも言えるものである。しかしこのような発想も、SaaS (Software as a Service) などの新しい展開によって、あえなく消えていった。

　しかし悩みながら、個人データ（個人情報より、よりデジタルの本性が明らかになるデータベース収録情報）の保護は、どこまで可能なのか、を追求した頃から、前途に何らかの明るさを感じることができるようになった（林・鈴木[20]、この発展型が林[15]）。そして、情報セキュリティに関して、法学・経済学・経営学の3分野がどのようなアプローチを取るべきかについて、一貫した視座を持てるようになった[48]。**図 7.6** は、その総括的説明である。

　こうした学際研究を通じて感じたことは、法学も学問（あるいは科学）である以上、仮説を立ててそれを検証していく、というプロセスが必要ではないか、ということであった。

　従来、法学は解釈法学を善しとしてきたので、私のように最初に「仮説」を立て、それを次第に検証していく、といった方法論は異端とされてきた。しかし、自然科学のみならず一般に「科学」と呼ばれるものは、このような方法論によっている。法学と医学は、こうした「科学」に属さない「実践知」であると

[47) たまたま日本経済新聞の「ゼミナール」の欄に連載を許されたが[47]、このような迷いの中で執筆したこともあって、我ながら不本意内容に終わってしまった。そして、より深刻な問題となったのは、これらと並行して開始された「企業における情報セキュリティの実効性あるガバナンス制度のあり方」という共同研究（2006–2009年度、科学技術振興機構助成研究）において、私が代表を務めながらイニシアティブを十分発揮することができなくなったことである。

第7章 法学的アプローチ

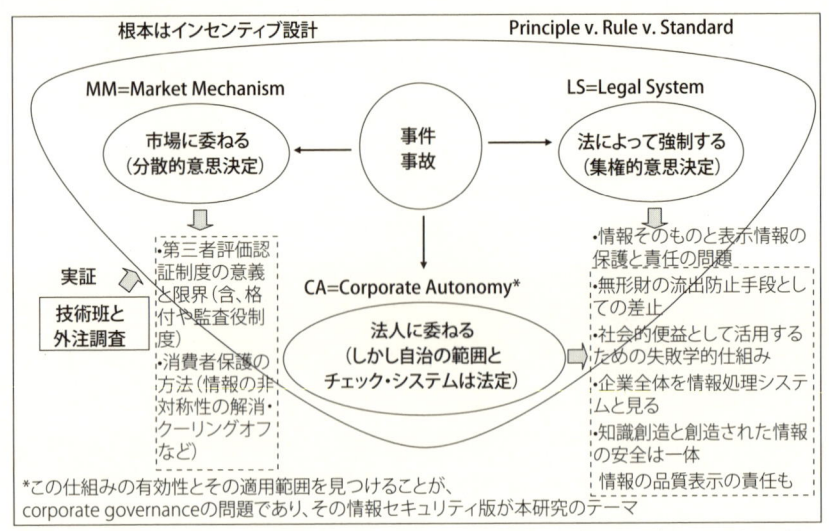

■図7.6 情報セキュリティに関する法学・経済学・経営学のアプローチ（林 [5]、林・田川・石井 [48]）

の主張も可能だが、わが国はそれぞれの博士を、博士（法学）等と呼ぶことにした以上、科学的方法論を取ることは、むしろ推奨されるべきことであろう。

法学の分野では、これに類似するアイデアが「**法政策学**」として主張されたことがあるが [49][50]、解釈法学を是とする風潮があまりに強かったのか、忘れられつつある。しかし、解釈法学の殿堂である東京大学においてさえ、「ソフトロー」を研究する時代である [51]。立法技術を考察の対象にする「立法学」ではなく、「仮説を立てて検証する」という一般原則で法学を構築し直すことは、情報セキュリティのような新興の法分野では、不可欠と思われる。

このような考え方は、解釈法学を中心とする伝統的な法学からすれば、異端中の異端と非難されるかもしれない。しかし、その実着々と同種のアプローチが進行しつつあるのではないか、とも思われる。以下に引く例は、当の主導者はそのように理解されていないかもしれないが、私から見ればある種の親密さを感じるものである。

第1の例は、私よりも先に科学技術振興機構の研究を開始した、「安全性に係る社会問題解決のための知識体系の構築」（堀井秀之研究統括）のうちの「安全法」の研究グループ[48)]、特にリーダーの城山英明氏である。

[48)] このプロジェクトはネーミングのとおり、「社会問題を解決するための社会技術を開発す

プロジェクト終了後も城山氏は考察を続け、城山[52][53]などの成果を生み出している。前述のとおり、リスクとセキュリティは表裏の関係にあるし、物理的リスクの考察は情報セキュリティの考察にとっても有益である。加えて物理的リスクの考察は、工学的アプローチと不可分であるから、自然に仮説検証的にならざるを得ない。

第2の例は、『リスク学入門』全5巻シリーズ[54]と、その中の1巻を占める『法律からみたリスク』[55]の存在である。このシリーズの「刊行にあたって」には、次のように記されている。

「そして各分野で、①リスクがどう定義され、②リスク問題に対してどのような取り組みがなされてきたか、③現状での問題点と今後の課題は何か、を明らかにする。そのうえで、④リスク回避ないしリスク低減化のために何をなし得るかの解決法を提示する。これらの思考のプロセスを経ることによって、各学問分野において、これまでとは違ったアプローチによる問題解決が見いだせるであろう。」

こうした学際研究が進めば、科学としての**リスク学**、さらにはセキュリティ学に近づくことが期待される。しかし残念ながら現状の到達レベルでは、長谷部[55]の各論稿の相互間にも、なお一層の討議が必要かと思われる。本稿の主張が、そのような議論に若干でも寄与することができれば、と念じている。

たとえば、長谷部[55]の次の件は、7.9節で紹介した「個人責任から法人責任へ」という流れと呼応する点があると考えるのは、私の思い込みとばかりは言い切れないだろう。

「リスク社会論が改めて問いただしているのは、偶然、必然、確率、因果、リスクといった外的事象の連なりと記述には還元され得ない、自由な意思を有する自律した行為主体という、人間の行為を理解し法的評価を下すために措定されてきた超越論的前提そのものの存立可能性だということができる（本人にとっては、「前提」どころか紛うことなき「真実」だが、）この前提なしには、法も法学も、さらには人間行動一般に対するわれわれの日常的な考え方や感じ方も、おそらく生き残ることはできない。リスク社会論の衝撃を過小に評価すべきではない。」([55]pp.7–8)

る」という大きなテーマを狙ったものである。城山チームはそのうち法制面を担当し、私が冒頭に例示した「情報セキュリティ六法」の先駆者とも呼ぶべき、「安全法総覧」のような成果物を出している。

第3の例は、田村善之氏が主導する「知的財産法政策学」のアプローチである。知的財産とりわけ著作権が、今後の情報財保護のモデルケースになり得ることは繰り返し述べてきた。しかし、その制度設計にあたっては、利害関係者の声が正当に反映されているとは限らない。事業者など強い利害関係を有する者が少数存在する場合には、それらの人々が団結してロビーイングをするため、彼らの声は反映されやすい。

ところが弱い利害を有するものが多数存在する場合には、彼らの声は「声なき声」として表面に現れない場合が多い。仮に「1人1票」の投票による決定だとすれば、これら少数派に軍配が上がるところ（それは経済学的には、消費者余剰が生産者余剰よりも大きいことを暗示している）、実際の法制定はロビー力の強い人々の意見を取り入れたものになりやすい。

こうしたバイアスも含めて、今後のあり得べき政策を考察するには、法解釈学に固執していては駄目であろう。そこで田村氏は、**公共選択論**など政治学や行動心理学の分野とも交流しながら、分析の枠を広げようとしている [56][57]。本稿で述べた「知財的権利保護」については、同氏の業績から示唆されるものが少なからずあると思われる。

7.12 情報法の基礎理論に向けて

これまでに述べたような考察を続けていけば、やがて「情報法の基礎理論」という形で、「情報セキュリティ法」の背景を明確にすることが期待できる。しかし、総論を書く前に以下の各論が必要ではないか、という思いが強くなった。
① 情報主体とは誰か？（主体論）
② 保護されたり、禁止されたりする「情報」とは何か？（客体論）
③ どのような行為に、法的効果を及ぼすべきか？（行為論）
④ その際の責任は、誰が負うべきか？（責任論）
⑤ これらに伴う手続きは、どうあるべきか？（手続論）

このうち最初に手がけるべきは、②の**客体論**ではないかと思われた。なぜなら、アナログからデジタルへの変化を直接的に受けるのは、「情報」という客体に他ならないからである。このことは、個人情報保護というテーマに最も端的に現れていると考えたため、本稿でも「個人データ」という形での取扱いの可能性を検討した。

本稿で紹介したのは、客体論の一部とそこから得られたいくつかの知見に過ぎない。しかし、小さいかもしれないが着実な第一歩を記すことができたため、「情報法の基礎理論」という難解なテーマについても、鍵となるべきアプローチがおぼろげながらも見えてきた。本稿の結びにあたって、それらについてコメントしておこう。

　第1は、契約法の見直しと**信託**的要素の加味である。7.7節などで論じたように、情報の保護にあたって法律レベルで担保できるものは限られており、ライセンス契約などの契約実務に依存する面が多い。その際、責任の主体として専門家が矢面に立つ場合が多いと思われる。

　しかし日本法においては、民事的な責任は広く「（善良な管理者の）注意義務」を尺度として判断されることが多く、専門家としての加重要素もこの中に吸収されている。信頼関係が一般よりも強く要請される類の契約も、「委任」（民法643条以降）とされることが多く、責任のレベルは上記と変わらない。

　これに対して英米法では、信託が他の契約とは別に発展してきたという歴史的事情もあって [58]、「注意義務」のレベルを上回る「**忠実義務**」[49]が求められることがある [59]。情報の保護と責任のあり方を論ずるとすれば、こうした概念を契約の中に生かすことを検討すべきかと思われる [60]。

　もっとも実際の裁判になれば、たとえば医師の注意義務は一般人のそれと異なり、職業人として期待されるレベルで判断されるから、著しい不均衡が生じてはいないのかもしれない。しかしそろそろ運用でカバーするのではなく、制度としてのあり方を考察すべき時期かと思われる。現にアメリカでは、信託的構成をデフォルト設定にしてはどうか、という議論がある [61]。

　第2は、実体法と同程度かそれ以上に[50]、手続法を重視しなければならないという点である。たとえば、アナログの時代には、私が私であることを証明する手段は多々あり、事後的にそれらを証拠として検証したうえで、私は私であるかどうかが判断された。疑いがある取引であれば一旦中断し、何らかの手段で確認してから次へ進むこともできた。時間的にもそれで間に合うし、誤りの

---

[49] わが国の会社法においても、取締役の「忠実義務」が法定されている（会社法355条）が、これは「善良な管理者の注意義務」の一つの形態である、とするのが一般的である。

[50] アナログ時代でも、手形や小切手のように様式や手続きが守られて初めて効力を有するものがあり、この場合には実体法と手続法が一体化している。デジタル時代には、このような事例が特殊ケースではなく普遍的なものになる、と考える方が分かりやすいかもしれない。

確率もさほどの問題にならなかった。

ところがデジタルの世界では、ID (Identity) が合致すれば一定の取引が即座になされ、それを覆すためには覆したい側が立証しなければならないことが多くなった。ここで挙証責任を負わされた側の負担はかなり大きい。時間的、金銭的負担に加えて、ログ（電子的に記録された取引履歴）などを入手しなければ、証明できないことが多いからである。

現在インターネットを使った「なりすまし」や「詐欺」が横行している背景には、このような事情がある。また携帯電話の加入時や銀行口座の開設時に厳しい本人確認を求められるのは、こうした反社会的行為を減らすのは当然として、挙証責任の負荷を軽減する措置という要素もあることも見逃すことができない。

今後インターネットが人と人とのコミュニケーションの手段であることを超えて、人と物（機械）や物と物とのコミュニケーションをも含摂していくとすれば、このID問題はさらに深刻になる。コンピュータやネットワークに続いてセンサーのコストが驚くほど安くなった現代では、これは夢物語ではない[2]。

GPS (Global Positioning System) によって位置情報まで容易に組合せが可能になっているから、私に関する情報が時空を超えて大量に蓄積されていく。その間に何らかの不都合が生じたら、事後的にせよ救済が受けられるようにするには、フォレンジック手段が欠かせないことになろう[51]。

第3点として、「時間」概念の再検討を上げておこう。ご承知のようにインターネットの世界は、犬の寿命と同じスピードで変化するドッグイヤーの世界だといわれている。この7倍というスピードの差は、経済社会活動の各方面に及んでおり、一般的には変化についていくことができた企業が勝ち組になり、変化に遅れた人は負け組になると言われている。

ところが法律の世界は極めて保守的で、こうした時間の要素を加味することがごく稀なうえに、それが現実と遊離してしまっている。たとえば、時効（取得時効と消滅時効、民法144条以下）の制度は取引の安定性確保のために設けられたものだが、10年ないし20年という長期を原則にしている（民法162条

---

[51] この現象を裏から見れば、IDが付されていないものは、世の中に存在しないことと同じ効果を持つ。何らの手続きを要しないで権利が発生する（無方式主義）著作権で、デジタル化の問題が最初に顕在化したのは、このような文脈で見ると、理解しやすい[62]。

163条167条など)。商取引に関する消滅時効は5年が原則で(商法522条)、より短期のものも個別の法には存在するが、これらを全体として見直そうという動きは見られない(刑法における時効の検討を除く)。

また法曹に従事する人々は、現実の時間感覚の点でも時代遅れである。裁判の迅速化のかけ声に乗って、裁判プロセスもやや早期化されたが、それでも長い時間がかかる。一方、利息についてのデフォルト設定である「法定利率(民法404条)は、高度成長時代からあまり変化のない5％と、実態とはおよそかけ離れた値となっている(商事の場合は6％、商法514条)。

一般に法学者は、経済学でいう「**機会損失**」という概念を理解しようとしない。機会損失とは、仮にその選択Aがなかったとすれば、選択B, C, D…等を選ぶであろうから、これらから平均的に得られるであろう収益を逸したと考えるものである。言い換えれば、時間の経過には必ずコストがかかるという発想である。法学者は「正義の実現」に熱心なあまり、それにいくらのコストがかかったかを過小評価しがちである。しかし相次ぐ再審請求で無罪になった人達が、「時間を失った」という感慨を述べていることを、軽視すべきではなかろう[52]。

そして最後の第4点として、学際的研究とケースメソッド教育の有効性に触れておこう。情報セキュリティ法の研究が必然的に学際研究にならざるを得ないことはすでに述べた。また学際研究が、わが国学界の「タテ割り」構造の中では、あまり恵まれていないことにも触れた。このような中で研究を続けるためには、注意すべき点が多々あるが、中でも重要なのが、「学際研究の**縮みの法則**」(俗称、林の第2法則)ではないかと思われる。

「学際研究における縮みの法則」とは、私の長年の経験から導き出されたもので、証明可能な性質のものではないが、以下の式に要約される[64]。

$$\underbrace{P_{ij}}_{i,j \text{ 部門にまたがる学際研究の成果}} = \underbrace{P_i \times P_j}_{i,j \text{ 部門ごとの研究の成果}}$$

$$\text{ただし、}\ 0 \leq P_i, P_j \leq 1$$

ここで大切なことは、学際研究の成果は、それを構成する個々の研究分野の成果の積になるが、どちらか一方のレベルの高い方の成果を上回ることはな

---

[52] このような視点を持って初めて、著作権保護期間の「著作者の存命中＋死後50年」(著作権法51条2項)という設計が、いかに非常識なものであるかが見えてくるだろう[63])。

い、という含意である。これは経済学から始め、法学へ、そして「法と経済学」へと問題関心を移してきた私の実感を表現したもので、ご異論もあろう。ただし、学際研究に安易に取り組むべきではない、という自戒の言葉としては、かなりの方に同感いただいている。

それでは、このような困難を克服して情報セキュリティという学際研究を実らせるには、どうしたら良いのだろうか。私の拙い経験では、**ケースメソッド**による教育を並行して行い、そこからのフィードバックを生かすことが、有効（ほとんど唯一の？）施策ではないかと思われる。本章の冒頭で紹介した事例も、「セキュア法制と情報倫理」の授業で採り上げ、それを教科書に収録し [65]、さらに補正を加えたものである。

この講義も 3、4 年目あたりには中だるみして、教師 2 人が意欲を失いかけたときもあった。しかし、ケースメソッドを取り入れるようになってからは、院生も教師も再活性化してきた。ときあたかも、政治哲学という難しい分野で、ハーバード大のサンデル教授の「正義論」の講義が話題を呼び、わが国でもミニフィーバーになっている [66]。私もそのひそみに倣って、学際研究とケースメソッドというフィードバックを続けていきたい。

参考文献

[1] 土屋実男：" セキュリティ・ディレンマ ", 政治学辞典（弘文堂，2000）.
[2] J. Zittrain: The Future of the Internet-and How to Stop It; 井口耕二（訳）：インターネットが死ぬ日（ハヤカワ新書，2009）.
[3] 岡村久道（編）：サイバー法判例解説（商事法務，2003）.
[4] 岡村久道：情報セキュリティの法律（商事法務，2007）.
[5] 林紘一郎（研究代表）：" 企業における情報セキュリティの実効性あるガバナンス制度のあり方 ", 科学技術振興機構助成研究 (2010).
http://www.ristex.jp/examin/infosociety/gobernance/pdf/fin_hayashikou.pdf
[6] 林紘一郎：インフォミュニケーションの時代（中央新書，1984）.
[7] 林紘一郎：" ディジタル創作権の構想・序説—著作権をアンバンドルし，限りなく債務化する，" メディア・コミュニケーション，No.49, 慶應義塾大学・メディアコミュニケーション研究所（1999）.
[8] 林紘一郎：" 法体系全体の再設計を ", 日本経済新聞経済教室 2005 年 2 月 15 日に掲載.
[9] 林紘一郎（編著）：著作権の法と経済学（勁草書房，2004）.
[10] 名和小太郎：ディジタル著作権（みすず書房，2004）.
[11] 林紘一郎：" 著作権(著作物)と Property, Property Rule, そして Property Theory",

アメリカ法（2010 年 11 月）．

[12] 林紘一郎："情報財の取引と権利保護"，奥野正寛・池田信夫（編）：情報化と経済システムの転換（東洋経済新報社，2001）．

[13] 林紘一郎："デジタル社会の法と経済"，林敏彦（編）：情報経済システム（NTT 出版，2003）．

[14] 林紘一郎："個人データの法的保護：著作物的保護の可能性"，日本知財学会第 8 回年次学術研究発表会講演要旨集 (2010)．

[15] 林紘一郎：""個人データ"の法的保護：情報法の客体論・序説"，情報セキュリティ大学院大学紀要，情報セキュリティ総合科学，第 1 号 (2009)．

[16] 国領二郎："情報価値の収益モデル"，奥野正寛・池田信夫（編著）：情報化と経済システムの転換（東洋経済新報社，2001）．

[17] 林紘一郎："秘密の法的保護"，Cyber Security Management, 6–10 月号 (2005). 一部を石井夏生利氏と共著．

[18] 林紘一郎：""秘密"の法的保護と管理義務：情報セキュリティ法を考える第一歩として"，富士通総研研究レポート，no.243 (2005)．

[19] 林紘一郎：情報メディア法（東京大学出版会，2005）．

[20] 林紘一郎，鈴木正朝："情報漏洩リスクと責任——個人情報を例として——"，法社会学，第 69 号 (2008)．

[21] 阪本昌成："プライバシーの権利と個人情報の保護"，初宿ほか（編）：国民主権と法の支配（下）（成文堂，2008）．

[22] 阪本昌成："プライバシーの権利と表現の自由"，立教法学，no.76〜77 (2009)．

[23] L. Lessig: "Code and Other Law of Cyberspace" (1999); 山形浩生，柏木亮二（訳）：コード：インターネットの合法・違法・プライバシー（翔泳社，2001）．

[24] 鈴木正朝："個人情報保護法制の総合的研究"，情報セキュリティ大学院大学博士論文 (2007)．

[25] C. Shannon, "A Mathematical Theory of Communication", *Bell System Technical Journal*, vol.27 pp, 379-423 and 623-656 (1948).

[26] 林紘一郎・名和小太郎：引用する極意・引用される極意（勁草書房，2009）．

[27] 松田政行："著作権契約法"，コピライト 2009 年 7 月号．

[28] G. A. Akerlof: "The Market for Lemons Quality Uncertainty and Market Mechanism", *Quarterly Journal of Economics*, vol.84, no.3 (1970).

[29] 林紘一郎："見えないものの品質保証・第三者認証と責任"，日本セキュリティ・マネジメント学会誌，第 22 巻，第 1 号 (2008)．

[30] 飯塚悦功：超 ISO 企業実践シリーズ 1 総論 ISO 企業を超える（日本規格協会，2005）．

[31] 内閣官房情報セキュリティセンター：人材育成・資格制度体系化専門委員会報告書, (2006). http://www.nisc.go.jp/active/kihon/pdf/training.report-final.pdf

[32] 日本適合性認定協会：組織不祥事への認定・認定機関の対応について (2008)．

[33] 林紘一郎："係長セキュリティから社長セキュリティへ：日本的経営と情報セキュリティ"，情報セキュリティ大学院大学紀要，情報セキュリティ総合科学，第 2 号 (2010)．

[34] G. Calabresi and A. D. Melamed: "Property Rules, Liability Rules and Inalienability: One View of the Cathedral", *Harvard Law Review*, vol.85, no.5 (1972).

[35] 吉川栄一：企業環境法の基礎（有斐閣，2005）．
[36] 岡本浩一，今野裕之：組織健全化のための社会心理学（新曜社，2006）．
[37] 本間道子（編著）：組織性逸脱行為過程（多賀出版，2008）．
[38] 畑村洋太郎：失敗学のすすめ（講談社，2000）．
[39] 村上陽一郎：安全学（青土社，1998）．
[40] S. Dekker: Just Culture: Balancing Safety and Accountability, (Ashgate, 1997); 芳賀繁（監訳）：ヒューマンエラーは裁けるか（東京大学出版会，2009）．
[41] Stanford Encyclopedia of Philosophy (2008). http: //plato.stanford.edu
[42] 山岸俊男：信頼の構造こころと社会の進化ゲーム（東京大学出版会，1998）．
[43] 梶井厚志：戦略的思考の技術——ゲーム理論を実践する（中公新書，2002）．
[44] 情報通信アクセス協議会：uマーク・ホームページ．http://www.ciaj.or.jp/access/
[45] 石井夏生利："情報セキュリティ監査人の責任"，法学論集14巻3号，九州国際大学法学会 (2008)．
[46] 林紘一郎：""情報セキュリティ法"の体系化の試み"，情報ネットワーク・ローレビュー，第5巻（商事法務，2006）．
[47] 林紘一郎："情報と安全の法制度"，日本経済新聞経済ゼミナール欄にて2006年12月7日～12月29日まで16回にわたり連載．
[48] 林紘一郎，田川義博，石井夏生利："情報セキュリティの社会科学のための統一的方法論"，JISTEC Report，vol.75 (2010)．
[49] 平井宜雄：法政策学（有斐閣，1987）．
[50] 平井宜雄：法政策学 [第2版]（有斐閣，1995）．
[51] 中山信弘（編集代表）：ソフトロー研究業績書（全5巻）（有斐閣，2008）．
[52] 城山英明："リスク評価・管理と法システム"，城山英明西川洋一（編）："法の再構築III科学技術の発展と法（東京大学出版会，2007）．
[53] 城山英明（編）：科学技術ガバナンス（東信堂，2007）．
[54] 橘木俊詔，長谷部恭男，今田高俊，益永茂樹（編）：リスク学入門（全5巻）（岩波書店）．
[55] 長谷部恭男："法律とリスク"，法律からみたリスク：リスク学入門3（岩波書店，2007）．
[56] 田村善之："知的財産法政策学の試み"，知的財産法政策学研究，vol.20 (2008)．
[57] 田村善之："知的財産法政策学の新たな潮流"，ジュリスト，1405号 (2010)．
[58] 樋口範雄：フィデュシアリー（信認）の時代（有斐閣，1999）．
[59] 樋口範雄：はじめてのアメリカ法（有斐閣，2010）．
[60] R. Park: "Putting the Best in Best Efforts", *Univ. of Chicago Law Review*, vol.73, no.4 (2006).
[61] T. Frankel: "Fiduciary Duties As Default Rules", *Oregon Law Review*, vol.74, no.5 (1995).
[62] 林紘一郎，福井健策："保護期間延長問題の経緯と本質"，田中辰雄，林紘一郎（編著）：著作権保護期間：延長は文化を振興するか？（勁草書房，2008）．
[63] 田中辰雄，林紘一郎（編著）：著作権保護期間：延長は文化を振興するか（勁草書房，2008）．
[64] 林紘一郎："実学とは何か"，情報セキュリティ大学院大学紀要，情報セキュリティ

総合科学，第 1 号 (2009).
[65] 矢野直明，林紘一郎：倫理と法——情報社会のリテラシー（産業図書，2008）.
[66] M. Sandel: Justice: What's the Right Thing to Do (Farrar, Straus and Ginoux, 2009); 鬼澤忍（訳）：これから正義の話をしよう（早川書房，2010）.

第8章　経営分野の事例

　経営は、**情報**セキュリティやリスクをいかに捉え、どのように対応すべきかを考える。経営の考えるセキュリティ対策や**リスク**管理は単なる損失に対する備えとか危機管理ではなく、管理よろしきを得ればリターンとして収益の源泉でもあることから、経営の根幹となる重要事項であることを明らかにしたい。

8.1　経営におけるセキュリティの認識と位置付け

　セキュリティは経営的にはあまり良い位置付けは与えられていない。次の様な意見が出てきて、必要最低限に抑える方向になりがちで、経営の重要事項と認識されるには至らないことが多い。すなわち、セキュリティに注力しても売り上げが増えるわけでもないし利益が増加するわけでもない。費用対効果もよく見えない。金をかければセキュリティのレベルを上げることはできるだろうが、どこまでやれば良いのか分からない。際限がない。セキュリティで失敗して評判を落とすことさえなければそれでよいなどということになる。そして、われわれはセキュリティの重要性は十分に認識しているが、わが社の経営者は理解がなく、予算もつかず、対策は進まない、と嘆く情報システムなどの担当者は多い。

　一般的にはセキュリティがどのように認識されているかを知るために、専門家が拠り所とするような高度な文献・資料ではなく、若い人達が参照することが多い「ウィキペディア」を見ると次のような項目がある。

　　「コンピュータセキュリティとは、コンピュータシステムを災害、誤用および不正な利用から守ることであり、ハードウェア、ソフトウェア、データのいずれについてもその**機密性、完全性、可用性**を維持することであ

第8章執筆：大井正浩

る。不正な利用とは、第三者による秘密情報へのアクセスや、許可されていない操作の実行などが含まれる。この語は、しばしば**コンピュータセキュリティ（安全性）**を保つための仕組みや技術を指すために用いられる。また、コンピュータセキュアとも呼ばれる場合もある。」

そして、ごく普通のビジネスマンが見るであろう日経・経済用語辞典には、セキュリティとして次の様な説明がなされている。

「インターネットなどのネットワーク上でデータや情報をやりとりする際、情報が外部へ漏れたり、改ざんされてしまうのを防ぐための方法や安全性の度合いのこと。ネット上の取引の拡大を背景に重要性が高まっており、暗号を使ったデータの秘密化や受発信者の本人確認などの仕組みが考案されている。」

このような説明を目にしたり、担当者から説明を受けた経営者が、経営の重要事項と認識する可能性は低い。これはコンピュータが当たり前に動くための説明ではないか、要するに暗号とか技術の問題ではないか、担当者でしっかりやっておいてくれれば十分であると感じる経営者が多くても当然であろう。したがって担当者として、セキュリティをどう認識すべきなのか、それをいかに経営者に説明するかを考えなければならない。専門家としては、現状の不備を嘆くのではなく、セキュリティ、リスクの正しい認識に立って、経営者を説得できる力を付けることが望まれる。

8.2 セキュリティとリスク

8.2.1 セキュリティとリスクはどのように認識されているか

セキュリティとリスクは、特に日本語では明確に区別することが困難なように思える。各種の出版物においても、セキュリティを主題にしているのかと思うと、いつの間にかリスク、リスク管理などの説明になっていることが多い。たとえば、日本セキュリティ・マネジメント学会が10周年に編纂発行した「セキュリティハンドブックI」（3分冊の第1巻）は、副題が「情報化と**リスクマネジメント**」となっており、第1章情報化とリスクマネジメント、第2章リスクマネジメントである[1]。私はセキュリティとリスクはできるだけ区別したいと考えている。しかし、ISOに端を発しているが、ISMS（情報セキュリティマネジメントシステム）やJISを見ると悩ましくなる。セキュリティリスクア

セスメントなどという表現が出てくるからである。

ある文献に次の様な説明があった。「セキュリティマネジメント」に関する本であり、副題に「ISMSによるリスク管理」とある。文献名の明示は勘弁していただくが、要約して**表8.1**に示す。

■表8.1　システムリスクの一般的内容例

	システムリスク	説明	関連
1	ハードウェアに係るリスク	コンピュータシステムのダウンまたは誤動作などのリスク	情報セキュリティ関連
2	ソフトウェアに係るリスク	システムの不備などに伴い企業が損失を被るリスク	情報セキュリティ関連
3	人に係るリスク	コンピュータが不正に使用されることにより企業が損失を被るリスク	情報セキュリティ関連
4	システムに係るリスク	システムへの投資によっても想定した効果をあげられず収益が得られないリスク	情報セキュリティ外

つまり、1, 2, 3がセキュリティであり、4はセキュリティではないリスクであると言っているように見える。突然前節に戻って恐縮であるが、これを見た経営者は、自分が真に関心があるのは4であり、1, 2, 3は担当者がしっかりやってくれることを期待すると言いたいであろう。システムリスクを、ハード、ソフト、人に分ける気持ちは分かるが、これにシステムを加えてセキュリティとリスクを分けることには賛成はできない。ハードウェアに係るリスクの説明は、単なる機械の作動停止と誤動作のように読める。これに経営者として関心を持てと言われても、一般のユーザ企業の経営者は困惑するばかりであろう。これでは「セキュリティ」の位置付けは高くはならない。

セキュリティやリスクの定義や学問的な区別が本論の目的ではないので、極めて実務的にセキュリティやリスクに対して経営はいかに対応すべきかを考えて見たい。

8.2.2　リスクはどのように定義されているか

リスクを**危険**と訳すとセキュリティとの境界はますます分からなくなる。経営はリスクというと危険も考えるが、その事象の**リターン**も考えて「リスクを取るべきか否か」の意思決定を行う。リスクとは「何か行動した後に（または行動しなかったときに）得られる将来の結果の**不確実さ**」のことを言う。「リス

クを取る」とは「不確実なことを行う」という意味である。その結果（リターン）は2つあり、良い結果（プラスのリターン・利益）と悪い結果（マイナスのリターン・損失）である。経営は、不確実の程度を予測し、できる限りのコントロールを実施してマイナスの結果（リターン）が出ることを防ぎ、プラスのリターン実現を求めて活動する。ここでいうリターンとは、「何か行動したことによって得られる将来の結果」である。良い結果がプラスのリターン・利益、悪い結果がマイナスのリターン・損失である。

■表8.2　リスクとリターン（1）

表現	リスク（不確実性）	リターン（プラスの結果）	リターン（マイナスの結果）	性質
①ハイリスクハイリターン	不確実性が極めて大きい	大きな利益が期待できる	大きな損失を被ることがある	投機的な要素が大きい
②ハイリスクローリターン	同上	期待利益は小さい	損失はあまり大きくならない	変動はあるが結果は大したことはない
③ローリスクハイリターン	不確実性が小さい	大きな利益が期待できる	大きな損失を被ることがある	結果は投機的になる
④ローリスクローリターン	同上	期待利益は小さい	損失はあまり大きくならない	どっちに転んでも大したことはない

■表8.3　リスクとリターン（2）

表現	リスク（不確実性）	リターン（プラスの結果）	リターン（マイナスの結果）	性質
⑤ハイリスク	不確実性が極めて大きい	大きな利益が期待できる	損失はあまり大きくならない	良い事業機会
⑥ハイリスク	不確実性が極めて大きい	期待利益は小さい	大きな損失を被ることがある	絶対に選択すべきでない事業機会
⑦ローリスク	不確実性が小さい	大きな利益が期待できる	損失はあまり大きくならない	理想的な事業機会
⑧ローリスク	不確実性が小さい	期待利益は小さい	大きな損失を被ることがある	選択すべきでない事業機会

「ハイリスク、ハイリターン」などという表現がよく使われる。これを単純に、危険は大きいが大きな利益が期待できると理解したのでは、リスクは危険、リターンは利益という単純な比較・選択の問題になってしまう。経営の**意思決定**の問題としては本質を捉えて、**表8.2**の様に理解するのが正しいと考える。

これでは十分ではないという批判が出るかもしれない。形式的には**表8.3**の様な分類が可能であるが、現実に、高度な**経営判断**を必要とし、難しいコント

ロールが必要な**事業機会**がどの位存在するであろうか。

そこで経営は**不確実性**の内容、性質、大きさの分析を行わなければならなくなる。リスク管理が確率の問題と言われる所以である。リスクについて最も基本的であり興味ある文献の一つであるピーター・バーンスタインの「リスク」は、第1章でサイコロの話から始まる [2]。しかし従来不確実性はあまり問題とされなかったようである。伝統ある企業の中には、従前⑤、⑦のような安定的な事業を持ち、良い業績をあげてきた企業があった。すなわち、

⑤　不確実性は大きいが、利益の可能性が高く、損失の可能性は低い
⑦　不確実性が小さく、利益の可能性は高く、損失の可能性は低い

このような、製品、事業分野を確保しており、優良企業と呼ばれていた。しかし現在は、環境条件の変化が極めて大きく、速くなって、不確実性が小さいと思っていたものが不確実性が大きくなり、十分な利益が期待できると思っていたものが利益が縮小し、大きな損失はなかろうと思っていたものが実は大きな損失を招くことがある、というのが経営課題となっているのである。そこで経営としてはリスク認識を確実に行い、リスク管理、リスク対策を有効に実施することが必要となる。内容は不確実性について、利益となる原因の発現をできるだけ大きくし、損失となる原因をできるだけ防止する、という事である。

不確実性の大きいもの（①など）を選ぶか、不確実性の小さいもの（③など）を選ぶかは経営判断であり、問題は不確実性の分析によって対策を講じ、不確実性の発現をプラスの方向にどこまで**コントロール**できるか、どの程度**モニター**できるか、である。コントロールとは、リスク管理、セキュリティ対策などとして多く論議されている。モニターは、当初、不確実性を認知しながら事業実施に踏み切った場合、プラスのリターンまたはマイナスのリターンをもたらすそれぞれの諸要因がどのように動いているかを常時監視して迅速な対応を図るために欠くべからざる活動である。

ここで参考のために、リスクマネジメントとリスクコントロールの定義の一つを紹介しておこう [3]。

- リスクマネジメント：リスクを分析・評価し、その影響をコントロールしようとする全ての手段。
- リスクコントロール：リスクや不確実性の回避、防止、軽減、除去を目指す全ての戦略、プログラム、手法。プラスの結果の発生可能性を高める、プラスの結果の規模を大きくするなど、プラスの潜在性を増大させる手段

も含む。

8.2.3　セキュリティはどのように定義されているか

　リスクを前述のように考えるとセキュリティとの違いが見えてくる。セキュリティをセキュアな状態を実現しコントロールしてそれを保つことと考えれば、新たな事業機会を実行に移すかどうかは、リスク管理の問題であり、セキュリティ管理の分野ではなかろう。セキュリティに不安が大きいからこの事業はやめようというのは前述のリスクテイクの判断の問題になる。そうなるとセキュリティとは、新しい事業機会においていかにしてセキュアな状態を確保するか、既存の事業においてどのような対策を施してセキュリティを実現するかという極めて実務的な内容が主体となると理解できる。しかし、セキュリティが実務マターであって**経営マター**ではないというつもりは全くない。セキュリティのレベルを決定することは極めて重要な経営課題であることは後述する（8.7.4経営とラインの活動）。

■表8.4　情報セキュリティのCIA

情報セキュリティのCIA	ISOおよびJISの説明
(1) 機密性 (Confidentiality)	アクセスを許可された者だけが情報にアクセスできることを確実にすること。
(2) 完全性 (Integrity)	情報および処理方法が、正確であることおよび完全であることを保護すること。
(3) 可用性 (Availability)	許可された者が、必要なときに、情報および関連する資産にアクセスできることを確実にすること。

　情報セキュリティについては、ISOまた日本ではJISで著名な「**情報セキュリティのCIA**」（表8.4）がある。**機密性、完全性、可用性**の3つである[4]。学生に情報セキュリティとは何かという課題を与えると必ずこれが出てくるし、企業の方に聞いてもよく勉強しておられる方からも同様な答えが返ってくる。CIAは重要ではあるが、これを勉強しただけでは十分ではない。私は若い方々に、特に企業の方々には「わが社のCIAを作って下さい」とお願いすることにしている。まず、わが社の最重要業務を3つ選んでそのCIAを作ろう、そして社長用のCIAを作って下さいというお願いである。

　極めて合理的な定義であるが、経営者にこのISOやJISに書いてあることを単純に説明しても、正しく十分に理解してもらえることは稀である。経営者の反応はこうである。「分かった。大事なことだから担当者でうまくやってお

てくれ。」つまり、技術的、事務的な内容と受け取られ、経営者の責任とは理解されないのである。実は、セキュアな状態を保ち業務を安全確実に遂行できることだという真意は必ずしも伝わらないのである。

(1) 機密性 (Confidentiality)

ISO の説明に続いて出てくる議論の詳細版は、情報の漏洩、侵入、盗聴などの脅威と、アクセス制御や暗号化の技術論である。ISO のこの部分は情報セキュリティの基本的理解はあるものとの前提での実務基準を提示しているのであるから、実務的には当然であり必要なのである。しかしこれでは社長は「よきにはからえ」となってしまうのもやむを得ない。まずは「わが社において機密として守らなければならない情報は何か」が組織として識別され、「どのようなレベルの保護が必要か」が明確になっていなければならない。そして、業務上必要とされるときに、必要とする人に、適切な方法で提供される状況が保証され、それ以外に漏洩しない、奪われたりしない管理がなされている状態である。方針を明確にしてこの状態を創りだし、常に保持することがセキュリティ対策なのである。

(2) 完全性 (Integrity)

説明としては、改ざんの脅威が強調され、データの整合性チェック、デジタル署名などの技術論に入ることが一般的になってしまっている。Integrity には首尾一貫しているという語感がある。データが発生してから情報システムの処理が完了して有用な情報となるまで、一貫して正しく処理され、重複、脱漏などがなく、改ざんの機会もないように管理され、正確な情報が提供されることが保証されている状態である。すなわち、情報の信頼性が極めて高い状態である。

(3) 可用性 (Availability)

災害や妨害の脅威に対処し、代替設備などを持つことによって何時でも必要な情報サービスが利用可能であることが求められる。Availability を可用性と訳すのは苦労のあとが見える。「かようせい」で広辞苑を引いても可溶性しか出てこない。漢字 3 文字に統一するために発明された言葉であろう。意味するところは利用可能性であり、何か障害があっても、業務上必要なときに必要とする人が何時でも正常な情報サービスが受けられる状態を維持することである。どのようなときにも必要な情報が利用可能な状態で提供されるべきであるという極めて業務よりの重要な概念で、事業継続の基本内容である。

8.3 セキュリティ対策、リスク管理実施の要因

強固なセキュリティ対策を実施する、または効果的なリスク管理に注力する要因は4つに要約できる。**企業理念・企業目標**、**利潤動機**、**社会的な責任**および**競争**である [5]。問題はこの4つが独立的であり、時には相互に矛盾することがあるという性格を持っていることである。どこに重点を置いて意思決定するかは企業に依って相当異なるが、多くの場合、全てを考慮に入れて多面的な結論を出す。

8.3.1 企業理念・企業目標

江戸時代に家業を起こし今もって存続する三井、住友には創業者などの残した家訓、家憲といったものがあり、明治以降に起業した三菱他にも同様な教えがある [5]。多くの企業は社是を定めて尊重している。これらの中には、現在われわれが問題としているセキュリティ確保やリスク管理の徹底という直接的表現はなくとも、これを尊重する精神が織り込まれていることが多い。有名なものには、住友の「浮利を追わず」、三菱「岩崎家家憲」の「決して投機的な事業を企つるなかれ」などがある。このような理念、目標を持ち尊重した企業が長期的な成功を収めているのである。現代の企業としてはできるだけ明確な方針をここに盛り込み遵守することが望まれる。そのためには経営者が、セキュリティ、リスクを正しく理解し、理念、目標に織り込み遵守することを重視する環境を醸成しなければならない。これはOECDの主張する「**セキュリティ文化**」につながる。相当な誘惑があってもこの理念、目標を外さないという行動原理を貫くことがセキュリティ確保につながるのである。

【参考：セコムの哲学】
- セコムの提供する社会サービスシステムは、人々の安心のための、そしてよりよき社会のためのサービスシステムである。この基本から外れる事業は行ってはならない。
- そして実施する事業が、かかる目的に合致するものであっても、派生的に社会に有害なものの発生が予測されるものは、行ってはならない。
- 哲学を表現した憲法があってこそ、事業を広げても軸がぶれず、適切な運営が可能になる。

8.3.2 利潤動機

企業であるから利潤を求めるのは当然である。利潤追求に反するもの、利潤獲得に効果がないものはまずは排除され、後順位とされるのは当然のことである。しかし、前述のリスクの意味を正しく理解すれば、不確実性を認識し、大きな利益を実現することを目指すリスク管理は重要な利潤動機の活動であり、セキュリティ対策は損失を最小限に止める利潤動機であることは間違いない。リスクを取って大きな利益を狙う事は、リスク管理であり利潤追求活動である。これを具体化し成功することが経営である。すなわちリスク管理、セキュリティ対策は利潤獲得の手段と不可分の関係にあることを理解すべきなのであり、そうなれば経営管理の最重要課題となるのは当然である。

8.3.3 社会的な責任

企業が社会的な配慮をせず、自己の目的のみを追求できる時代は終わった。現在は、企業内独自の目的（利潤追求、自社従業員の福祉増大など）を追求すると同時に、社会的な責任を果たさなければならない時代となった。社会的な責任について詳細な説明をすることは本論の主旨ではないが、環境への配慮、弱者への配慮、文化への貢献など多くの論点から示されており、今や常識となりつつある。その一つとして、他者に迷惑をかけない、損失を与えないことは、事業体の社会的責任の中でも初歩的な内容ではあるが、リスク管理、セキュリティ確保が重要な役割を担う事が多い。ただし、社会的な責任をこのようにのみ考える事は矮小に過ぎる。積極的な社会貢献を目標の一つとすることは、事業体の**サステナビリティ**、長期繁栄の目標のための必須要件である。

8.3.4 競争

経済社会に競争は付き物である。また、無競争状態が現実的には存在しないと言ってもよく、完全競争状態もまた極めて稀である。競争が存在する以上、事業体は競争に勝たなければ生きることはできない。事業体と表現したのは、企業だけでなく、行政組織も、各種団体なども、実は競争の下にあるのである。犯罪が多く安全に生活することができない町は人口が流出し衰微する。安全で生活環境も快適で、教育水準も高い町があれば、良質な人口が増加し繁栄

する。大学も同様で、好ましいカレジライフがあり、学問水準も高い大学には優秀な学生が集まり、人材が輩出して繁栄する。企業などと比較して競争の激しさ影響のスピードには差があろうが、競争の影響を受けることは避けられない。業界トップクラスの企業においては、セキュリティ対策は競争の大きな要素の一つとなる。セキュリティ対策に失敗すれば、風評被害なども含めて大きな影響があり、競争に敗れる可能性が高い。高度なリスク管理、適切なセキュリティ対策は重要な競争要件であり、相当な負担を覚悟してライバル企業に引けを取らない水準を実現しなければならない。トップ企業はトップレベルのリスク管理、セキュリティ対策を採用することになる。

8.4 リスク管理はどの程度実施されているか

8.4.1 リスク管理実施状況の推移

セキュリティ対策、リスク管理がどの程度実施されているかは重要な関心事であるが、全面的かつ信頼に足りる統計があるわけではない。しかし、いくつかの興味深い調査結果が公表されている。その中の一つを紹介する。トーマツ企業リスク研究所は2002年から毎年「企業リスクマネジメント調査」を実施している（表8.5）[6]。同研究所が実施したセミナー参加企業に対するアンケート調査であるから、それなりにリスク管理に関心がある企業を対象としたものであろうが、7年間の推移は大変興味深い。

8.4.2 最近の顕著な充実と課題

全項目にわたって7年間の前進は顕著なものがある。たとえば、8.3.1節で示した「企業理念・企業目標」に関連するものとして「2. 倫理綱領・行動指針の策定」は、2002年に61.9％であったものが2009年には95.7％に増加している。ほとんど全ての企業が方針としてリスク管理に取り組むようになっている。「5. リスクの評価の実施」では2002年の39.0％に対して2009年では85.5％に達している。喜ばしい限りであるが、気になる内容もある。詳細調査では、「財務報告リスクのみ評価」と答えた企業が、2002年では20％、2009年でも16％あった。これは、公認会計士の会計監査が、内部統制を財務報告に係るものに限定した影響が、企業全体のリスク管理の矮小化をもたらした困った例である。**内部統制**は、リスク管理、セキュリティ対策の実施上重要な機能

■表8.5 リスクマネジメントの推移

(単位：%)

年度	2002	2003	2004	2005	2006	2007	2008	2009
体制整備に係る項目								
1. リスク管理部署およびコンプライアンス統括部署の設置	43.1	54.5	63.1	62.6	74.9	71.6	70.3	84.5
2. 倫理綱領・行動指針の策定	61.9	67.9	69.8	75.2	83.3	85.3	84.6	95.7
3. コンプライアンス社員相談口（内部通報相談窓口）の設置	44.0	46.4	82.8	64.3	76.2	83.0	797.7	90.3
4. 非常事態発生時の体制整備	56.3	67.9	69.1	68.5	73.2	76.1	76.5	85.5
体制整備に係る項目平均	51.3	59.2	66.2	67.7	67.9	79.0	77.8	89.0
運営に係る項目								
5. リスクの評価の実施	39.0	45.5	52.5	42.1	47.3	54.0	67.0	85.5
6. コンプライアンス教育の実施	35.5	42.1	61.1	57.5	65.3	66.7	70.6	76.3
7. コンプライアンス実施状況のチェック	41.4	42.1	55.5	51.9	55.2	59.5	66.7	79.2
運営に係る項目平均	38.6	43.2	56.4	50.5	55.9	60.1	68.1	80.3

を果たすので、これを財務報告のみに押し込めるようなことがあっては大きな損失である。冗談が過ぎると言われるであろうが、公認会計士監査リスクが発生することは防がなければならない。単に財務報告に粉飾がないことを確認する、粉飾を防止するだけを目的とする監査ではなく、最低でも企業財務の健全化を目標として行動する会計監査人を選任することが経営者の目標でなければならない。

8.5 リスク管理はいかにあるべきか

　リスクを前記のとおり正しく理解すれば、リスク管理 (Risk Management) とは、「リスクを分析・評価しその影響をコントロールしようとする全ての手段」と考えることができる[3]。ここでいう**リスクコントロール**とは、危険に対するコントロールだけではなく、プラスの結果の発生可能性を高める、プラスの結果の規模を大きくするなど、プラスの潜在性 (Potential) を増大させる手段も含むことは当然である[3]。こう考えるとリスク管理は、企業にとって事

業管理と密接な関係があることが分かる。事業管理はどちらかといえば現在実施中の事業の管理が中心となるが、リスク管理ではそれ以前の、新しい事業機会に挑戦するかどうかの意思決定にも大きく役立つ。新しい事業機会には、どのような不確実性があるのか、プラスのリターンのチャンスとその大きさ、マイナスのリターンの発現確率とその大きさが問題である。そしてその事業をどのようにコントロールできるのか。これらによって経営は意思決定する。

意思決定の要因は多様であるが、基本的なものは多くの企業で共通である。

① 新しい事業内容は組織の企業理念・企業目標に合致しているか。これに合格しなければ他の要因がどうあろうと経営は行動すべきではない。
② どの程度の収益機会があるか。反面損失の可能性も検討するが、コントロールによってどの程度軽減できるかが決定要因となる。
③ 事業内容が社会的要請に合っているか。事業者として社会的尊敬を受けることができるか。反対に社会から批判されるような要素はないか。
④ この分野で競争に勝ち抜き、ライバル企業に先行することができるか。進出しなかった場合にライバル企業に差をつけられ、地盤沈下するようなことはないか。
⑤ **リスク分析**、**評価**は信頼できるか。前記4項目に比較して技術的内容であるが、意思決定にあたっては重要な事項である。

8.6 リスク認識の分類

リスクの分類は色々な基準があるが、実務的なリスク管理の立場から考えると、次の3つに分類するのが便利である。

8.6.1 純粋リスク (Pure Risk) [7]

それが発現した場合に、事業主体に対してまずは損害のみを与えるリスクである。自然災害や偶発事故がこれであり、発生自体は事業主体が正確に予測したりコントロールできないものが多い。地震や洪水などは、一企業としては発生自体を抑えることはできないが、対策を準備しておき被害を最小限に止めることがリスク管理の対象となる。ただし、地震などが発生した場合に需要が高まる商品、たとえば建設資材などを大量に平常価格で用意しておき、収益を獲得することができる。江戸時代に紀伊国屋文左衛門という豪商がいた。紀州で

木材などを扱っていたが、たまたま江戸滞在中に大火が発生した。文左衛門は直ちに紀州はもちろん木曽などの木材産地に飛脚を飛ばし、木材をいち早く買い占めた。江戸の町が火災から立ち上がり、業者が木材を調達しようとすると、価格が跳ね上がり紀伊国屋から買うしかなかった。紀伊国屋文左衛門は大儲けをしたといわれている。純粋リスクも経営にとってはチャンスに変える可能性がある。

8.6.2　管理的リスク (Management Risk)

　経営活動の結果として、収益を生む可能性があるが、失敗したときに損失が発生することもあるリスクである。一般に経営の成功と失敗と評価されることが多く、事業管理そのものと言ってもよい。リスク管理、事業管理に成功して期待された、あるいは期待以上の収益を計上することができた場合、経営の成功と評価され、リスク管理の成果と言われることはほとんどない。反対に損失が発生した場合には、リスク管理の失敗と非難されることが多い。前記純粋リスクが危機管理的色彩が強くなる傾向があるのに対して、管理的リスクは経営の事業活動そのものというべき分野をカバーする重要性を持っている。

8.6.3　投機的リスク (Speculative Risk)[7]

　利益と損失の両方が発生することを認識しつつ、敢えて大きな収益を求めて行動するときにとるリスクである。事業主体にとって必ずしも実施しなくてもよい業務を含む。たとえば、余裕資金による有価証券投資、不動産投資、デリバティブなどの取引は、危険を避けるためには行わなければよいが、収益機会として魅力があるので挑戦する企業もある。したがって経営としては重点管理としなければならないことも多く、高度なリスク管理が要求される場合がある。

8.7　経営の関与とライン活動

　リスク管理は経営管理の重要事項であり、経営者の責任が大きいのであるが、極めて技術的な要素も含んでおり、経営者としては、技術者・専門家に任せたい部分が多いことも事実である。そこで、経営者責任と担当技術者・専門

家責任をいかに振り分け、明確に設定するかを検討する。一言でいえば、方針決定は経営者責任であり、具体的な設計・実施責任は担当技術者・専門家責任であるという極めて常識的な答えになる。しかし、これでは実務にならないし、責任の押し付け合いになるかもしれない。まず、リスクの分野・事象を最低3段階のレベルに分け、わが組織はどのレベルに属するかを認識し、現在のレベルでよいのか、より高度なレベルを目指すべきかを方針として決定することである。これが経営者責任であり、これに従った施策を設計、実施することがライン活動としての技術者・専門家の責任である。

8.7.1　純粋リスクのレベル

① 第1レベル (P1.)：程度は低く必要最小限のレベル
本質的には予知できない地震、火災などに対しても、発生検知、応急措置、復旧対策などによって被害を最小化する対策のレベルである。被害を最小限に止めるのは自社の利益であるのみならず、他に迷惑をかけない社会的責任でもある。

② 第2レベル (P2.)：中程度で望ましいレベル
積極的に有効な対策を講じ、災害時にも顧客のために重要業務の**業務継続**を達成するための対策である。社会的責任は十分に果たされる内容である。

③ 第3レベル (P3.)：最高度でベストプラクティスのレベル
不幸を次のチャンスと捉え、セキュリティ優位を他社との差別化、**競争優位**に生かす経営施策である。このレベルでは、災害の後に対応が社会的に評価され、あの会社は立派である、信頼するに足りるとの評判を得て、発展の原因になることも期待できる。

8.7.2　管理的リスクのレベル（情報システム中心の内容に絞った）

① 第1レベル (M1.)：程度は低く必要最小限のレベル
組織内の情報・情報システムが有効かつ効率的に稼働して業務を支え、障害が発生しても基幹業務の遂行に支障がないように保護する対策が用意されているレベル。情報の外部漏洩防止対策など基本的事項が含まれる。

② 第2レベル (M2.)：中程度で望ましいレベル

情報システムは、いかなる場合にも重要業務の継続を支援できる信頼性があり、積極的に内外の情報を収集し、加工、分析して利用できる機能、容量、体制を確保しているレベル。モニタリングシステムが稼働しており、情報および処理の信頼性が確認でき、障害は早期に認知され、対策を講じる体制がある。

③ 第3レベル (M3.)：最高度でベストプラクティスのレベル
情報に基づいて戦略的意思決定を行い、競争優位を実現する力を持つための機能、容量、運用の体制が整備されており、業界ベストプラクティスが達成されているレベル。

8.7.3 投機的リスクのレベル

① 第1レベル (S1.)：程度は低く必要最小限のレベル
組織の投資などの資産が安全に運用されるための保全対策が整備されているレベル。ヘッジなど必要な機能を管理・支援できる。

② 第2レベル (S2.)：中程度で望ましいレベル
収益を生む取引の適正管理が行われるよう、促進、監視などの対策が用意され、責任が明確になっているレベル。

③ 第3レベル (S3.)：最高度でベストプラクティスのレベル
経営者の願望、判断、決断によって、収益目標が最大限に実現するように、投機的取引を管理する施策がある。収益も期待できるが、大きな損失の可能性がある。株式投資、収益目的不動産投資、デリバティブなどの情報支援があり、インデックス売買など証券会社に準ずるシステムを用意することもある。

以上を簡潔に表すと**表8.6**のとおりである。現実には、個々のリスク事象ごとに具体的な方針と施策が決定される。

この考え方は、リスク管理システムのレベルを管理してゆくために、できる限り簡素化し分かりやすくした「私案」である。類似の考え方でより詳細なものとして「**COBITの成熟度モデル**」(COBIT: Control Objectives for Information and related Technology) がある (**表8.7**) [8]。これはシステムの成熟度（レベル）を0から5の6段階に分けた精緻な理論である。0段階は全く対策が行われておらず、担当者の都度判断で対処しているレベルである。最高位

■表8.6 リスク管理システムの方針レベル

管理	レベル	(P) 純粋リスク	(M) 管理的リスク	(S) 投機的リスク
人的・組織的関与度（意図的活動のレベル）	(3) 高	P3. 不幸を次のチャンスとする。セキュリティ優位を他社との差別化に生かす	M3. 情報に基づく戦略的意思決定によって競争優位を獲得する	S3. 経営者の願望、判断による収益目標の投機取引を支援する
	(2) 中	P2. 有効な対策によって重点業務継続を達成する	M2. 積極的情報収集、加工、分析による支援が可能で、必要な業務の継続が保証される	S2. 収益を生む取引の適正管理
	(1) 低	P1. 本質的には予知不可能。発生検知、対応、復旧で被害最小化	M1. 組織内情報システムの利用可能性の確保	S1. 組織の資産保全

■表8.7 COBITの成熟度モデル

段階	定義	内容
0	不在	管理プロセスは全くない
1	初期	管理プロセスは場当たり的で組織的ではない
2	反復	管理プロセスが標準的なパターンに従うようになる
3	定義	管理プロセスは文書化され、周知されている
4	管理	管理プロセスはモニタリングされ、評価測定されている
5	最適化	管理プロセスは、ベストプラクティスに従っており、また自動化されている

の5段階はベストプラクティスとして他の範となり競争優位のレベルである。各段階の要求基準は多数の詳細な項目が紹介されており、実務的に役立つものが多い。COBITは情報システムのマネジメントガイドラインとして策定されたものであるから、単なる管理ではなく成功のための管理を目指して、**主要成功要因**(Control Success Factor)の議論に多くを割いていることは注目される。

8.7.4 経営とラインの活動

以上のリスク管理レベルを組織にとって有効に実施するためには、経営者およびラインの担当者は、職掌・役割として次のように分担・協力して行動しなければならない。

(1) 経営者の責任

経営者は、一つひとつのリスク事象を正確に認識し、要求される管理レベルを設定しなければならない。これによってラインは、レベルを想定した管理内容を設定し、対応を設計、実施できることとなる。すなわち、A事象については必要最小限の対応ができればよい、あまり金をかけないことにしよう。B事象については十分な管理を行い良い果実を得たい、障害が発生しても事業を継

続できる対策を用意したい、必要な予算は確保しよう。C事象こそ重点事業である、ここでは業界のベストプラクティスを目指し、ライバル他社に差をつけなければならない、そのための予算は重点的に配分しよう。などを組織として明確にすることである。以上の3レベルの設定は、前記純粋リスク、管理的リスク、投機的リスクの全てに適用できる。たとえ純粋リスクであってもベストプラクティスは大変な効果を生むことがある。たとえば、地震が発生して競争他社が皆相当な被害を受け事業が中断し取引先にも迷惑をかけたときに、1社だけ対策が十二分であり、主事業を継続して取引先にも貢献でき、さらに社会的な支援活動に乗り出すなどの積極的な行動が可能であったとする。その企業は社会的に大きな信頼を勝ち取り、競争他社を悠々と凌駕して事業発展の基盤を作ることに成功するかもしれない。全体の不幸をわが社のチャンスとすることも可能なのである。

(2) ラインの役割

方針を決定することは経営者の責任であるが、良い意思決定にはラインの協力が必須である。まずリスクの評価・分析が行われなければならないが、これはラインの技術者・専門家によるところが大きい。経営者の経験と勘だけでできることではない。現状分析についても、たとえば前記B事業について、実際のリスク管理レベルが中位の内容を満たしているか、全体としてどうか、部分的に不十分なところはないか、を正確に評価するのはラインの専門的な活動である。その情報に基づいて経営者は意思決定する。そして、その方針に基づいて具体的な施策を立案、設計、実施するのはラインの仕事である。

(3) 留意すべきこと

事業管理の情報システムを考える場合に、収益を生む分野の管理は業務担当部署が熱心であるが、危機管理、セキュリティ管理については情報システム部門が主役になってしまうというようなことが起こる。これでは経営者をも巻き込んだ組織全体の活動にはなり難い。望ましい体制としては、業務部門(情報システムのユーザ)、情報システム部門それに情報システム監査部門が加わって意思統一することである。業務、システム、監査が共同して、この分野の管理レベルは高、中、低、いずれのレベルにあるのかの認識を合意して、わが社として現状で満足してよいのか、またはさらに上位のレベルを目指すべきなのかを判定することが大切である。そしていかなる機能を維持し、いかなる機能を追加すべきかの意見を取りまとめ、経営者に提案して組織の方針を確立す

ることが大切である。組織の方針が明確であれば、リスク管理の機能設計、開発、実施、運用管理は、相当程度技術問題として解決できる。そして評価は、多くの部分は方針に合致しているかどうかという客観的な基準による監査の定例的な活動として管理できる。組織経営にとって大切なことは、当然のことであるが、全ての関係者が専門家として分掌に責任を持ち、考え方を統一して協力し、経営者の期待に応えることである。

8.8 おわりに

リスクとは危険のことではなく、事業における不確実性をコントロールしプラスのリターンを獲得するための概念である。セキュリティとはセキュアな状態を作り出してそれを維持し、危険が発生することを防止する活動である。このことを理解すれば、いずれも重要な経営課題であることを疑う人はいないであろう。実現のためには、経営者は経営者としての責任があり、担当者は専門知識と技術を持ち経営者を説得する力を持たなければならない。経営者とは経営の専門家であり、担当者とはそれぞれの分野の専門家である。組織は、専門家がそれぞれの分掌に応じて専門性を発揮することによって発展する。

参考文献

[1] 日本セキュリティ・マネジメント学会（編）,セキュリティハンドブックI, II, III（日科技連出版社, 1998）.

[2] P. L. Bernstein: Against the God; 青山護（訳）：リスクー神々への反逆ー（日本経済新聞社, 1998）.

[3] P. C. Young, S. C. Tippins: Managing Business Risk; 宮川雅明, 高橋紀子, 坂本裕司（訳）：MBAのリスク・マネジメント（PHP研究所, 2002）.

[4] 中尾康二, 中野初美, 平野芳行, 吉田健一郎：ISO / IEC 17799: 2005 詳解情報セキュリティマネジメントの実践のための規範（日本規格協会, 2007）. ※若干古いが解説本として参考になる.

[5] 貫井陵雄：企業経営と倫理監査（同文館出版, 2002）.

[6] トーマツ企業リスク研究所：2009年度リスクマネジメント調査結果, 企業リスク, vol.27 (2010).

[7] 亀井利明：危機管理とリスクマネジメント（同文館出版, 2001）.

[8] ITガバナンス協会（訳）：CIBITマネジメントガイドライン第3版（アイテック, 2003）. ※書籍として出版されたものであるが内容の改訂最新版はCOBIT4.1としてインターネットからダウンロードできる.

[9] ダイヤモンド・ハーバード・ビジネス, 2000年2, 3月号, 特集 リスクの経営学.

第 9 章　金融分野の事例

9.1　概観

　近年、金融分野においては、従来からの物理的なセキュリティ対策に加えて、先端的な情報セキュリティ技術が様々なアプリケーションにおいて利用されている。たとえば、銀行のキャッシュカードによる取引では、磁気ストライプベースのカードから IC チップを備えたカード（IC カード）への移行が徐々に進んできているとともに、銀行の ATM についても IC カード対応の ATM が普及してきている。また、IC カードを利用した ATM における取引の本人確認の手段として、暗証番号に加えて、生体情報による認証（生体認証）も利用されるようになってきている[1]。インターネットを介した金融取引においても、SSL (Secure Socket Layer) と呼ばれる暗号通信プロトコルが利用されるケースが多く、通信相手の本人確認や通信データの秘匿・改ざん防止のために暗号技術や PKI の技術が活用されている。同時に、インターネットからの不正アクセスの防止等、ネットワークセキュリティの確保が金融機関においても重要な課題となっている。

　先端的な情報セキュリティ技術を適切に利用するうえで、当該技術の効果をどのように評価するかがポイントとなる。先端的な技術においては、提案されて日が浅く、学界における研究成果の蓄積や実務上の利用事例の蓄積が相対的に少ないケースが少なくない。そのため、当該技術における本質的な脆弱性や脅威が十分に明らかになっておらず、後日そうした脆弱性が発見・報告される可能性が相対的に高いという点に留意しておく必要がある。セキュリティマネ

第 9 章執筆：鈴木雅貴

[1] 金融情報システムセンターが金融機関（主要行や地銀等）に対して行ったアンケートの結果（2009 年 3 月末時点）によれば、発行済みの全キャッシュカード（約 4.6 億枚）のうち、IC カードは約 4100 万枚、生体認証に対応したカードは約 2600 万枚である。また、全 ATM（約 14.5 万台）のうち、IC カードに対応した ATM は約 10.7 万台、生体認証に対応した ATM は約 6.5 万台である [1]。

ジメントという観点からみると、未知の脆弱性や脅威の可能性とその影響について考慮したうえで、技術と運用の両面からどのような対策を講じることが適切かについてビジネス要件を踏まえた検討が求められる。また、セキュリティ評価手法が確立していない分野の技術については、学界における研究動向に特に注目しておくことが重要であろう。

　こうした観点から注目される技術分野の一つが生体認証であろう。指紋に代表されるように、生体情報を利用して個人を特定するというアイデアの手法自体は古くから知られている[2]。ただし、指紋鑑定のように人間が五感を駆使して特定するのではなく、機械が生体情報を読み取って一定のアルゴリズムによって自動的に個人を特定したり本人か否かを確認したりするシステム（生体認証システム）が利用されはじめたのは、国家安全保障上の要請でニーズが急速に高まった2000年以降のことである。その後、生体認証システムは、空港での入国審査をはじめとする安全保障上の目的に加え、PCへのログインや建物への入館の際の本人確認等、金融分野をはじめとして一般のアプリケーションにも広く採用されてきている[3]。また、国際標準の場では、情報セキュリティ技術の国際標準を審議する分科委員会 **ISO/IEC JTC1/SC27** において、生体認証システムのセキュリティ評価の枠組みを規定する国際標準 **ISO/IEC 19792** (security evaluation of biometrics[4]) が2009年に策定・公刊されている。ただし、現時点では、企業等のユーザが利用可能なセキュリティ評価の手法や評価尺度は十分に確立しているとは言い難いのが実情である。

　生体認証システムの脆弱性や脅威の研究は、近年実用化の動きと並行して盛んに行われるようになってきている。特に、生体認証システムの場合、「無権限者によるなりすまし」の脅威への対応が重要な研究課題とされている。代表的な研究の流れの一つとして、シリコーンやゼラチン等の人工物によって指などの身体部分を模造し、なりすましの対象となる個人の生体情報を当該人工物によってセンサーに提示するという攻撃に関する研究が広く知られている[5][6]。人工物への耐性評価については、たとえば、様々な手法によって作製した人工

---

[2] たとえば、英国人宣教師ヘンリー・フォールズ (Henry Faulds) が日本滞在中（1874～1886年）、警察庁から依頼を受け、犯罪現場の遺留指紋を基に犯人を特定したという事例が知られている [2]。

[3] 金融分野では、ATMにおける顧客の本人確認に生体認証システムを利用している。たとえば、2004年にスルガ銀行と東京三菱銀行（いずれも手のひら静脈パターンを利用）が、2005年に十八銀行（指静脈パターンを利用）が、それぞれ生体認証システムを導入している [3]。

物を複数準備しておき、それらを「テスト物体」として評価対象の生体認証システムに提示し、各テスト物体がどの程度「当該個人の身体部分」として受理されたかを評価するという評価手法(「**テスト物体アプローチ**」と呼ばれている)が知られている [7]。本アプローチは、横浜国立大学大学院の松本勉教授の研究チームによって幅広く実施されており、これまでに、指紋、虹彩、血管パターンを利用した一部の市販の生体認証システムについて評価結果が報告されている。それらの中には、無視できない頻度で人工物を誤って受理するシステムも存在しており、人工物を用いたなりすましの脅威の有意性が示されている。テスト物体アプローチによる評価手法という観点では、様々な人工物の提示の結果を複数の生体認証システムにおいて比較するという「生体認証システムの相対評価」の方法の検討が進められている [8][9]。また、人工物によるなりすましへの対策に関しては、センサーに提示される被認証物が生きている人間の身体部分であるか否かを判定する技術(**生体検知技術**)の利用が知られており、研究開発が進められている [3][10]。

　無権限者によるなりすましに関する別の観点からの研究として、生体認証システムに登録されている生体情報の悪用防止に関する研究がある [11]。ユーザは生体認証システムを利用する際にあらかじめ自分の生体情報を当該システムに登録しておくが、その登録されたデータ(「**参照データ**」と呼ぶ)がシステム管理者やその他の第三者によって盗取され、なりすまし等の目的に不正利用される恐れが考えられる。そこで、仮に参照データがシステムから漏洩したとしても、それを悪用できないようにする、あるいは、漏洩した参照データを無効にするという手法(「**テンプレート保護型生体認証技術**」と呼ばれている)が近年積極的に研究されている [12][13][14][15][16]。こうした手法は、たとえば、金融機関が自社で運用する生体認証システムの情報漏洩対策を行う際に活用できる可能性があるほか、万一登録データが漏洩したとしても、同種の生体情報を利用している他の生体認証システムへの影響の波及を防止する効果を期待することができる。こうした意味で、生体認証システムのセキュリティ対策について説明責任を果たすうえでの有効な手段にもなり得ると考えられる。金融機関が自社のコンピュータシステムにおけるセキュリティ対策を検討する際のガイドラインとなっている「金融機関等コンピュータシステムの安全対策基準・解説書」においても、生体認証システムの参照データが漏洩した場合の問題について記述されており、参照データがなりすましに流用され得ることから、参

照データが漏洩した場合の対策の研究動向にも留意することが望ましい旨が記述されている（[17] 技 35–1）。ただし、テスト物体アプローチの研究に比べて、テンプレート保護型生体認証技術やその効果に関する概念整理が遅れているほか、セキュリティ評価の手法についても検討されていない部分も大きい [18]。

こうした点を踏まえ、本章においては、テンプレート保護型生体認証技術に関する最近の研究動向に焦点を当てて説明する。同技術の具体的手法の提案は数多く存在する反面、それらの手法の評価に関する検討結果についてはほとんど論文等で発表されていないのが実情である。以下では、そうした数少ない検討事例として、鈴木ら [19] の内容を紹介する。同論文においては、わが国の金融機関において採用されている IC カードベースの生体認証システムを前提として、同システムにテンプレート保護型生体認証技術を適用することによって得られるセキュリティ上の効果を検討しているほか、既存の手法を評価するうえで今後検討が必要な事項について考察している。

9.2　テンプレート保護型生体認証技術

9.2.1　生体認証システムの基本構成

生体認証システムの処理は、登録と認証の 2 つのフェーズから構成される。登録時には、生体情報を加工して参照データを生成し、IC カード等のストレージに格納する。参照データは、情報漏洩への対策のために共通鍵暗号等のアルゴリズムによって暗号化されるケースも想定される。認証時には、提示された生体特徴（指紋等）から生体情報（指紋等をデジタル化したデータ）を取得し、参照データとの照合を行う。本人と判断した場合には「受理」を、そうでない場合には「拒否」をそれぞれ出力する（図 9.1）。参照データが暗号化されるケースでは復号してから照合が行われる。

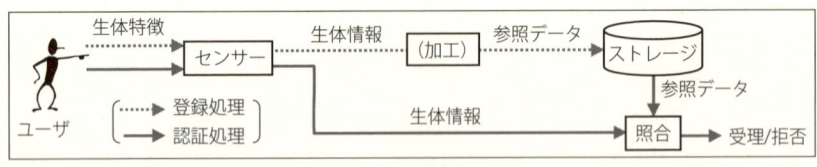

■図 9.1　生体認証システムの処理フロー（概念図）

9.2.2 IC カードを用いた生体認証システムの形態

鈴木ら [19] は，ATM における顧客の本人確認の場面を想定し，個々の IC カードに参照データを格納する以下のケースを検討対象としている。

- **STOC (store on card)**：生体情報の取得や照合を IC カード外で実施。
- **MOC (match on card)**：IC カード外で生体情報を取得し，IC カード内で照合を実施。
- **SOC (system on card)**：IC カードが生体情報の取得と照合を実施。

また，ATM において生体特徴の読取りが行われる形態として，IC カード（参照データを格納），端末（生体情報の取得），サーバからなるシステムを想定し，以下の2つの形態を主に検討対象として取り上げている（図9.2）。

- **STOC 方式**：端末は，ユーザから生体情報を取得するとともに，暗号化された参照データをあらかじめ端末に格納された復号鍵を用いて復号し，照合を行う。
- **MOC 方式**：IC カードは，参照データと端末から受信した生体情報の照合を行う。

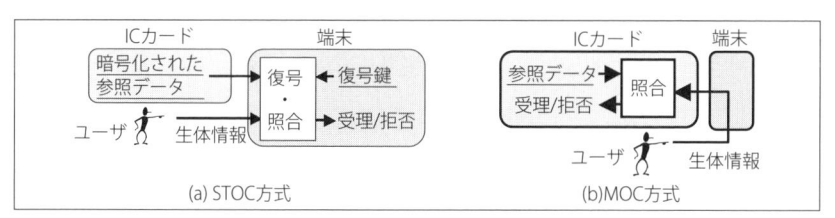

■図9.2 STOC 方式と MOC 方式

9.2.3 想定する攻撃

鈴木ら [19] は，生体認証システムから盗取した参照データ等を用いたなりすましを想定したうえで，盗取の対象となったシステムへのなりすましだけでなく，同一のモダリティを利用している生体認証システムへのなりすまし（「クロスマッチング」と呼ばれている）も検討対象に含めている。なりすましの攻

撃手法として、ブルートフォース攻撃[4]を想定している[5]。

ブルートフォース攻撃：多種多様な生体情報をシステムに対して順々に提示し、本人として誤って受理されてしまう生体情報を探索する攻撃。本攻撃によって誤って受理される確率は「他人受入率」と呼ばれる。

そのうえで、当該システムに対して主張される「本人」とは異なる攻撃者が生体特徴（あるいは人工物の物理的特徴）等を当該システムに提示したときに、当該システムが受理を出力することを「なりすましが成功する」と定義している[6]。

攻撃者に関して、鈴木ら[19] は、①生体認証システムの構成に関する知識を有している、②攻撃対象のユーザの生体特徴を知らない、③参照データの暗号化等に用いられる暗号アルゴリズムを解読できないとの前提を置いている。そのうえで、IC カードの入手可能性や解析能力に応じて攻撃者のタイプを6つに分類している（**表9.1**）。

【正規の IC カードを盗取して利用する攻撃者[7]】

- 攻撃者1：盗取した正規の IC カードの解析を行わず、同カードを端末に提示してなりすましを試みる。
- 攻撃者2：IC カード・端末間での正規の処理において IC カードから送信される情報を入手し、その情報を利用してなりすましを試みる[8]。

---

[4] このほか、照合時に算出される参照データと入力との「類似度」を手掛かりに、類似度が高くなるように提示する入力を順次修正し、本人と誤って受理される入力を探索する**ヒルクライミング攻撃**が知られている [20][21]。ブルートフォース攻撃が照合結果（受理または拒否）のみを参照するのに対し、ヒルクライミング攻撃は、照合結果より多くの情報量を含む類似度を参照しており、目的の入力をより効率的に探索できる可能性がある。一方で、ヒルクライミング攻撃への対策として、類似度を手掛かりに入力情報を生成すると当該入力情報が適切に生成できないアルゴリズム [22] や、本攻撃により生成した入力に耐性のあるアルゴリズム [23] 等が提案されており、本攻撃がブルートフォース攻撃より効率のよい攻撃か否かは明らかになっていない。そのため、以下では、攻撃に必要な情報量が少ないという点で攻撃実行のハードルが低いブルートフォース攻撃に焦点を当てる。

[5] いずれも、生体認証システムへの入力を求める攻撃であり、なりすましを行うためには、求めた入力を電子データとしてシステムに挿入する、あるいは、当該入力から人工物（ゼラチン製の人工指 [5] 等）を作製して提示するという作業が必要となる。

[6] 具体的には、STOC 方式では、正規の端末内の照合処理の結果が受理となること、MOC 方式では、正規の IC カード内の照合処理が受理となることをそれぞれなりすまし成功としている。

[7] キャッシュカードの盗難被害発生状況（平成20年度は届出ベースで年間約5000件発生 [24]）から、攻撃者が正規の IC カードを盗取するという状況を前提とすることが求められる。

[8] こうした攻撃として、たとえば、IC カードによる端末認証が適切に機能していないケースや、正規の端末の改変等によって不正端末を攻撃者が用意できる場合が想定される。

■表 9.1　検討対象とする攻撃者の分類

	各エンティティに対する攻撃者の能力		
	IC カード	端末	サーバ
攻撃者1	正規のICカードを利用する	正規の IC カードの解析は行わない	解析しない
攻撃者2		正規の IC カードからの送信データを盗取する	
攻撃者3		同カード内部のデータを盗取する	
攻撃者4			IC カードに送信される情報を盗取する
攻撃者5	正規の IC カードは利用しない	端末への送信データを盗取する	メモリー上のデータを盗取する	端末への送信データを盗取する
攻撃者6		IC カードからサーバへの送信データを盗取する	端末、IC カードからサーバへの送信データを盗取する	メモリー上のデータを盗取する

- 攻撃者3：IC カード内部の情報（参照データや復号鍵等）を盗取し、それらを利用してなりすましを試みる。攻撃者2は認証時に IC カードから送信される情報のみを入手する一方、本攻撃者はそうした情報に加えてカード内部の情報を入手する。
- 攻撃者4：IC カード内部に格納されている情報に加え、正規の IC カードの処理時に端末、サーバから同カードに対して送信される情報を入手したうえで、それらの情報を利用してなりすましを試みる[9]。

【正規の IC カードを利用しない攻撃者】

- 攻撃者5：認証時に正規の端末のメモリー上に現れる情報を不正なソフトウェアを ATM に仕掛けることなどによって入手し[10]、それを用いてなりすましを試みる。正規の IC カードを入手しないが、同カードやサーバから端末に送信される情報や本人の生体情報を入手する。
- 攻撃者6：認証時に正規のサーバのメモリー上に現れる情報を入手し、それを用いてなりすましを試みる。正規の IC カードを入手しないが、端末や IC カードからサーバに送信される情報を入手する。

---

[9] たとえば、攻撃者が IC カードと端末間等において正規の処理の手順に関する情報を入手し、IC カードを偽造して正規の端末等から情報を得るという方法が考えられる。
[10] 海外では、ATM に不正なソフトウェアを仕掛けて、預金者の口座情報や暗証番号を盗取したという事例が報告されている [25]。

9.2.4 STOC方式およびMOC方式におけるなりすましへの耐性分析

鈴木ら[19]は、検討対象のSTOC方式（端末で照合）とMOC方式（ICカードで照合）に対して攻撃者1〜6がなりすましを試みた場合の攻撃成功の可能性を分析している（**表9.2**）。具体的には、各攻撃者が各方式のシステムから入手する情報（生体情報、参照データ、暗号化された参照データ、復号鍵）を明らかにしたうえで、その結果を用いてなりすましの成功確率を分析するというアプローチを採用している。

■表9.2　STOC方式およびMOC方式におけるなりすまし耐性の分析結果

	攻撃者が入手するデータ			なりすましの成功確率	
	STOC方式	MOC方式		STOC方式	MOC方式
攻撃者1	なし	なし	攻撃者1,2	他人受入率	
攻撃者2	暗号化された参照データ				
攻撃者3,4		参照データ	攻撃者3,4		1−本人拒否率
攻撃者5	生体情報、暗号化された参照データ、復号鍵	生体情報	攻撃者5	1−本人拒否率	（正規のICカードを利用できず、攻撃困難）
攻撃者6	なし		攻撃者6	（暗号アルゴリズムを解読困難であり、攻撃困難）	

【分析結果のポイント】
- 攻撃者1については、適当に選択した生体情報（たとえば、攻撃者自身の生体情報）をシステムに提示するという攻撃が考えられるが、この場合、なりすましの成功確率は他人受入率程度となるとの結果が示されている。
- 攻撃者2〜6については、STOC方式の場合に以下の結果が得られている。
- 攻撃者2〜4は、暗号を解読して平文の参照データを探索困難であり、なりすましに成功する確率は他人受入率程度となる。
- 攻撃者5は、ブルートフォース攻撃によって本人の生体情報と高い類似度を有する入力を生成可能であり、本人が生体情報を提示した場合の確率（=「1−本人拒否率」）でなりすましに成功する可能性がある。
- 攻撃者6は、適当に選択したデータを暗号化された参照データとして端末に入力する攻撃が考えられるが、暗号アルゴリズムを解読できないため、なりすましは事実上困難である。

MOC方式については、以下の結果が得られている。

- 攻撃者2は、攻撃者1と同様に、正規のICカードを入手するものの参照データ等を入手不可能であり、なりすましの成功確率は他人受入率程度になる。
- 攻撃者3, 4は、STOC方式における攻撃者5と同様に、ブルートフォース攻撃によって「1−本人拒否率」でなりすましに成功する可能性がある。
- 攻撃者5, 6は、正規のICカードを入手しておらず、同カード内で認証処理を実行することができないため、攻撃実行は事実上困難である。

このように、STOC方式、MOC方式ともに、システムから漏洩した参照データを利用したなりすましが無視できない確率で成功する可能性があることが示されている。また、こうした問題への運用面での対応として、①連続認証失敗回数（リトライカウンター）の上限を適切に設定し、上限を超えた場合にはアカウントをロックする、②情報漏洩やなりすましを早期に検知して当該ICカードを無効化し、生体特徴の再登録や新しいICカードの発行を行う、といった対応が紹介されている。

9.2.5 テンプレート保護型生体認証技術の概要

　登録データを保護する手法として、最初に思い浮かぶ方法はトリプルDESのような暗号技術を用いて暗号化しておくという方法である。しかしながら、生体情報のデータが1ビットでも異なれば、それらの暗号文における相関が極めて小さくなり、暗号文のまま照合を行ったとしても本人を本人として正しく認証することができなくなる。このため、参照データを復号して照合を行うことが必要となり、ATMやICカードのメモリー上に現れる（復号後の）参照データを別の手段で守ることが求められる。一方、テンプレート保護型生体認証技術は、生体情報に特殊な変換[11]を施すことによって元の生体情報との相関をある程度確保することが可能であり、両者の整合性を確認できる。その結果、平文の参照データが照合時にメモリー上に現れることがなく漏洩の心配がないというメリットが生じる。ただし、変換したまま照合を行うため、認証精度の低下や処理速度の増加といった性能面でのデメリットが発生する可能性がある。

[11) 具体的な変換方法は提案方式によって多種多様であるが、たとえば、指紋等の画像処理ベースの方式として、画像データ（参照データに対応）にフーリエ変換等の変換を施したうえでランダムな画像データを乗算するといった方式が提案されている [26]。

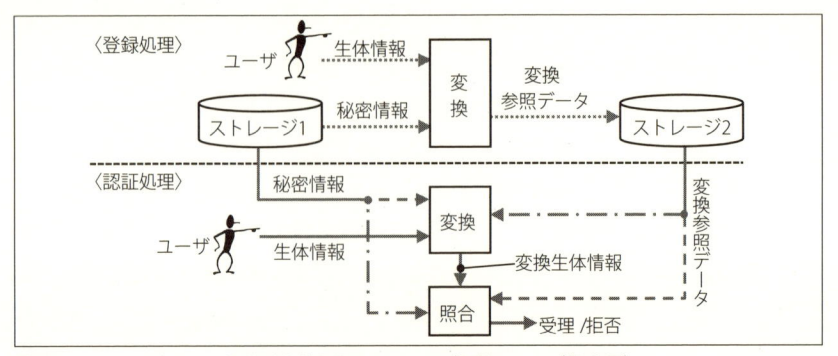

■図9.3 テンプレート保護型生体認証システムの処理フロー（概念図）

　鈴木ら[19]は、テンプレート保護型生体認証技術を実現するシステム（テンプレート保護型生体認証システム）の処理フローを次のように示している（図9.3）。登録時には、ユーザから取得した生体情報と「秘密情報[12]」を用いて「変換参照データ」を生成する。秘密情報と変換参照データはそれぞれ異なるストレージに格納される。認証時には、秘密情報あるいは変換参照データを用いて生体情報を変換し（この情報を「変換生体情報」と呼ぶ）、照合の処理を行う[13]。なお、登録時と認証時の変換の方法が異なるケースもある。

　また、鈴木ら[19]は、テンプレート保護型生体認証システムの既存方式を「**類似度保存アプローチ**」と「**鍵抽出アプローチ**」に分類している。まず、類似度保存アプローチについては、登録時と認証時に取得した生体情報をそれぞれ秘密情報によって変換し、変換した状態のまま照合するという方式と定義している。変換と照合に用いるアルゴリズムには、変換後のデータの類似度が変換前のデータの類似度と非常に高い相関を有するというものが採用される。また、既存の生体認証システムの登録・認証の処理の流れを大幅に変更する必要がない方式（たとえば[27]）も提案されており、実装面でのメリットがあるとしている。

　鍵抽出アプローチについては、本人の生体情報であれば常に一定のデータを

---

[12] たとえば、指紋画像にフーリエ変換等の変換を施したうえでランダムな画像データを乗算するケースでは、「ランダムな画像データ」が秘密情報に対応する。
[13] 既存の方式をみると、秘密情報で生体情報を変換して変換生体情報を生成し、これと変換参照データを照合するケース（後述の「類似度保存アプローチ」。図9.3の認証処理では、破線の処理フローに対応）があるほか、変換参照データで生体情報を変換して変換生体情報を生成し、これと秘密情報を照合するケース（後述の「鍵抽出アプローチ」。図9.3の一点鎖線の処理フローに対応）がある。

抽出し、当該データを暗号鍵として暗号技術ベースの認証処理等を実行して受理や拒否を出力するという方式として定義している。本アプローチでは、登録時と認証時に取得される生体情報のズレを吸収するように、鍵に冗長性を付与する方法が採用されているケースが多いとしている[14]。

9.2.6　テンプレート保護型生体認証技術のセキュリティ要件

テンプレート保護型生体認証技術の**セキュリティ要件**に関しては、学界においても共通認識が確立しているわけではない。鈴木ら[19]は、既存の研究論文[11][16][28]において記述されているセキュリティ要件を調査したうえで、主な要件として次の3項目を挙げている（図9.4）。

- セキュリティ要件1：攻撃者が変換参照データと秘密情報のどちらか一方を入手したとしても、当該システムにおけるなりすましの成功確率が他人受入率より高くならない。
    - たとえば、攻撃者がICキャッシュカードを盗取し、同カードから変換参照データを入手したとしても、当該ユーザになりすますことが困難であるという要件。
- セキュリティ要件2：攻撃者が更新前と更新後の変換参照データ（または、秘密情報）を入手したとしても、当該システムにおけるなりすましの成功確率が他人受入率より高くならない。

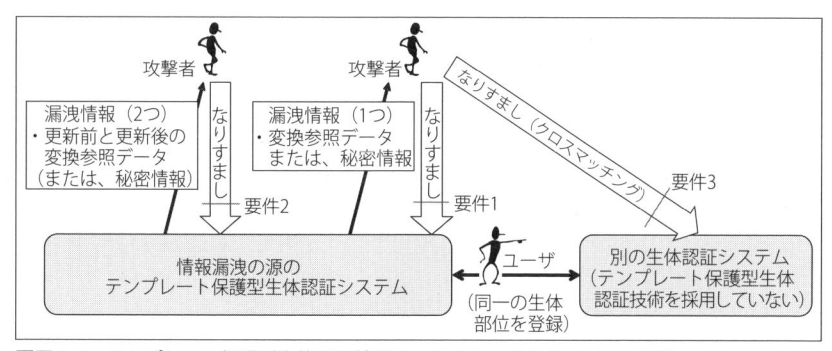

■図9.4　テンプレート保護型生体認証技術における3つのセキュリティ要件

---

[14] より厳密には、鍵に付与した冗長性で吸収できる範囲のズレをもつ生体情報であればよい。この範囲を超える場合には、本人の生体情報であっても鍵を正しく抽出することができない。

    - たとえば、攻撃者にICキャッシュカードを盗取され、再発行されたカードも同攻撃者に盗取されたとしても、同攻撃者によるなりすましは困難であるという要件。
- セキュリティ要件3：攻撃者が変換参照データと秘密情報のどちらか一方を入手したとしても、本人の生体情報を復元することが困難である。
    - たとえば、攻撃者がICキャッシュカードを盗取し同カードから変換参照データを入手したとしても、当該ユーザの生体情報を推定したうえで、当該ユーザが同じ生体特徴を登録している別の生体認証システムにおいてなりすまし（クロスマッチング）を行うことが困難であるという要件。

テンプレート保護型生体認証技術において想定されるなりすましは、推定した本人の生体情報を用いる方法のほかに、変換生体情報を直接推定して用いる方法が考えられる。要件1はこれらの方法を対象にしているのに対し、要件3は本人の生体情報の復元を対象にしている。なお、本人の生体情報が復元された場合、当該個人のプライバシーが侵害される可能性があることが指摘されている[15]。

これらのセキュリティ要件に関する既存研究の取扱いに関して、鈴木ら[19]は次のように整理している。

- セキュリティ要件1の充足度合いの評価については、既存方式において変換参照データを入手した攻撃者を前提にすると、なりすましに必要な計算量が平均530億回の照合処理相当になるとの評価事例[14]が知られている。また、変換参照データと秘密情報の両方を入手した攻撃者を前提にすると、なりすましに必要な計算量が平均16兆回の照合処理相当になるとの評価事例[30]が知られている。しかしながら、こうした事例はまだ非常に少ないのが実情である。
- セキュリティ要件2の充足度合いの評価についても、厳密な評価が行われていないケースが多い。
- セキュリティ要件3の充足度合いの評価については、変換参照データから本人の情報が漏洩しないことを情報理論的に証明している事例[31]が知ら

---

[15] 生体情報から性別や病歴等の情報を抽出できるケースがあり、プライバシーの観点から「変換参照データ、あるいは、秘密情報から本人の生体情報の復元が困難であること」を要件として扱っている文献もある[29]。

れている。しかしながら、どの程度復元すれば本人の生体情報が復元されたと判断するかに関する基準については議論がほとんど行われていない。

さらに、鈴木ら [19] は、同論文が行ったように、変換参照データを IC カードに格納するタイプの生体認証システムに注目し、複数のタイプの攻撃者によるなりすましへの耐性を分析するという研究はほとんど報告されていないと説明している。

9.2.7　性能要件の評価

生体認証システムの性能を代表する尺度の一つである認証精度についても、セキュリティと同様に検討することが実務上重要である。テンプレート保護型生体認証技術を導入した場合に認証精度にどのような影響が及ぶかに関して、鈴木ら [19] は、いずれのアプローチに基づく方式も他人受入率や本人拒否率を用いて認証精度の評価を行う事例が多いとしたうえで、ユーザごとに異なる秘密情報を設定して認証精度を測定するという方法 [32] や、各ユーザで共通の秘密情報を用いて認証精度を測定するという方法 [26] が利用されている旨を説明している。ただし、変換参照データを用いて照合を行う際の認証精度と、変換していない参照データを用いて照合を行う際の認証精度を比較し、テンプレート保護型生体認証技術の導入によりどの程度認証精度が低下したかを評価するという事例 [26] は非常に少なく、テンプレート保護型生体認証方式導入による認証精度への影響の評価が困難であると説明している。

また、認証精度の評価に関する信頼性という点に関しては、通常の生体認証システムの認証精度の測定に用いられるサンプル数と比較すると、各事例で用いられているサンプル数は少なく、認証精度の測定結果が信頼できるか否かが明らかでないと指摘している[16]。

処理時間、変換参照データのサイズ、登録処理と認証処理における通信量については、いずれのアプローチに基づく方式も評価結果が示されていないケースが多いとしている。

---

[16] たとえば、テンプレート保護型生体認証技術における認証精度評価の事例として紹介した [32] は 100 指を、[26] は 181 指をそれぞれ利用している。一方、市販製品の認証精度評価プロジェクト [33] では 650 指を、認証精度評価コンテスト [34] では 450 指が利用されている。

9.2.8　テンプレート保護型生体認証技術のなりすまし耐性の分析

セキュリティ要件に関する既存の検討状況を踏まえ、鈴木ら[19]は、変換参照データをICカードに格納するタイプのテンプレート保護型生体認証システムを対象になりすましへの耐性分析を行っている。ここでは、特に、既存の生体認証システムの登録・認証の処理フローを大幅に変更することなく利用可能という観点で類似度保存アプローチに焦点を当てたうえで、「変換参照データをICカード内に格納するとともにICカードにおいて照合を行う」というタイプの2つの方式（それぞれ「MOC-α方式」、「MOC-β方式」と呼ぶ）における分析内容を説明する。

まず、各方式の概要は以下のとおりである（図9.5）。

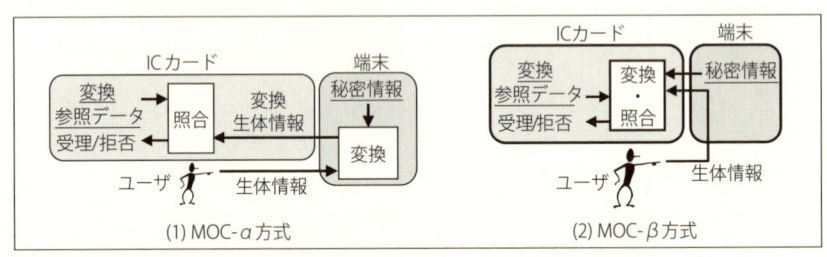

■図9.5　類似度保存アプローチを適用した2つのシステム形態

- MOC-α方式：端末で生体情報の変換を行ったうえで、ICカード内で照合を行う方式であり、変換に用いる秘密情報は端末に格納される。
- MOC-β方式：ICカード内で生体情報の変換と照合を行う方式であり、変換に用いられる秘密情報は端末に格納される。

さらに、MOC-α方式とMOC-β方式の変換・照合のアルゴリズムに関しては、セキュリティ要件1～3を満たしているとの前提をおいたうえで、2つの方式に対して攻撃者1～6が攻撃を実施した際の成功確率について、鈴木ら[19]は以下の分析結果を示している。

【分析結果のポイント】
- 攻撃者1, 2は、正規のICカードを利用するものの、変換参照データ等を入手できないため、どちらの方式においてもなりすましの成功確率は他人受入率程度になる。
- 攻撃者3は、正規のICカードを利用するほか、変換参照データを入手す

る。しかし、MOC-α 方式および MOC-β 方式は、要件 1（変換参照データを入手してもなりすまし困難）を満たしているため、なりすましの成功確率は他人受入率程度となる。

- MOC-α 方式における攻撃者 4 については、以下のとおりとなる。
    - 攻撃者が秘密情報を推定できる場合には[17]、ブルートフォース攻撃によって「1− 本人拒否率」程度の確率でなりすましに成功する可能性がある。
    - 攻撃者が端末へ入力を繰り返し提示し、各入力に対応する変換生体情報を入手できる場合、これらのデータや変換参照データを用いたブルートフォース攻撃により、「1− 本人拒否率」程度の確率でなりすましに成功する可能性がある。
    - 上記の 2 つのケースによるブルートフォース攻撃が実行困難であれば、なりすましの成功確率は他人受入率程度となる。
- MOC-β 方式における攻撃者 4 は、正規の IC カードを利用するほか変換参照データと秘密情報を入手しており、ブルートフォース攻撃によって「1− 本人拒否率」程度の確率でなりすましに成功する可能性がある。
- 攻撃者 5, 6 については、いずれの方式においても正規の IC カードを入手しておらず、同カード内で認証処理を実行することができないため、攻撃実行は困難である。

以上を、攻撃者が各システムから入手するデータ、および、各方式のなりすましへの耐性の観点から整理すると**表 9.3**のとおりである。

本結果のインプリケーションとして、鈴木ら [19] は、①攻撃者 3（IC カード内部のデータを盗取）に対しては、いずれの方式も MOC 方式よりもなりすましへの耐性が向上するとしている。また、攻撃者 4（IC カード内部のデータと IC カードに送信されるデータを盗取）に対しては、②MOC-α 方式は、生体情報と変換参照データのペアから秘密情報の推定が困難、かつ、端末へ入力を繰り返し提示することが困難であることを前提とすれば、MOC 方式よりもなりすましへの耐性が向上する[18]、③MOC-β 方式は、MOC 方式と比較してなり

---

[17] 攻撃者が提示した生体情報とそれに対応する変換生体情報のペアから秘密情報を推定する方法が考えられる。

[18] 鈴木ら [19] においては、セキュリティ要件 1〜3 を満足すれば、こうした追加的なセキュリティ要件の充足を仮定しなくても攻撃者 1〜6 によるなりすましに対して耐性を有する方式を実現可能であるとしている。

■表9.3　MOC-α方式とMOC-β方式のなりすまし耐性の分析結果
(a) 各攻撃者が入手する情報

	攻撃者の能力		攻撃者が入手するデータ	
			MOC-α方式	MOC-β方式
攻撃者1	正規のICカードを利用する	カードの解析せず	なし	
攻撃者2		カードから不正読出し		
攻撃者3		カード内の情報の盗取	変換参照データ	変換参照データ、秘密情報
攻撃者4		カード内の情報とカードへの送信される情報の盗取		
攻撃者5	正規のICカードは利用しない	端末のメモリ上の情報の盗取	生体情報、秘密情報、変換生体情報	生体情報、秘密情報
攻撃者6		サーバーのメモリ上の情報の盗取	なし	

(b) 漏洩情報を用いたなりすましへの各方式の耐性

	なりすましの成功確率		
	MOC-α方式	MOC-β方式	MOC方式
攻撃者1,2	他人受入率		他人受入率
攻撃者3			1−本人拒否率
攻撃者4	他人受入率（注）	1−本人拒否率	
攻撃者5,6	(正規のICカードを利用できず、攻撃困難)		(正規のICカードを利用できず、攻撃困難)

（注）攻撃者が提示した生体情報とそれに対応する変換生体情報から秘密情報の推定が困難で、かつ、端末へ入力を繰り返し提示することが困難であることが条件となる。

すましへの耐性が向上していないとしている。そのうえで、④各セキュリティ要件を満たす方式を利用したとしても、そのシステム構成によってなりすましへの耐性が異なる旨を指摘している。

9.2.9　考察

以上の分析結果を踏まえ、鈴木ら[19]は、ICカードによるATMにおける生体認証システムにテンプレート保護型生体認証技術を適用する場合の留意点と、本技術における今後の研究開発上の課題を考察している。それらの内容は以下のとおりである。

(1)　ATMにおける生体認証システムへの適用時の留意点

鈴木ら[19]は、まず、既存の方式の中には3つのセキュリティ要件の充足を目標に設計されていないものが存在する点を指摘している。さらに、仮に全てのセキュリティ要件を満たす方式であっても、想定する攻撃者のタイプやシステムの構成によってなりすましへの耐性が異なり、期待されているセキュリ

ティレベルを達成できなくなっている可能性がある旨を指摘している。こうした点を考慮すると、以下の事項が重要であるとしている。

- テンプレート保護型生体認証技術の導入にあたり、まず、検討対象とする方式が満たすセキュリティ要件を把握することが重要である。
- 導入の候補となる方式を実装する際には、想定する攻撃者が変換参照データおよび秘密情報を同時に入手困難となるようにシステムを構成することが重要である。

また、鈴木ら[19]は、テンプレート保護型生体認証技術の安全性と精度や処理時間といった性能がトレードオフの関係になるケースが多いとしたうえで、目標とするセキュリティレベルを満たすように方式のパラメータ（秘密情報等）を設定した場合、性能に関する要件を満たさなくなる可能性がある点に注意する必要があると指摘している。そうした場合においては、性能を優先したパラメータ設定を行ったうえで、カード認証の強化、リトライカウンターや生体検知技術の導入、情報漏洩やなりすましの早期検知とICカードの無効化・再発行等、他の技術や運用による対策との併用について検討することが有用であると説明している。

(2) テンプレート保護型生体認証技術における今後の研究課題

最後に、鈴木ら[19]は、テンプレート保護型生体認証技術におけるセキュリティ評価や性能に関する評価手法が確立していないのが実情であるとしたうえで、今後の研究課題として次のように説明している。

まず、セキュリティ評価に関しては、①各セキュリティ要件がどの程度充足されているかを評価する方法について、理論的なセキュリティレベルの見積りと画像データ等の生体情報を用いた実験の両面からの検討が必要であるとしている。また、②ICカードに変換参照データを格納するタイプのシステムや様々なタイプの攻撃者を想定した検討も今後行っていく必要がある旨を説明している。そのうえで、テンプレート保護型生体認証技術の方式によっては生体情報とそれに対応する変換生体情報のペアから秘密情報を推定することが困難であることなど、追加的なセキュリティ要件が求められるケースがあることから、テンプレート保護型生体認証技術の効果の限界を見極めるための検討が今後重要となってくると説明している。

認証精度に関しては、測定に用いるサンプル数の妥当性、テンプレート保護型生体認証技術の導入前後の精度の変化に関する検討が重要であるほか、処理

時間、変換参照データのサイズ、登録処理と認証処理における通信量について
も評価を行うことが求められるとしている。

参考文献

[1] 金融情報システムセンター："平成 20 年度金融機関等のコンピュータシステムに関する安全対策実施状況調査報告書"，金融情報システム，増刊 68 号，no.304 (2009).

[2] 星野幸夫："指紋認証技術"，画像電子学会（編）：指紋認証技術バイオメトリクス・セキュリティ，pp.10–60（東京電機大学出版局，2005）.

[3] 宇根正志，田村裕子："生体認証における生体検知機能について"，金融研究，vol.24, no.s2, pp.1–55 (2005).

[4] International Organization for Standardization (ISO) and International Electrotechnical Commission (IEC): "ISO / IEC 19792: 2009 Information Technology - Security Techniques - Security Evaluation of Biometrics", ISO and IEC (2009).

[5] T. Matsumoto, H. Matsumoto, K. Yamada and S. Hoshino: "Impact of Artificial 'Gummy' Fingers on Fingerprint Systems", Optical Security and Counterfeit Deterrence Techniques IV, Proc. SPIE, 4677, pp.275–289 (2002).

[6] 宇根正志，松本 勉："生体認証システムにおける脆弱性について：身体的特徴の偽造に関する脆弱性を中心に"，金融研究，vol.24, no.2, pp.35–83 (2005).

[7] 松本 勉："生体認証システムのセキュリティ設計とセキュリティ測定"，ユビキタスネットワーク社会におけるバイオメトリクスセキュリティ研究会，電子情報通信学会 2006 年第 7 回研究発表会予稿集，pp.57–64.

[8] 松本勉，田中瑛一："指静脈認証システムのテスト物体によるセキュリティ測定法の研究"，電子情報通信学会 2007 年暗号と情報セキュリティシンポジウム，3f3-4.

[9] 松本勉，田中瑛一："透過光利用バイオメトリック認証システムのためのテスト物体作製方法"，電子情報通信学会 2008 年暗号と情報セキュリティシンポジウム，3b4-1.

[10] 鈴木雅貴，宇根正志："生体認証システムの脆弱性の分析と生体検知技術の研究動向"，金融研究，vol.28, no.3, pp.69–106 (2009).

[11] N. K. Ratha, J. H. Connell and R. M. Rolle: "Enhancing Security and Privacy in Biometric-Based Authentication Systems", *IBM System Journal*, vol.40, no.3 (2001).

[12] A. Juels and M. Wattenberg: "A Fuzzy Commitment Scheme", Proc. ACM Ccs1999, pp.28–36 (1999).

[13] U. Uludag, S. Pankanti, S. Prabhakar and A. Jain: "Biometric Cryptosystems: Issues and Challenges", *Proc. IEEE*, vol.92, no.6, pp.948–960 (2004).

[14] U. Uludag, S. Pankanti and A. K. Jain: "Fuzzy Vault for Fingerprints", Proc. of Audio- and Video-Based Biometric Person Authentication (AVBPA), pp.310–319 (2005).

[15] 永井慧，菊池浩明，尾形わかは，西垣正勝："ZeroBIO——秘匿ニューラルネット

ワーク評価を用いた非対称指紋認証システムの開発と評価",情報処理学会論文誌, vol.48, no.7, pp.2307–2318 (2007).

[16] 高橋健太,比良田真史,三村昌弘,手塚悟:"セキュアなリモート生体認証プロトコルの提案",情報処理学会論文誌, vol.49, no.9, pp.3016–3027 (2008).

[17] 金融情報システムセンター:"金融機関等コンピュータシステムの安全対策基準・解説書(第7版追補改訂)",金融情報システムセンター (2009).

[18] 日本自動認識システム協会:"生体認証による個人識別技術(バイオメトリクス)を利用した社会基盤構築に関する標準化 成果報告書" (2007).

[19] 鈴木雅貴,井沼学,大塚玲:"生体認証システムにおける情報漏洩対策技術の研究動向",金融研究, vol.29, no.2, pp.229–256 (2010).

[20] J. C. Hill: "Risk of Masquerade Arising from the Storage of Biometrics", Bachelor Thesis, Department of Computer Science, Australian National University (2001).

[21] A. Adler: "Can Images Be Regenerated from Biometric Templates?", Biometric Conference (2003).

[22] 小松尚久:"バイオメトリクスセキュリティ評価基準に関する研究",平成16年度経済産業省基準認証研究開発事業 "生体情報による個人識別技術(バイオメトリクス)を利用した社会基盤構築に関する標準化" 早稲田大学共同研究報告書,ニューメディア開発協会 (2005).

[23] 村松大吾:"ヒルクライミング法を用いたオンライン署名認証アルゴリズムの検討", 2008年暗号と情報セキュリティシンポジウム予稿集, 2b4-2.

[24] 金融庁:"偽造キャッシュカード等による被害発生等の状況について" (2009). http://www.fsa.go.jp/news/21/ginkou/20091009-1.html

[25] Finextra: "Criminal Malware Infection Hits Eastern European Cash Machines", June 29, 2009. http://www.finextra.com/fullstory.asp?id=20158

[26] 高橋健太,比良田真史:"相関不変ランダムフィルタリングを用いたキャンセラブル指紋認証", 2008年暗号と情報セキュリティシンポジウム予稿集, 2b3-1.

[27] 太田陽基,清本晋作,田中俊昭:"虹彩コードを秘匿する虹彩認証方式の提案",情報処理学会論文誌, vol.45, no.8, pp.1845–1855 (2004).

[28] A. K. Jain, K. Nandakumar and A. Nagar: "Biometric Template Security", EURASIP Journal on Advances in Signal Processing, Special Issue on Biometrics, pp.1–17 (2008).

[29] J. Breebaart, C. Busch, J. Grave and E. Kindt: "A Reference Architecture for Biometric Template Protection Based on Pseudo Identities", Proc. the Special Interest Group on Biometrics and Electronic Signatures (BIOSIG), pp.25–38 (2008).

[30] F. Hao, R. Anderson and J. Daugman: "Combining Crypto with Biometrics Effectively", *IEEE Transaction on Computers*, vol.55, no.9, pp.1081–1088 (2006).

[31] K. Takahashi and S. Hirata: "Generating Provably Secure Cancelable Fingerprint Templates Based on Correlation-Invariant Random Filtering", IEEE Conf. Biometrics: Theory, Applications and Systems (2009).

[32] T. A. B. Jin, D. N. C. Ling and A. Goh: "Biohashing: Two Factor Authentication Featuring Fingerprint Data and Tokenized Random Number", *Pattern*

Recognition, vol.37, pp.2245–2255 (2004).
[33] International Biometric Group (IBG): "Comparative Biometric Testing Round 6 Public Report" (2006).
[34] Fingerprint Verification Competition (FVC): "Databases" (2006). http://bias.csr.unibo.it/fvc2006/databases.asp

第10章　事故調査制度分野の事例

10.1　概観

10.1.1　事故と事故調査制度

　人間社会にとって事故は防止する対象である。事故が発生すると様々な損害が発生する。特に人命に関わる事故あるいは命に関わらないにしても重大な傷害をもたらす事故は可能な限り防止しなければならない。経済的損失を伴う事故にしても経済性を損なわない範囲で事故の防止が図られる。

　人間が高度な新しい技術を利用するようになると、その技術に関連した事故が発生する。新しい技術は必ずしも全てが解明されているわけではなく、不確実な部分が存在する。特に高度な技術を完全に把握することは不可能である。高度な技術に伴う事故発生は、このような不確実性が一因である。しかし、高度な技術は人間に多大な利益をもたらす。そこで予測不能な事故発生の危険をおかしながら、技術を利用することになる。

　事故発生当時に原因不明の事故であったとしても、その事故を詳細に調査することにより事故に関する多くの知見を得ることができる。その知見を生かすことにより同種の事故の再発を防止することできる。同時に異なる種類の事故に対しても、ヒューマンエラーや組織管理上の問題など、共通する問題に対する知見が得られ、事故発生確率や事故被害を大きく減らせることが期待できる。ここに事故調査制度の一つの意義がある。

　一方、事故は特定の被害者に偏った多大な被害をもたらす。多くの場合、被害者は事故防止や損害抑制のために行えることは少なく、被害者にとってみれば理不尽で多大な損害である。さらに人為的事故では加害者の作為あるいは不作為が事故の原因となるが、加害者が全損害を被ることはわずかであり、加害者が自らの行為の結果としての不利益を十分に被らない、いわゆる経済外部性

第10章執筆：田沼 均

が存在する。このため加害者は事故防止の努力を怠ることが予想される。

そこで被害の負担の公平を図るとともに、事故に責任を持つべき加害者に何らかの制裁を果たし、事故の加害者とならないように潜在的加害者に対し事故防止の努力を促す必要がある。そのためには事故の原因を明らかとして誰のどのような作為あるいは不作為が事故にどのような影響を与えたのか詳細に調査し、事故に対する責任を明らかにしなければならない。ここにもう一つの事故調査制度の意義がある。

歴史的には事故の責任を追及する制度が先に整備された。高度な技術を使わない単純な事故では、詳細で綿密な調査をするまでもなく事故原因は自明であり、事故調査に技術的に有用な知見を得ることは少ない。そのため事故調査により得られた知見の技術的活用よりも、事故責任を追及し、加害者に損害賠償責任を果たす不法行為法制度あるいは加害者に対し公権力が制裁を果たす刑事制度などが発達した。

しかし高度な技術が普及し複雑な事故が発生するに至り、責任追及制度の限界が認識されるようになった。高度な技術が絡む複雑な事故は個人が責任をとれる範囲を超えてしまい、責任追及が高度技術利用の不確実性による事故防止に役立たなくなる。発生した事故に対し徹底した事故調査から得られる知見を社会全体で共有し、事故防止に利用する方が有用である。このような認識から責任追及制度とは別に、事故調査により有用な知見を得ることを第一義とした事故調査制度の必要性が指摘されるようになった。そのため事故調査制度について責任追及制度などの既存の制度との調整に関する議論が多い。

たとえば航空事故は、航空機という高度な技術を利用に伴う事故であり、いったん事故が生じると多くの人命が損なわれるため、早くに事故調査制度が発達してきた。米国の制度として、Simpson[1] は1938年に設立されたCivil Aeronautics Board (CAB) による事故調査制度を、Sarsfield et al.[2] およびStoop[3] は1967年設立の **National Transportation Safety Board(NTSB)** による事故調査制度を、Smart[5] が英国のAir Accidents Investigation Branch (AAIB) の事故調査モデルを、中辻[4] が日本の航空事故調査制度とそのモデルを述べている。Russler[7] は空軍での経験を通して事故情報を蓄積し共有して利用することの利点を論じた。事故から得られる知見の効果の実証研究としてHaunschildとSullivan[8] は航空機業界における事故からの学習効果の評価を行った。また**事故調査委員会の独立性の必要性**と利点をStoop[9] およびStoop

とKahan[10] は論じた。日本における既存の法制度と事故調査制度の関係について川出 [11]、城山 [12]、池田 [13] は論じた。

その他の運輸分野の事故調査制度については、鉄道事故においての独立事故調査委員会の必要性を von Vollenhoven[14] が議論し、Lonka と Wybo[15] はフィンランド SE で 2002 年春から行われている鉄道事故の経験の共有の試みを紹介した。Stoop[16] は運輸分野全体での事故調査についての状況と問題点および調査モデルの提案を行い、Stoop[17] は交通産業分野の事故調査の発展の歴史的概観を行った。

同じ運輸分野でも自動車による交通事故は特有である。航空機や鉄道の事故は一つの事故が大規模で多くの死傷者が発生するが発生の頻度は少ない。それに対し交通事故は一つの事故は小規模で死傷者数も少ないが、頻繁に発生する。また航空機や鉄道の事故の加害者はパイロットや運転手、整備員、航空機会社、鉄道会社、航空機製造業者、鉄道車両製造業者など航空機や鉄道に関連した業務を専門に行うものであるが、交通事故の加害者は自動車の運転手が主であり自家用自動車の運転手も含まれ、普通の一般人も加害者となる場合も多い。このような交通事故調査について述べた文献としては England[18]、守谷 [19]、大橋 [20] 等がある。さらに日本学術会議より交通事故調査のあり方に関する提言がなされた [21]。

医療分野も事故調査制度に対する関心が高い分野である。そもそも医療を受ける患者は何らかの身体的障害を煩っている。このことは医療として行われる一つひとつの行為が人の生死や重大な傷害につながる危険が存在することを意味する。医療を提供する医療従事者や医療機関の立場からは、事故調査による知見を共有し事故の教訓を生かしてより良い医療の提供するための事故調査制度を望む。一方、患者の立場からは、医療従事者や医療機関を全面的に信頼して医療を受けているため、過誤が疑われる事故については十分な責任追及を望む。しかし明らかな過誤は別として、個々の行為の医学的不必要性や事故との因果関係の判断は難しい。このため厳しい責任追及は医療従事者たちの萎縮を招くとともに、事故調査に対し非協力となり真実究明も困難となる。

Nemeth ら [22] は医療分野において事故調査の現状と将来への提言を行い、さらに Nemeth ら [23] において医療分野の事故報告・分析の状況と問題点の指摘および問題の克服のためのアプローチの提案した。Lawton と Parker[24] は医療における事故報告システムの運用上の障害を実証研究した。隈本 [25] は医

療分野における司法によらない事故調査システムについて、モデル事業を通して検討し独立性と中立性が重要であることを論じた。伊藤ら [26] は公表されている医療事故調査報告書を分析し医療事故調査の現状とあり方を考察した。畑中 [27][28][29] は法的観点から医療事故情報の取扱い上の問題点を論じた。小松と井上 [30] は院内事故調査委員会について論じた。日本で設置が検討されている**医療事故調査委員会**については畑中ら [31]、山崎 [32]、木下 [33] などが現状および問題点を論じた。

その他の分野の事故調査の議論については次のものがある。中島 [34] はカネミ油症事件を例にとり食品分野の重大事故における事故調査体制の分析および制度的問題点を論じた。van der Schaaf と Kanse[35] は重化学工業における事故報告を行わない理由についての実証研究を行った。

事故調査の一般についての議論としては次のものがある。Burgoyne[36][37] は安全工学上の立場から事故調査が安全に対し重要であり、事故調査が事故状況や事故原因を知るのみでなく様々な背後にある知識を増やすことになることを示し、事故調査へのインセンティブ、対応、手続き等を論じた。Drogaris[38] は産業における事故情報の共有のためにヨーロッパで作られた Major Accident Reporting System (MARS) の活動について論じた。Kaplow と Shavell[39] は損害の評価の正確性の経済分析を行った。この経済分析は事故調査が影響を受ける要因について検討するうえで重要である。de Bastos[40] はEUにおける事故調査制度の法的フレームワークと事故調査に対するEUアプローチについて論じた。Dien ら [41] は産業事故調査における組織上の問題を解明するための手法の提案している。Harms-Ringdahl[42] は事故調査、リスク分析、安全管理の関係を検討し、それぞれの手法が協調する有益性を議論した。Kletz[43] は産業界で安全管理に 14 年間携わってきた立場から事故調査に何が重要であるかを論じた。中尾 [44] は失敗学の観点から責任追及が事故調査に与える影響について論じた。氏田 [45] は安全工学の立場から事故調査を含めた安全向上のための組織行動についての動向と提言を述べた。佐藤 [46] は日本の事故調査制度の現状と問題点について論じた。前述したように事故調査制度を設計するにあたり既存の法制度との整合性は重要な問題であり、城山ら [47]、城山ら [48]、山本 [49][50]、川出 [51]、中島 [52] は日本の法制度と事故調査の関係を論じた。

責任追及を行う司法制度の中でも責任追及の前提として事実究明を行う

必要があり、その手段として**立証責任**がある。立証責任による事実究明の効果を論じた研究として Hay と Spier[53]、Sanchirico[54]、Bernardo ら [55]、Sanchirico[56] などがある。

日本学術会議は 2005 年に事故調査体制のあり方に関する提言を行っている [57]。松岡 [58] では日本学術会議での検討の経緯等を述べている。

10.1.2　情報システムにおける事故調査制度の議論

情報システムや情報ネットワークが発展し、多くの重要な情報やサービスに情報ネットワークからアクセスし、情報システムを利用して処理するようになった。その結果、情報システムの事故は社会にとって重要な影響を与える。しかし情報システムは複雑であり非常に高度な技術を利用しているため、詳細な調査をなくしては情報システムの事故の原因おろか、どのような被害が存在し、何が影響を受けるかといった基本的な事柄すら明確とはならない。そこで情報システムに関わる事故に対して事故調査制度を整備することが考えられる。たとえば日本学術会議からの提言「安全・安心を実現する情報社会基盤の普及に向けて」[59] がある。Johnson[60] はソフトウェアエラーに基づく事故調査の必要性を論じている。McBride[61] はソフトウェアに関する事故の調査モデルを提案している。

情報システムに関わる事故は前節でみてきた運輸分野の事故や医療分野の事故と大きく異なる点がある。運輸や医療分野の事故では直接に事故による死傷者が発生するが、情報システムの事故では、医療や運輸など人命に関わる特殊な重要分野を除いて、一般的には損失は経済的である。つまり事故防止はそのためにかかるコストと比較され、ゆえに情報システムの事故調査には経済性が強く求められる。情報システムに対する事故調査の目的とするところは、原因究明による事故の防止あるいは責任追及であり、事故調査が目的に対してどのように有効か、および事故調査を行うと社会的にどのような影響を生じるか、評価が強く求められる。

原因究明による事故防止では、事故調査により得られた情報を社会で共有し、情報システムの事故による損失を減らし、情報システムに対する投資の最適化を図ることが目的となる。情報システム事故の一種である情報セキュリティ事故に対し、情報セキュリティ投資に対して情報共有がどのような効果を

持つか、経済的モデルを用いて理論的に分析した研究としてはGordon-Loeb-Lucyshyn[62]によるモデルのほかにGal-OrとGhose[63]およびHausken[64]による研究がある。田沼ら[65]はGordon-Loeb-Lucyshyn[62]によるモデルを発展させ、様々な政策的場面を想定した議論を行った。

事故調査が**責任追及**のために行われる場合では、情報システムに対する事故防止努力のインセンティブを生じさせるために責任制度を導入し、社会全体の利益を増進することが目的となる。情報セキュリティと責任について経済学的観点から論じた研究としてFisk[66]、Yahalom[67]、Varian[68]、田中と松浦[69]などがある。Fisk[66]、Yahalom[67]、Varian[68]は責任による動機付けの効果について論じている。田中と松浦[69]は政府規制、所有権ルール、責任ルールの情報セキュリティへの効果を検討し、情報セキュリティのための制度設計を論じた。田沼ら[70]は不法行為の経済分析の中に情報セキュリティ事故の特徴を導入し、説明責任の必要性を示した。

次節では情報システム事故のうち情報セキュリティ事故に注目して、事故調査の目的となる事故情報の共有および責任追及の評価について詳しく述べる。この評価は経済モデルを使って分析を行うことにより、情報共有および責任追及のための制度が情報セキュリティ事故防止に有効であるかを評価する。情報セキュリティ事故を特に取り上げる理由は、情報システムが広く使われることにより価値ある情報が情報システム上に存在するようになり、それを狙って不正に取得し、改ざんし、あるいは正当な利用者を妨害するために生じる事故が今後多くなることが予想されるためである。

10.2 情報セキュリティにおける事故調査制度の効果分析

10.2.1 背景

情報システムや情報ネットワークが発展し、多くの重要な情報やサービスが情報ネットワークを介して利用し、情報システムを活用して処理するようになった。その結果、情報システムや情報ネットワーク上に価値ある情報が蓄積され、これら情報を不正に利用しようとするために生じる情報セキュリティ事故が多発している。

そこで情報セキュリティ事故を調査し、調査で得られた結果を活用して情報セキュリティ対策を行うことが考えられる。活用方法は主に2つある。1つは、

調査により得られた情報を共有して対策に役立てること、もう1つは調査により得られた事実関係に即して責任を追及することにより情報セキュリティ投資を促すことである。

情報セキュリティ事故情報の情報共有は情報セキュリティにとって大きな利点がある。事故を調べることにより事故の原因、現実に存在しているシステムの脆弱性、管理上の問題点、攻撃手法、攻撃者の行動、施していた対策の有効性などの様々なことが分かる。これらは同種の事故の再発を防止するうえで重要な知識である。さらに一般的な事故防止のためにも有用な知見が多く得られる。

このように情報セキュリティにとって情報共有は重要ではあるが、社会的に見ると困難が予想される。たとえば共有情報を利用して自身の情報セキュリティの向上は図るが、自分からは十分な共有情報を提供しない企業が存在してしまう、いわゆるただ乗り問題が発生してしまう可能性がある。さらに情報共有は提供される共有情報により成り立っているため、企業の情報共有インセンティブが不足すると共有情報が十分集まらず、情報共有体制が崩壊してしまう。セキュリティ情報の共有に際し、ただ乗り問題や情報共有インセンティブの不足といった社会的な問題のうちどのような問題が発生するか、問題の発生を防いだり緩和したりするにはどのような制度を作る必要があるか、経済分析を行い議論することは重要である。以下に続く10.2.2、10.2.3、10.2.4、10.2.5の各節において情報セキュリティ情報の共有についての経済分析について述べる。

もう一方の責任追及は、責任制度を通じて情報セキュリティ投資を促進させる機能が重要となる。一般に事故は加害者の行為により被害者に損害が発生する。被害者からみれば自分の行為と因果関係のない原因で損害を受け不合理である。また社会としてみれば加害者が生んだ結果が加害者に還元されず、放任状態では加害者が事故を防止しようとするインセンティブに欠ける。そこで損害の填補、すなわち相互依存性などの外部性により生じた負担の偏りを制度的に修正し、外部性の内部化を図り、さらに外部性の内部化によりリスクが正常に評価され、予防などの対策に投資され、将来の情報セキュリティ事故の抑止を図る。事故調査制度はこの責任追及を実現するための手段と考えることができる。そこで続く10.2.6、10.2.7、10.2.8、10.2.9の各節において情報セキュリティ事故における責任制度の経済分析と責任制度を有効に機能させるための事

故調査を支援する制度である説明責任について述べる。

10.2.2　Gordon-Loeb-Lucyshynによる情報共有モデル

情報セキュリティにおける情報共有のモデルとして2003年にGordon、Loeb、Lucyshyn[62]が発表したモデルがある。このモデルは、企業の情報セキュリティ投資とセキュリティ情報の共有が情報セキュリティコストに与える影響を記述し、ゲーム理論を用いてナッシュ均衡解を議論することによりセキュリティ情報の共有における企業行動を議論することができる。

Gordon-Loeb-Lucyshynの情報セキュリティにおける情報共有モデルは、次の2つの点で重要である。

1つ目は理論的な背景を持つことである。このモデルはGordon、Loebの情報セキュリティ投資モデル[71]を拡張したものである。Gordon、Loebの情報セキュリティ投資モデルは、知見導出に優れた抽象的解析モデルとして最も広く知られる。さらにGordon、Loebの情報セキュリティ投資モデルには実証研究も存在し、実証的な検証も行われている。

2つ目は、このモデルを用いることにより情報セキュリティの情報共有を行う際に重要となる結果が導けることである。Gordon、Loeb、Lucyshynはこのモデルを用いて、情報共有による企業のセキュリティ投資の節約、社会全体のセキュリティコストの節約、といった利点の他に、ただ乗り問題の存在、自発的には企業は情報共有を行わないインセンティブの存在、といった結果を導いた。これらの結果は情報共有を行ううえで十分考慮すべき事項である。

さらに田沼ら[65]はこのモデルを拡張し、情報セキュリティにおける情報共有政策について論じた。ここではこの議論をもとにして事故調査制度により得られる事故情報の共有について議論する。

Gordon-Loeb-Lucyshynのモデル（以下GLLモデル）では、2つの企業が情報共有を行いながら情報セキュリティにより生ずるコストを最小化する。セキュリティコストは情報セキュリティ事故による期待コストとセキュリティ投資の和である。情報セキュリティ事故による期待コストは事故による損失の期待値であり、情報セキュリティ事故発生確率と事故による損失額の積である。また企業のセキュリティ投資は提供する共有情報を介して後述するスピルオーバー効果により他企業の事故発生確率に影響を及ぼす。各企業は相手の企

業の行動を考慮しつつセキュリティコストの最小化を図る。この状況はゲームの理論における非協力2人ゲームとなり、各企業行動はナッシュ均衡解として求めることができる。

まず情報セキュリティに対する投資と情報セキュリティ事故の関係をモデル化する。2つの企業 $i = 1, 2$ において各企業がセキュリティ侵害により被る被害の額を L_i とし、セキュリティ侵害による被害が生じる確率を P^i とし、各企業が行う情報セキュリティ投資の額を x_i とする。企業の情報セキュリティに関連するコスト C^i は $C^i = P^i L_i + x_i$ で表せる。なお企業 i はリスク中立的であり上式を最小化するように行動すると仮定する。

企業 i の情報セキュリティに対する投資額 x_i とその投資額において最も適切な情報セキュリティ対策を行った場合の**情報セキュリティ事故発生確率** P とすると、Gordon-Loebの情報セキュリティ投資モデル [71] より次の条件を仮定する。

- 情報セキュリティ投資額に対して情報セキュリティ事故発生確率は単調減少する。$P_1^i \equiv \frac{\partial P^i}{\partial x_i} < 0$
- 投資額に対する事故発生確率の減少量は投資額の増加に伴い徐々に減少する。$P_{11}^i \equiv \frac{\partial^2 P^i}{\partial x_i^2} > 0$

次に情報セキュリティ事故調査情報の共有のモデル化を行う。

情報セキュリティ事故調査情報には事故の原因、経過、攻撃の手法と効果、情報セキュリティ対策と効果等の情報セキュリティ事故を防止するための多くの情報を含んでいる。この情報を共有することにより、ある企業で行った情報セキュリティ投資は事故情報を共有する他企業の情報セキュリティ事故発生確率を減少させることが期待できる。つまり情報共有することによりその情報に対し、直接投資を行わなかった企業に対しても投資と同様の効果を及ぼす。これを**スピルオーバー効果**と呼ぶ。情報共有の受領側は情報共有量を増やすことにより事故発生確率が下がる。ただし、情報共有が直接の情報セキュリティ投資以上の効果があるとは考えられないので、減少率はセキュリティ投資と同様に徐々に減少する。

ここで情報共有量が問題となる。情報共有量を情報セキュリティ投資により得た情報量と情報共有割合の積で表す。情報セキュリティ投資により得た情報量は情報セキュリティ投資額と正の相関関係にある。そこで情報セキュリティ投資により得た情報量をそのもととなる情報セキュリティ投資で代表させる。

また情報共有においては情報セキュリティ投資により生み出された情報の一部を共有情報として提供するものと考える。つまり情報セキュリティ投資により得られた情報から共有する情報の割合を情報共有割合とする。

情報共有割合 θ は $0 \leq \theta \leq 1$ の値をとり、θ が大きいほど密接な情報共有を行っていることを表す。また企業 j が行ったセキュリティ投資を x_j とし、情報共有割合を θ_j とすると情報共有量を $y_j \equiv \theta_j x_j$ で代表させることができ、企業 i の事故発生確率 P^i は x_i と y_j の関数 $P(x_i, y_j)$ と表せ、条件 $P_2^i(x_i, y_j) \equiv \frac{\partial P^i}{\partial y_j} < 0, P_{22}^i(x_i, y_j) \equiv \frac{\partial^2 P^i}{\partial y_j^2} > 0$ を仮定する。

事故調査情報は様々な企業で共通して利用できる情報である。つまり情報共有により得た情報は、自社の情報セキュリティ投資と同等の効果を持ち、代替的である。これを $P_{12}^i(x_i, y_j) \equiv \frac{\partial^2 P^i}{\partial x_i \partial y_j} > 0$ と表現する。

また各企業は情報セキュリティコストを最小にしようとする。そのため均衡状態では情報セキュリティコストの情報セキュリティ投資による一階偏微分が0になる、一階条件が必要となる。つまり $P_1^i(x_i, y_j) L_i + 1 = 0$ をみたす。

以上の条件の下で次の5つの命題が導かれる。なお x_i^* を情報共有を行わない場合の企業 i の最適情報セキュリティ投資額、$\bar{x}_i$ を情報共有を行った場合の企業 i の最適情報セキュリティ投資額、$\hat{x}_i$ を情報共有した場合のナッシュ均衡における企業 i の最適情報セキュリティ投資額、W を社会全体の情報セキュリティコストとする。

命題1 情報セキュリティ対策への支出の節約

情報共有した場合の最適投資額は情報共有しない場合の最適投資額に比べて小さい。すなわち $x_i^* \geq \bar{x}_i$

この命題は、情報セキュリティ事故の調査情報を共有を行することにより各企業が情報セキュリティ投資を節約できることを示す。

命題2 セキュリティレベルへの影響

x_i^E を $P^i(x_i^E, y_j) = P^i(x_i^*, 0)$ をみたす企業 i のセキュリティ投資額とすると、情報共有をした場合にセキュリティレベルが向上する、すなわち $P^i(\bar{x}_i, y_j) < P^i(x_i^*, 0)$ になるための必要十分条件は $P_1^i(x_i^E, y_j) < P_1^i(x_i^*, 0)$ を満たすことである。

この命題は情報共有によりセキュリティレベルが上がる条件を示す。つまり情報セキュリティ事故調査情報を共有すれば企業の情報セキュリティレベルが常に上がるわけではなく、情報セキュリティ投資に対する情報セ

キュリティレベルの変化量に依存することを示す。情報セキュリティレベルが向上する条件は、情報共有を行わない場合に達成する場合と同水準の情報セキュリティレベルを情報共有により達成しようとした場合の情報セキュリティ投資に対する情報セキュリティレベルの変化量が大きいことである。つまり同一の情報セキュリティレベルを達成しようとした際に、情報共有を行った方が自企業の情報セキュリティ投資による効果（変化量）が大きく見込まれればその努力を行い、情報セキュリティレベルは向上する、と解釈できる。

命題 3 全体のセキュリティコストの減少

情報共有にコストがかからないとすれば各企業がセキュリティ投資を最適化するナッシュ均衡状態では情報共有を行わない場合と比較して全体のセキュリティコストは減少する。すなわち $W(\hat{x}_1, \hat{x}_2) < W(x_1^*, x_2^*)$

この命題は、情報共有の恩恵は個々の企業に留まらず社会全体の利益にもなることを示す。

命題 4 ただ乗り問題の発生

非協力のナッシュ均衡状態では、各企業はわずかの支出の増加により全体のコストは減少する（非協力ナッシュ均衡状態は全体コストの最適状態ではない）。すなわち $\frac{\partial W}{\partial x_i} < 0$

この命題は「ただ乗り問題」の一端を示す。各企業はわずかな投資を増やすことにより社会の総コストを下げることができるが、実際には投資を増やさずに現状の維持の選択をすることをモデルは示している。つまり情報共有により受ける恩恵に対して十分な対価を払っていない状態になると解釈できる。

命題 5 情報共有しないインセンティブの存在

各企業が情報共有の割合 (θ) を選択できるなら、情報共有を行わないインセンティブが存在する。すなわち $\frac{\partial C^i}{\partial \theta_i} > 0$

この命題は情報共有割合を企業の自主選択とすると、情報共有を行わない方向のインセンティブがあることを示す。命題 1、3 より情報共有は情報セキュリティにとって良い効果が期待できることから、何らかの情報共有に対するインセンティブを設け、企業が情報共有を促進させる必要がある。情報セキュリティ事故調査を意味あるものにするためには、調査に協力させ情報共有を促進させるための制度の必要性を示唆する。

10.2.3 公益組織を用いた情報共有

前節の GLL モデルは、情報セキュリティ事故調査を当事者の企業に任せ自主的に情報共有を行うモデルである。しかし事故調査と情報共有を行うために公益の第三者委員会が利用される場合がよくある。そこで本節では事故調査と情報共有に公益組織が関わってくる場合を調べる。

まず公益組織をモデル化する。公益組織の目的は、公益すなわち社会全体の利益を増進することであり、そのために活動する。そこでここでは事故調査と情報共有を行うための**公益情報共有組織**を、企業間の情報共有を仲介するとともに自らセキュリティ投資を行い、社会全体の情報セキュリティコストの最小化を行動原理とする組織、と定義する。具体的には次の2つの機能を持つものとする。

1つ目の機能は各企業よりセキュリティ情報を収集し、収集した情報を配布することである。企業 i より共有情報 ($\theta_i x_i$) の提供を受け、企業 j に対して $s_j (0 \leq s_j \leq 1)$ の割合だけ与えるものとする。

2つ目の機能は公益情報共有組織が社会全体の情報セキュリティ向上のために投資 (x_0) を行うことである。この情報セキュリティ投資には事故調査および得られた情報の分析作業を含む。この投資により得た情報を企業 i に対してある割合 (θ_{0i}) だけ提供する。この情報共有による効果は企業間での情報共有と同様とする。

企業 i のセキュリティ事故発生確率 P^i は、自社のセキュリティ投資 (x_i) と公益組織を通じて提供される企業 j からの共有情報 ($s_i \theta_j x_j$) および公益組織の投資による共有情報 ($\theta_{0i} x_0$) の関数となり、$P^i(x_i, s_i \theta_j x_j, \theta_{0i} x_0)$ とする。

企業はセキュリティコストを最小化しようとする。セキュリティコストは次の式となる。

$$C^1 = P^1(x_1, s_1 \theta_2 x_2, \theta_{01} x_0) L_1 + x_1$$

$$C^2 = P^2(x_2, s_2 \theta_1 x_1, \theta_{02} x_0) L_2 + x_2$$

Gordon-Loeb 投資モデルから $P_1^i < 0, P_2^i < 0, P_3^i < 0, P_{11}^i > 0, P_{22}^i > 0, P_{33}^i > 0$ とし、スピルオーバー効果より $P_{12}^i > 0, P_{13}^i > 0$ とする。

「社会全体の情報セキュリティ向上のため」とは全体の総セキュリティコストを最小化することである。つまりこのモデルにおいて公益組織は総コスト

$W = C^1 + C^2 + x_0$ を最小とするセキュリティ投資 (x_0) を行う、とする。

まず、最適投資状態の $\bar{x}_i$、情報共有をしない場合の最適投資状態の x_i^*、情報共有を行った最適投資状態の $\hat{x}_i$ において以下の一階条件が成立する。

$$P_1^i(\bar{x}_i, s_i\theta_j x_j, \theta_{0i}x_0)L_i + 1 = 0$$

$$P_1^i(x_i, 0, 0)L_i + 1 = 0$$

$$P_1^i(\hat{x}_i, s_i\theta_j \hat{x}_j, \theta_{0i}\hat{x}_0)L_i + 1 = 0$$

また公益情報共有組織は社会全体の総セキュリティコストを最小化するため以下の一階条件が成立する。

$$P_3^1(x_1, s_1\theta_2 x_2, \theta_{01}x_0)L_1 + P_3^2(x_2, x_2\theta_1 x_1, \theta_{02}x_0)L_2 + 1 = 0$$

命題 1 セキュリティ支出の節約 $x_i^* \geq \bar{x}_i$

本命題は成立する。証明はGLLモデルと同様である。

命題 2 セキュリティレベルへの影響

x_i^E が $P^i(x_i^E, s_i\theta_j x_j, \theta_{0i}x_0) = P^i(x_i^*, 0, 0)$ をみたす投資額とするとき $P^i(\bar{x}_i, s_i\theta_j x_j, \theta_{0i}x_0) < P^i(x_i^*, 0, 0)$ の必要十分条件は $P_1^i(x_i^E, s_i\theta_j x_j, \theta_{0i}x_0) < P_1^i(x_i^*, 0, 0)$

本命題は成立する。証明はGLLモデルと同様である。

命題 3 全体のセキュリティコストの減少 $W(\hat{x}_1, \hat{x}_2) < W(x_1^*, x_2^*)$

本命題は成立しない場合がある。たとえば次の場合である。情報セキュリティ事故発生確率を $P^1(x, y, x_0) = P^2(x, y, x_0) = e^{-\frac{x+y+x_0+b}{a}}$ とする。また事故発生の際の損失を $L_1 = L_2 = L$ とする。ただし a,b,L は $0.83 < \frac{a}{L} < 1, 0 < b < a(log\frac{L}{a})$ をみたすとする。この場合は企業は公益情報共有組織にただ乗りすることにより情報共有を行わない状態と比較して社会全体のコストが増えてしまい、すなわち公益情報共有組織が過剰投資となる。

命題 4 ただ乗り問題の発生

ナッシュ均衡 $(x_i = \hat{x}_i)$ において $\frac{\partial W}{\partial x_i} \leq 0$

本命題は成立する。証明はGLLモデルと同様である。

命題 5 情報共有しないインセンティブの存在 $\frac{\partial C^i}{\partial \theta_i} > 0$

本命題は成立する。証明はGLLモデルと同様である。

以上の分析を踏まえ、情報セキュリティ事故調査とその結果得られた情報の共有に公益組織を用いた場合について考察する。注目すべきことは2つある。

第一は**ただ乗り問題**である。ただ乗り問題は情報共有の様な相互に依存性がある場合に発生しやすい。まず命題4の分析結果より公益組織の設定においてただ乗り問題が発生していることを示す。さらにただ乗り問題が強く出る可能性を命題3の分析が示す。

命題3の分析結果によれば、公益組織を使用した情報セキュリティ情報共有では情報共有をしない場合と比較して全体のコストが上昇してしまう可能性が存在することを示す。命題3成立の反例としてあげた場合を分析すると、各企業が公益組織のセキュリティ支出をあてにし、自らのセキュリティ投資を控えてしまい、その結果として社会全体のセキュリティコストを下げるために公益組織が過剰なセキュリティ投資を必要とするためである。つまり企業のただ乗り行動のために公益組織が過剰支出を強いられ、その結果として社会全体のセキュリティコストが上昇するという社会的に好ましくない状況の発生の可能性を示す。

なおこの分析において、公益組織を使用した場合に情報共有しない場合と比較しての全体のコストが上昇するという性質は、常に成立するわけではない。公益組織を使用して全体のコストが下がる可能性も存在する。公益組織を使用して情報セキュリティ事故調査を行い、その共有を行う場合は、全体のコスト上昇を招かないように注意を要する。

第二は**情報共有に対するインセンティブ**の問題である。分析の結果は公益組織を使ったとしても情報共有をしない方向へインセンティブが働く。つまりセキュリティ情報の共有を行わせるには何らかのインセンティブメカニズムが必要であることを示す。

多くの場合に事故調査と情報共有の仲介を公益組織が担う。これは公益組織が事故調査と情報共有の仲介を行うことがふさわしいとされているからである。公益組織には、公益の増進を目的とするため各企業の利益からは中立であり、公正な行動が期待できる。つまり事故の調査に当たって、中立の立場で偏らない調査が期待でき、また得られた情報の配布が公正であることが期待できる。また公益組織のセキュリティ投資により分析や技術開発などセキュリティ向上のための付加価値が付くことも期待できる。しかし分析結果は、企業にとってのセキュリティ情報を共有しないインセンティブの存在を示す。情報セ

キュリティ事故の調査と得られた情報の共有に公益組織を使用したとしても、企業が積極的に情報共有するような何らかのインセンティブを与えるための仕組みを持たないと情報共有は進まず事故調査が適正に活用されないことが予想される。

10.2.4 コスト補填による情報共有促進策

単純なインセンティブとして、情報セキュリティ事故の調査と得られた情報の共有に協力した場合に、定額の補助金を支給する場合を考える。

補助金は企業の費用の補填にあてられる。情報セキュリティにおいて費用は情報セキュリティ対策に支出する費用とセキュリティ事故の発生による期待損失である。そこで情報セキュリティ事故調査に協力し、一定の情報共有のための情報提供を行えば、その見返りとして費用に対して定額の補助を与えることとする。

企業 i に対して補助金を与える条件としての共有情報の割合を θ_{si} とし、支出する補助金の額を S_i とする。

企業のセキュリティコストは次の式で表せる。

$$C^i = \begin{cases} P^i(x_i, \theta_j x_j)L_i + x_i & (0 \leq \theta_i < \theta_{si}) \\ P^i(x_i, \theta_j x_j)L_i + x_i - S_i & (\theta_{si} \leq \theta_i \leq 1) \end{cases}$$

Gordon-Loeb の投資モデルの仮定から $P_1^i < 0, P_2^i < 0, P_3^i < 0, P_{11}^i > 0, P_{22}^i > 0, P_{33}^i > 0$、スピルオーバー効果より $P_{12}^i > 0, P_{13}^i > 0$、社会全体のコスト W は $W = P^1(x_1, \theta_2 x_2)L_1 + P^2(x_2, \theta_1 x_1)L_2 + x_1 + x_2$ である。

まず、最適投資状態の $\bar{x}_i$、情報共有をしない場合の最適投資状態の x_i^*、情報共有を行ったナッシュ均衡状態の $\hat{x}_i$ において以下の一階条件が成立する。

$$P_1^i(\bar{x}_i, \theta_j x_j)L_i + 1 = 0$$

$$P_1^i(x_i^*, 0)L_i + 1 = 0$$

$$P_1^i(\hat{x}_i, \theta_j \hat{x}_j) + 1 = 0$$

命題 1 セキュリティ支出の節約 $x_i^* \geq \bar{x}_i$

本命題は成立する。証明は GLL モデルと同様である。

命題2 セキュリティレベルへの影響

x_i^E が $P^i(x_i^E, \theta_j x_j) = P^i(x_i^*, 0)$ をみたす投資額とするとき $P^i(\bar{x}_i, \theta_j x_j) < P^i(x_i^*, 0)$ の必要十分条件は $P_1^i(x_i^E, \theta_j x_j) < P_1^i(x_i^*, 0)$ である。

本命題は成立する。証明は GLL モデルと同様である。

命題3 全体のセキュリティコストの減少 $W(\hat{x}_1, \hat{x}_2) < W(x_1^*, x_2^*)$

本命代は成立する。証明は GLL モデルと同様である。

命題4 ただ乗り問題の発生 $\frac{\partial W}{\partial x_i} < 0$

本命題は成立する。証明は GLL モデルと同様である。

命題5 情報共有しないインセンティブの存在

まず情報共有の割合が $0 \leq \theta_i < \theta_{si}$ の場合と $\theta_{si} \leq \theta_i \leq 1$ の場合で分けて考える。それぞれの場合において定額の補助金を支給する場合も命題5が成立する。証明はGLLモデルと同様である。つまり企業はそれぞれの場合において情報共有割合を最小化する。

各企業がどちらの情報共有割合をとるか（情報共有戦略）とその際のセキュリティコストを表10.1とする。たとえば表中の (C_B^1, C_B^2) は企業1と企業2の情報共有する割合がそれぞれ0および θ_{s2} のとき企業1と企業2のセキュリティコストがそれぞれ C_B^1 および C_B^2 であることを示す。

■表10.1 情報共有戦略とコスト

		企業2	
		0	θ_{s2}
企業1	0	(C_A^1, C_A^2)	(C_C^1, C_C^2)
	θ_{s1}	(C_B^1, C_B^2)	(C_D^1, C_D^2)

各企業の自主的な判断の下に企業1が情報共有割合 θ_{s1} で企業2が情報共有割合 θ_{s2} で情報共有が実現する、すなわち補助金が有効で本命題が成立しない条件は $C_A^1 > C_C^1, C_B^1 > C_D^1, C_A^2 > C_B^2, C_C^2 > C_D^2$ が成立することである。

$C_A^1 > C_C^1$ および $C_A^2 > C_B^2$ は成立する。よって補助金が情報共有インセンティブとして効果があり命題5が成立しないための条件は $C_B^1 > C_D^1$ かつ $C_C^2 > C_D^2$ が成り立つことであり、補助金 S_1, S_2 が以下の条件を満たすことである。

$$S_1 > P^1(\hat{x}_1, \theta_{s2}\hat{x}_2)L_1 - P^1(x_1^C, \theta_{s2}x_2^*)L_1 + \hat{x}_1 - x_1^C \tag{10.1}$$

$$S_2 > P^2(\hat{x}_2, \theta_{s1}\hat{x}_1)L_2 - P^2(x_2^B, \theta_{s1}x_1^*)L_2 + \hat{x}_2 - x_2^B \tag{10.2}$$

ただし $\hat{x}_1$, $\hat{x}_2$ は企業 1、2 が情報提供割合が θ_{s1}, θ_{s2} におけるナッシュ均衡状態での最適セキュリティ投資額、x_1^*, x_2^* は企業 1、2 の情報共有を行わない場合の最適セキュリティ投資額、x_1^C は情報提供割合が企業 1 が θ_{s1} で企業 2 が 0 の場合の企業 1 の最適セキュリティ投資額、x_2^B は情報提供割合が企業 2 が θ_{s2} で企業 1 が 0 の場合の企業 2 の最適セキュリティ投資額とする。

以上の分析結果をまとめると、十分な量の補助金が提供され、事故調査に協力し、情報共有を行うことにより情報セキュリティに伴うコストが十分補填されるならば、事故調査および**情報共有に対するインセンティブ**となることが示された。十分な額とは式 (10.1)(10.2) で示す額である。これは、事故調査に協力せず、情報提供せずに提供される共有情報にただ乗りした際のセキュリティコストと、事故調査に協力し、情報提供し、情報共有を行った際のセキュリティコストとの差に相当する。この額以上の補助金を提供しなければ事故調査および情報共有のためのインセンティブとはならず、補助金は無駄となる。

また十分な補助金を提供することにより十分な事故調査がなされ情報共有が達成され、その結果として各企業のセキュリティ支出は削減でき（命題 1）、社会全体のセキュリティコストが削減できる（命題 3）。ただし、補助金により改善できるのは情報共有の割合のみであるため、**ただ乗り問題**は依然として存在する（命題 4）。

さらにここで分析した補助金の特徴は、富を移転し名目的なセキュリティコストを減少させることである。移転する富はこの時点で何らかの消費を伴うものではない。そこで実際に補助金を交付する以外に次の手法が考えられる。

一つは事故調査に協力せず情報共有を行わない企業からペナルティを徴収する。十分な事故調査を行い、その情報を共有して社会全体の利益を増進することに反して情報共有を行わないための違反金ということになる。ペナルティの額を分析で求めた十分な補助金以上の額とすると、企業行動としては情報共有を選択し、企業はペナルティを払わなくてすむ。

その他の方法として事故調査に協力し、情報共有を行った場合に十分な補助金に相当する額を必要経費として会計帳簿上での控除を認めることである。情

報共有に際して当然必要となる経費であると認めることにより、その分の損失は経営上の責任から免除されるのでインセンティブとなることが期待できる。

10.2.5 技術的支援による情報共有促進策

事故調査と情報共有のインセンティブとして、前節では情報セキュリティコストに対する定額の補填を分析したが、事故調査を支援し得られた情報セキュリティ向上に有用な情報の提供を行うこと、すなわち**技術的支援**による補助も考えられる。すなわち事故調査と情報共有に協力する見返りとして、情報セキュリティ事故の調査を支援し、それにより得られる情報セキュリティ対策技術や脅威の分析情報や企業が使用しているシステムの脆弱性情報など、セキュリティ対策上で有用な情報の提供をインセンティブとする場合について分析する。

なお各企業に対して技術的支援を与えるという意味では10.2.3節の「公益組織を用いた情報共有」と共通であるが、次の点で異なる。

1. 本節では企業が事故調査と情報共有を一定レベル行った場合にのみ事故調査支援および情報提供がなされる。それに対して10.2.3節では公益組織は企業がどういう行動をとるかに関わらず事故調査支援および情報提供を行う。
2. 本節では提供する技術的支援は定額である。それに対して10.2.3節では公益組織は社会全体の情報セキュリティコストが最小となるように事故調査支援および情報提供を行う。

企業のセキュリティコストは次の式で表せる。

$$C^i = \begin{cases} P^i(x_i, \theta_j x_j, 0)L_i + x_i & (0 \leq \theta_i < \theta_{si}) \\ P^i(x_i, \theta_j x_j, S_i)L_i + x_i & (\theta_{si} \leq \theta_i \leq 1) \end{cases}$$

前節と同様に、このもとで社会全体のコストWと一階条件を導出、GLLモデルの5つの命題の成否を調べる。

命題1 セキュリティ支出の節約 $x_i^* \geq \bar{x}_i$

本命題は成立する。証明はGLLモデルと同様である。

命題2 セキュリティレベルへの影響

$\theta_{si} \leq \theta_i \leq 1$ において x_i^E が $P^i(x_i^E, \theta_j x_j, S_i) = P^i(x_i^*, 0, 0)$ をみたす投資額とするとき $P^i(\bar{x}_i, \theta_j x_j, S_i) < P^i(x_i^*, 0, 0)$ の必要十分条件は

$P_1^i(x_i^E, \theta_j x_j, S_i) < P_1^i(x_i^*, 0, 0)$ である。

本命題は成立する。証明は GLL モデルと同様である。

命題 3 全体のセキュリティコストの減少 $W(\hat{x}_1, \hat{x}_2) < W(x_1^*, x_2^*)$

本命題は成立しない場合がある。モデル上では技術的支援の上限を与える条件が存在しないため、技術的支援を過剰投資する場合があり、情報共有を行わない状態と比較して社会全体のコストが増えてしまう場合を確認できる。

命題 4 ただ乗り問題の発生 $\frac{\partial W}{\partial x_i} < 0$

本命題は成立する。証明は GLL モデルと同様である。

命題 5 情報共有しないインセンティブの存在

まず情報共有の割合が $0 \leq \theta_i < \theta_{si}$ の場合と $\theta_{si} \leq \theta_i \leq 1$ の場合で分けて考える。それぞれの場合において命題 5 が成立する。証明は GLL モデルと同様である。つまり企業はそれぞれの場合において情報共有割合を最小化する。

各企業がどちらの情報共有割合をとるか（情報共有戦略）とその際のセキュリティコストは前節の補助金と同様に表 10.1 とする。

各企業の自主的な判断の下に、企業 1 が情報共有割合 θ_{s1} で企業 2 が情報共有割合 θ_{s2} で情報共有が実現する、すなわち技術的支援が有効で本命題が成立しない条件は $C_A^1 > C_C^1, C_B^1 > C_D^1, C_A^2 > C_B^2, C_C^2 > C_D^2$ が成立することである。

この場合、$C_A^1 > C_C^1, C_B^1 > C_D^1, C_A^2 > C_B^2, C_C^2 > C_D^2$ は常に成立する。$C_B^1 > C_D^1, C_C^2 > C_D^2$ は定義より自明であり、他企業からの情報がない場合に S_i について最適セキュリティコスト C^i は単調減少関数となるので $C_A^1 > C_C^1, C_A^2 > C_B^2$ は成立する。よって技術的支援を提供する場合は命題 5 は常に成立しない。すなわち情報共有をするインセンティブが存在する。

分析の結果から技術的支援が常に事故調査と情報共有のインセンティブとなることを示す。事故調査への協力と情報共有を行うことを条件にセキュリティ向上に有用な情報を提供するとした場合、企業が情報共有するインセンティブが発生する。補助金の場合は十分な額を必要としたが、技術的支援ではどのような額でもインセンティブとして有効である。補助金の場合はセキュリティコ

ストに対する補助であるため情報共有にただ乗りして得られるコスト削減より多くの補助金を得なければ情報共有インセンティブとならない。これに対し技術的支援は、セキュリティ向上に有効な情報を得ることにより事故発生確率関数が変化し、他企業が情報を提供するかしないかに関わらず技術的支援による情報の提供を受けた方が常にセキュリティコスト削減となるために、情報共有インセンティブとしてはたらく。

ただし、この分析が妥当となるには条件が存在する。分析の前提条件として$P_3^i < 0$があり、分析結果を導くにはこの条件を使用する。つまり技術的支援により提供される情報が各企業のセキュリティ事故発生確率を下げること、すなわち技術的支援による情報が各企業にとってセキュリティレベルの向上に確実に効果があることである。したがって技術的支援の場合に提供される情報が企業の状況と合わずセキュリティレベルの向上に有効でない場合には、技術的支援は情報共有インセンティブとはならない。補助金を使ってどのような情報を生み出すか、十分な注意を要する。

また補助金と異なり情報共有により社会全体のセキュリティコストを上昇させる可能性がある。補助金は富の移転なので社会全体のセキュリティコストの変化はないが、技術的支援は支援の内容となる事故調査や調査情報の分析などとしてセキュリティ投資を行うため、その分だけ社会全体のセキュリティコストが上昇する。したがってセキュリティ投資額が過剰であると、情報共有を行わない場合と比較して社会全体のセキュリティコストが上昇してしまう可能性がある。技術的支援を使用する場合はそのセキュリティ投資の量、使途ともに注意を要する問題である。なお補助金と同様に情報共有を実現し、各企業のセキュリティ支出を下げるが（命題1）、**ただ乗り問題**の解消はできない（命題4）。

10.2.6 情報セキュリティ事故と不法行為の経済モデル

情報セキュリティ事故調査制度を必要とする別の理由として公正な**責任追及**が挙げられる。本節では責任制度の実現のための情報セキュリティ事故調査制度の必要性を議論する

まず不法行為法の経済モデルを参考にして情報セキュリティ事故の経済モデルも作成し、情報セキュリティ事故においても責任制度が有効であることを確

認する。さらにこのモデルを精緻化することにより事故調査を支援し、責任制度を実効性のあるものとするための制度である説明責任の必要性に検討する。

　不法行為法の経済分析モデルとして多くの場合、加害者の不注意により被害者に被害が発生する、という構造である。しかし情報セキュリティ事故は攻撃者が故意に情報セキュリティ侵害を引き起こすことにより発生する。攻撃には通常、すでに存在する脆弱性が利用される。すなわち典型的な情報セキュリティ事故と典型的な不法行為との違いとして、以下の3点が特に重要と考える。

1. **関与者の存在**
   不法行為の加害者という点では攻撃者こそ加害者であるが、加害者以外に事故に重要な影響を及ぼす者がいる点である。脆弱性とは情報システムや情報ネットワークおよびその管理運用におけるセキュリティ上の弱点であり、攻撃者や被害者ではない第3者により作られる場合が多い。脆弱性に係わりのある者、すなわち脆弱性を作る可能性がある者や脆弱性を取り除くことが可能である者、本論文では関与者と呼ぶ者も事故に対して重要な役割を演じている。このような関与者がどのような行動をとるかは事故の発生に大きな影響を与えるため、適切にモデル化しなければならない。

2. **攻撃者の行動**
   多くの不法行為法の経済分析では加害者の過失により事故が発生するが、情報セキュリティ事故では加害者である攻撃者は意図を持って攻撃を行い事故を起こす。もちろん不法行為の経済分析においても、たとえばLandesとPosner[72]のように加害者が意図的に事故を起こす場合を扱った分析もある。しかし犯罪の経済分析の研究[73]などから分かるように意図を持って不法行為を行う者に対して行動分析は難しく、十分なモデル化がなされているとは言えない。情報セキュリティ事故の経済分析モデルでは、攻撃者の行動による影響をうまく扱う必要がある。

3. **事故の解明の困難性**
   情報システムを構成するソフトウェアは非常に技術的に高度であり、情報システムに関わる事故の調査には専門的な知識が必要となるためである。ネットワークにおいても同様に構成する機器は技術的に非常に高度なもので、事故の際の調査には専門的な知識が必要となる。また事故の解明のためには事故関係者の協力が必要である。事故に関わる情報の多くは被害者ではない事故の関係者が持つ。たとえばソフトウェアの脆弱性はプログラ

ムを詳細に調べる必要があるが、多くの場合にプログラムは非公開であるため著作権保有者などの権利者の協力を得なければ詳細な調査は難しい。また事故解明のために重要な情報として被害者以外の者が事前の準備なくして取得が困難な情報も多い。たとえば多くの攻撃はネットワークを介して行われるが、ネットワークの状態を知るにはネットワーク提供者の協力によりネットワークを監視し、その情報の提供を受ける必要がある。このように情報セキュリティ事故の解明は非常に困難であることから、個人や団体の自発性に任せておいては十分な解明は行われないことが予想される。そこで何らかの制度を用意し、事故調査を促進するためのインセンティブを与える必要がある。

10.2.7 情報セキュリティ事故における責任制度の経済モデル

責任追及の前提となる責任制度について分析を行う。そのために情報セキュリティ事故責任の経済分析のためのモデルを構築する。すなわち情報セキュリティ事故の典型的な状況を、情報セキュリティ経済投資モデルを使いモデル化する。

情報セキュリティ事故は関与者の過失により発生した脆弱性を利用して攻撃者が被害者を攻撃することを想定する。攻撃者は情報システム等を攻撃し、情報セキュリティを破ることにより不正に利益を得ようとする。被害者は攻撃者の攻撃により情報セキュリティを侵害され、秘密情報を取られたり情報を改ざんされたりサービスを妨害されるといった被害を受ける。関与者とは、攻撃に使用された脆弱性の発生に寄与したもの、および事故の発生までに要因の除去もしくは軽減措置が可能であったものをいう。たとえば攻撃に利用されたシステムのベンダーや攻撃に利用されたシステムの管理者が該当する。

この状況を Gordon-Loeb 情報セキュリティ投資モデル [71] を用いてモデル化する。関与者の情報セキュリティ投資を x、被害者の情報セキュリティ投資を y、情報セキュリティ事故が発生した際の損失を L、情報セキュリティ事故が発生する確率を P とする。**情報セキュリティ事故発生確率 P** は、関与者の情報セキュリティ投資 x と被害者の情報セキュリティ投資 y の関数となり $P(x,y)$ と表せる。

セキュリティ投資 x,y により情報セキュリティ事故発生確率 P は減少する

が、減少率は投資量の増大にしたがって逓減する。この関係は、$\frac{\partial P}{\partial x} < 0, \frac{\partial P}{\partial y} < 0, \frac{\partial^2 P}{\partial x^2} > 0, \frac{\partial^2 P}{\partial y^2} > 0$ と表せる。

また情報セキュリティ事故の期待損失 W_L は $W_L = P(x,y)L$ と表せる。

なお攻撃者に対する影響は、Gordon-Loeb の情報セキュリティ投資モデルの範囲内とする。このモデルには被害者と関与者のセキュリティ投資が加害者に与える影響についても考慮されている。もちろんこのモデルの範囲を超えた攻撃者に対する影響として、被害者と関与者のセキュリティ投資以外に損害賠償や刑罰といった不利益を与えることも考えられる。しかしこれら不利益は公が政策的に果たす不利益であり、ここでの分析の主眼である責任制度とは異なる別の制度であるため除外する。すなわち攻撃者に対する影響は被害者と関与者のセキュリティ投資による効果のみとする。

不法行為法の経済モデルとの大きな違いは、基本的な構造にある。不法行為法の経済分析モデルは、多くの場合、加害者の不注意により被害者に被害が発生する、という構造である。しかし情報セキュリティ事故は、攻撃者がセキュリティ事故を意図し、関与者の不注意により生じた脆弱性を利用して攻撃し、被害者に被害が発生するという構造である。情報セキュリティ事故の経済分析においては、この点が反映されている必要がある。前節で述べたように、情報セキュリティ事故の経済モデルは、情報セキュリティ投資モデルを用いることにより構築することができる。Gordon-Loeb 情報セキュリティ投資モデルを用いると情報セキュリティ事故の構造を保ったうえで、攻撃者の行動による影響を覆い隠し、関与者と被害者のセキュリティ投資と情報セキュリティ事故の期待被害のモデルに還元することができる。

さらにこのようにして構築した情報セキュリティ事故の経済モデルは、**不法行為法の経済モデル**と類似した構造となる。Shavell[74] のモデルを例にとれば、セキュリティ投資が care に対応する。さらに情報セキュリティ投資と情報セキュリティ事故による期待損失との関係は、care と事故による期待損失と同様な関係となる。このような不法行為の経済分析モデルと情報セキュリティ事故の経済分析モデルとの類似性から、ここでは Shavell[74] の分析を利用する。

分析は次のように行う。まず関与者の負担を W_x、被害者の負担を W_y とすると、関与者と被害者はともにおのおの自分の負担である W_x, W_y を最小にするよう行動すると仮定する。**責任ルール**に従って情報セキュリティ事故によ

る期待損失を割り当て、被害者と関与者が負担するコストを最小化する均衡解を求める。この均衡解が適応している責任ルールにおける被害者および関与者の行動であるとする。また別に被害者と関与者のセキュリティ投資と情報セキュリティ事故による期待損失の和を社会全体のコスト W とし、その最小値 $\hat{W}$ は $x = \hat{x}$, $y = \hat{y}$ で達成されるとする。均衡解の際の社会全体のコスト W とその最小値 $\hat{W}$ を比較し、$W = \hat{W}$ であれば適応した責任ルールは効率性を達成する望ましい責任ルールとする。また過失責任ルールにおける責任、すなわち十分なセキュリティ対策を施すために必要なセキュリティ投資を x^*、y^* とし、**責任投資**(due care) と呼ぶ。

10.2.8　情報セキュリティ事故における責任制度の評価

責任ルールの違いにより様々な責任制度が考えられるが、ここでは関与者と被害者での過失相殺ルールを例にとり分析をする。その他の責任制度についても、責任投資と損失負担の関係を記述することにより、同様に分析を行うことができる。

関与者と被害者での**過失相殺ルール**とは次のようなルールである。まず関与者と被害者に対し責任を定める。被害者が責任を果たして関与者が責任を果たさなかった場合は全て関与者の負担となる。関与者が責任を果たし被害者が責任を果たさなかった場合は全て被害者の負担となる。被害者と関与者が双方とも責任を果たさなかった場合は双方で負担を分割する。なお過失相殺ルールにおける被害の分割割合は被害者、関与者、双方ともセキュリティ投資が多いほど少なくなるとする。

このルールを次のようにモデル化する。

ケース1　$x < x^*$ かつ $y \geq y^*$ の場合、関与者が被害の負担を負う、すなわち

$$W_x = P(x,y)L + x, \ W_y = y$$

ケース2　$x \geq x^*$ の場合、被害者が被害の負担を負う、すなわち

$$W_x = x, \ W_y = P(x,y)L + y$$

ケース3　$x < x^*$ かつ $y < y^*$ の場合、関与者と被害者で分割して負担する、すなわち

$$W_x = fP(x,y)L + x, \ W_y = (1-f)P(x,y)L + y$$

ただし f は過失相殺割合でありセキュリティ投資額の x と y の関数 $0 < f < 1$、さらに $\frac{\partial f(x,y)}{\partial x} > 0, \frac{\partial f(x,y)}{\partial y} < 0$ を満たすものとする。

関与者と被害者の間での過失相殺ルールについては以下が成立する。

関与者と被害者の間で過失相殺ルールが適応されると $x^* = \hat{x},\ y^* = \hat{y}$ とすれば均衡解のとき $W = \hat{W}$ となり効率性が達成される。

証明は以下のとおり。

$x = \hat{x}$ とすると $W_y = P(\hat{x}, y)L + y$ で最小は $y = \hat{y}$ で $\hat{W}_y = P(\hat{x}, \hat{y})L$、このとき $W_x = x$、$W = \hat{W} = P(\hat{x}, \hat{y})L + \hat{x} + \hat{y}$ となる。また $y = \hat{y}$ を仮定すると、$x = \hat{x}$ ならば $W_x = x$、$x < \hat{x}$ ならば $W_x = P(x, \hat{y})L + x$、$x = \hat{x}$ ならば $W_x = \hat{x}$、$x \neq \hat{x}$ のとき $P(x, \hat{y})L + x > P(\hat{x}, \hat{y})L + \hat{x} > \hat{x}$ なので W_x を最小とするのは $x = \hat{x}$ となる。したがって $x = \hat{x}, y = \hat{y}$ は1つの均衡解である。

$x = \hat{x}, y = \hat{y}$ 以外に均衡解があると仮定する。

$x > \hat{x}$ に均衡解があると仮定する。$W_x = x$ であるから x を減少させることにより W_x を小さくすることができるため均衡解とはなり得ない。

$x < \hat{x}$ かつ $y > \hat{y}$ に均衡解があると仮定する。$W_y = y$ であるから y を減少させることにより W_y を小さくすることができるため均衡解とはなり得ない。

$x < \hat{x}$ かつ $y < \hat{y}$ に均衡解があると仮定する。すると $W_x = f(Px, y)L + x \leq \hat{x}$、$W_y = (1-f)P(x, y)L + y \leq \hat{y}$ となるが、両式を足すと $P(x, y)L + x + y \leq \hat{x} + \hat{y}$、しかし

$$P(x, y)L + x + y > P(\hat{x}, \hat{y})L + \hat{x} + \hat{y}$$

$$P(\hat{x}, \hat{y})L + \hat{x} + \hat{y} > \hat{x} + \hat{y}$$

これは矛盾する。よって均衡解とはなり得ない。したがって $x = \hat{x}, y = \hat{y}$ は唯一の均衡解であり、$W = \hat{W}$ となり効率性が達成される。

以上の分析より**過失相殺ルール**によっても**経済的効率性**を達成できる。過失相殺ルールにおいて、責任投資が社会全体のコストが最小となるセキュリティ投資額（最適投資額）であった場合、過失責任を課されたものは責任投資までセキュリティ投資をするインセンティブを持つ。責任投資がなされると期待できれば被害者は社会全体のコストが最小となるセキュリティ投資をするインセンティブが生じる。結果として効率性が達成できる。

これらの結果は Shavell[74] などの不法行為法の経済分析の結果と同一である。

さらに過失責任ルールにおいて責任投資が最適投資額でなかった場合を考察する。以下は不法行為法の場合についてはCooter[75]が示した議論を情報セキュリティに適応したものである。

責任投資が最適投資額より少ない場合は、効率性は達成できないが、過失責任を課されたものは責任投資をするインセンティブは存在する。これは責任投資を行うことが、過失責任を課されたものにとって、自己の情報セキュリティに関わるコストを最小化するためである。また過失責任が課されたものが責任投資をすると期待できるので、被害者のような過失責任を課されないものは情報セキュリティ事故に関わるコストを最小化するように情報セキュリティ投資を行う。

しかし責任投資が最適投資額より多くなる場合、過失責任を課されたものにとって、責任投資が自己の情報セキュリティに関わるコストを最小化するとは限らない。特に期待損失が軽微であるのに過大な責任投資を設定すると、過失責任を負わされたものにとって情報セキュリティに関わるコストは責任投資より遥かに小さい投資額のときに最小となる。したがって責任投資は果たされず、被害者など過失責任を負わされていないものはセキュリティ投資を行うインセンティブがなくなる。

以上の議論は、責任とする情報セキュリティ対策は過重とならないように、十分な注意が必要であることを示している。過大な情報セキュリティ対策を責任とすることは、責任が果たされないばかりでなく責任を課されていないものへの情報セキュリティ対策へのインセンティブをなくしてしまう。過重な責任は有害無益である。

10.2.9 説明責任のモデル化と分析

前節において責任ルールを分析し、過失相殺ルールを入れることにより資源配分が最適となる効率性が達成できることを示した。しかし情報セキュリティ事故においては過失責任ルールだけでは不十分である。10.2.6節で議論したとおり、情報セキュリティ事故は一般的な不法行為法の経済分析で想定している事故と比較して事故の正確な状況が把握し難い。事故の正確な状況の把握がなければ、関与者や被害者がどの程度のセキュリティ投資をしたか判明しない。また過失責任ルールで必要となるセキュリティ事故において効率性を達成するための情報セキュリティ投資も不明となる。このような事態を改善するために

は強制的に事故調査に協力させる**説明責任**を導入し、関与者に対して説明責任を果たすことが必要であることを本節で示す。

説明責任の説明とは情報セキュリティ事故の発生に際して事故調査に協力し、関与した事故の状況について知り得る情報を知らせること、およびそのための準備をすること、とする。情報セキュリティ事故においては、関与者の協力がなければ事故の正確な状況の判明は難しい。正確な状況の判明なしに効率性が達成できるならば説明責任は不要となるが、効率性の達成に正確な状況の判明が必要ならば説明責任が必要となる。本節はこの点について分析する。

問題の簡単化のため調査コストをゼロとする。現実には10.2.6節で議論したとおり調査にコストがかかる場合が多い。しかし調査にコストがかかるということは、調査それ自体に調査をしないインセンティブがすでに存在しているといえる。ここでは調査コスト以外にも調査をしないインセンティブの存在を示し、かつ調査を行わなければ効率性が達成できないことを示すことを目的としているため、モデルの簡単化のために調査コストは無視して検討を行う。

説明責任を次のようにモデル化する。関与者の実際の投資額は関与者の協力による調査の結果によってのみ判明するものと仮定する。さらに説明責任がある場合とない場合を以下のように仮定する。

- 関与者に説明責任がある場合
  責任の判定において関与者のセキュリティ投資額 x は $x < x^*$ の推定を受ける。関与者が調査に協力し実際のセキュリティ投資額が判明した場合は、判明額を関与者のセキュリティ投資額とする。
- 関与者に説明責任がない場合
  責任の判定において関与者のセキュリティ投資額 x は $x \geq x^*$ の推定を受ける。関与者が調査に協力し実際のセキュリティ投資額が判明した場合は、判明額を関与者のセキュリティ投資額とする。

関与者に説明責任があるということは関与者はセキュリティ投資を十分行っていないという推定を受け、関与者が調査に協力し関与者の情報セキュリティ投資の額を知らせる責任があるということである。また関与者に説明責任がないということは関与者は十分なセキュリティ投資がなされて責任は免れている状態にあるという推定を受け、そうでないことが証明されたときのみ過失責任を負うということである。

分析の詳細は次のとおりである。

1. 関与者に説明責任がない場合

    関与者に説明責任がない場合、関与者と被害者の間での過失相殺ルールにおいて、(「関与者が協力しない」, $x=0, y=y_n$) が唯一の均衡解となり、関与者が調査に協力しないインセンティブが存在する。さらに均衡解においては $W > \hat{W}$ となり効率性は達成されない。

    証明は以下のとおり。

    関与者が協力しないを選択した場合、関与者と被害者の間での過失相殺ルールにおいて $W_x = x$ となる。よって $x=0$ で $W_x = 0$ が選択され、$W_y = P(0,y)L + y$、$y = y_n$ のとき W_y は最小となるとすると $y = y_n$ が選択される。したがって (「関与者が協力しない」, $x=0, y=y_n$) が均衡解となる。このとき $W > \hat{W}$ となり効率性は達成されない。

    関与者が協力しない以外の均衡解がないことを示す。

    仮に関与者が協力することを選択した場合、10.2.8 節で検討した過失相殺ルールにおけるケース 1 とケース 2 とケース 3 において、W_x は $W_x > 0$ であるため「関与者に協力しない」は支配戦略であり、関与者に協力する場合に均衡解は存在しない。

    また関与者に協力しない場合は $x=0$ が関与者と被害者の間での過失相殺ルールの場合においても支配戦略となるため $x=0$ 以外の均衡解は存在しない。

    以上より (「関与者が協力しない」, $x=0, y=y_n$) が唯一の均衡解であり、関与者は調査に協力しないインセンティブが存在する。さらに均衡解においては $W > \hat{W}$ となり効率性は達成されない。

2. 関与者に説明責任がある場合の分析

    関与者に説明責任がある場合、関与者と被害者の間での過失相殺ルールにおいて、(「関与者が協力する」, $x=\hat{x}, y=\hat{y}$) が唯一の均衡解となり、調査に協力するインセンティブが存在し、さらに均衡解においては $W = \hat{W}$ となり効率性は達成される。

    証明は以下のとおり。

    関与者が協力する場合、10.2.8 節で検討した過失相殺ルールにおけるケース 1 とケース 2 とケース 3 において、各節で示したように $x = \hat{x}, y = \hat{y}$ が唯一の均衡解である。また関与者が協力しない場合は $W_y = y$ となるため $y=0$ が選択され、$x = x_n$ のとき $W_x = P(x,0)L + x$ が最小とすると

$x = x_n$ が選択されるが、$P(x,0)L + x > P(\hat{x}, \hat{y})L + \hat{x} > \hat{x}$ であるため関与者が協力しない場合は均衡解とはなり得ない。

よって唯一の均衡解は（「関与者が協力する」、$x = \hat{x}, y = \hat{y}$）であり、関与者が調査に協力するインセンティブが存在し、均衡解において $W = \hat{W}$ となり効率性が達成される。

以上の分析により、次のことを示すことができた。説明責任がない場合は事故調査に協力しないインセンティブが存在し、効率性は達成されない。説明責任がある場合は事故調査に協力するインセンティブが生じ、過失責任ルールと組み合わせることにより効率性が達成される。

責任制度を使って情報セキュリティを向上させるには、責任ルールの設計が重要である。不法行為法制度で使われている**過失相殺ルール**を用いることにより事故の関与者も情報セキュリティ対策を行うインセンティブを生じる。ただし、責任投資額を過剰に設定すると情報セキュリティ投資を行うインセンティブが消失する。責任投資は情報セキュリティ投資と情報セキュリティリスクの和が最小となる投資額に設定することが望ましい。他の過失責任ルールを使用しても同様なことが示せる。

ただし、責任ルールが適正に設定されても、確実に関与者を確定し関与者の責任投資を適正に設定できる必要がある。事故調査に対する制度がなく、当事者に任せたままであれば、事実を隠蔽し責任を免れるインセンティブが生じる。このため、説明責任のような事故調査に協力させるための制度が必要となる。

参考文献

[1] J. M. Simpson: "Use of Aircraft Accident Investigation Information in Actions for Damages", *Journal of Air Law and Commerce*, vol.17, pp.283–291 (1950).

[2] L. P. Sarsfield, W. L. Stanley, C. C. Lebow, E. Ettedgui and G. Henning: "Safety in the Skies: Personnel and Parties in NTSB Aviation Accident Investigations: Master Volume", (RAND, 2000).

[3] J. A. Stoop: "Divergence and Convergence, Trends in Accident Investigations", Second Workshop on the Investigation and Reporting of Incidents and Accidents (IRIA 2003), NASA / CP-2003-212642 (2003).

[4] 中辻吉郎:"航空事故調査のモデル", 日本信頼性学会誌：信頼性, vol.20, no.3, pp.167–173 (1998).

[5] K. Smart: "Credible Investigation of Air Accidents", *Journal of Hazardous Ma-*

terials, vol.111, no.1–3, pp.111–114 (2004).

[6] 舟木貴久, 村山明生:"フランスにおける航空機事故をめぐる安全確保の法システム", 社会技術研究論文集, vol.2, pp.303–312 (2004).

[7] W. Russler: "Accident Information-Storing and Retrieving", *Journal of Air Law and Commerce*, vol.34, pp.409–416 (1968).

[8] P. R. Haunshild and B. N. Sullivan: "Learning from Complexity: Effects of Prior Accidents and Incidents on Airlines' Learning", *Administrative Science Quarterly*, vol.47, no.4, pp.609–643 (2002).

[9] J. A. Stoop: "Independent Accident Investigation: A Modern Safety Tool", *Journal of Hazardous Materials*, vol.111, no.1–3, pp.39–44 (2004).

[10] J. A. Stoop and J. P. Kahan: "Flying Is the Safest Way to Travel: How Aviation Was a Pioneer in Independent Accident Investigation", *European Jounal of Transport and Infrastructure Research (EJTIR)*, vol.5, no.2, pp.115–128 (2005).

[11] 川出敏裕:"事故調査と法的責任の追及", ジュリスト, no.1245, pp.57–64 (2003).

[12] 城山英明:"事故調査・情報収集と法システム——日米比較", 日本機械学会誌, vol.107, no.1027, pp.479–482 (2004).

[13] 池田良彦:"航空事故調査と犯罪捜査の競合する問題——原因究明を最優先する社会をめざして", 空法, no.49, pp.5277–5291 (2008).

[14] P. von Vollenhoven: "Independent Accident Investigation-The Right of Each Citizen and Society's Duty", *Japan Railways & Transport Review*, vol.33, pp.14–19 (2002).

[15] H. Lonka and J. Wybo: "Sharing of Experiences: A Method to Improve Usefulness of Emergency Exercises", *International Journal of Emergency Management*, vol.2, no.3, pp.189–202 (2005).

[16] J. A. Stoop: "Accident Investigations: Trends, Paradoxes and Opportunities", *International Journal of Emergency Management*, vol.1, no.2, pp.170–182 (2002).

[17] J. A. Stoop: "Public Safety Investigations——A New Evolutionary Step in Safety Enhancement?", *Reliability Engineering & System Safety*, vol.94, no.9, pp.1471–1479 (2009).

[18] L. England: "The Role of Accident Investigation in Road Safety", *Ergonomics*, vol.24, no.6, pp.409–422 (1981).

[19] 守谷安則:"安全に果たす事故調査分析の役割", 自動車技術, vol.53, no.11, pp.34–40 (1999).

[20] 大橋秀幸:"交通事故調査の現状と課題", 救急医学, vol.34, no.5, pp.543–546 (2010).

[21] 日本学術会議 人間と工学研究連絡委員会 安全工学専門委員会:"交通事故調査のあり方に関する提言——安全工学の視点から" (2000).

[22] C. Nemeth, R. I. Cook, E. Patterson, Y. Donchin, M. Rogers and P. Ebright, "Afterwords: The Quality of Medical Accident Investigations and Analyses", Proceedings of the Human Factors and Ergonomics Society National Conference (2004).

[23] C. Nemeth, R. I. Cook, J. Crowley, M. Ragan, J. Battles, K. Smithson and M.

Bruley: "Above Board: Issues in Medical Accident Investigation and Analysis", Proceedings of the Human Factors and Ergonomics Society National Conference (2005).

[24] R. Lawton and D. Parker: "Barriers to Incident Reporting in a Healthcare System", *Quality and Safety in Health*, vol.11, pp.15–18 (2002).

[25] 隈本邦彦:"医療・看護事故の真実——同じ過ちを繰り返さないために（第21回）．司法に頼らない中立的な事故調査システムは可能か"，看護実践の科学，vol.32, no.10, pp.64–69 (2007).

[26] 伊藤貴子, 信友浩一, 吉田謙一:"事故報告書から捉える医療事故調査の現状とあり方——公表された21例の実例報告書を素材に"，安全科学，vol.4, no.1, pp.30–38 (2007).

[27] 畑中綾子:"医療事故情報収集システムの課題——特に法的責任の観点から"，社会技術研究論文集，vol.1, pp.404–413 (2003).

[28] 畑中綾子:"医療安全確保のための現場の取り組みと法制度——特に事故報告制度を中心に"，社会技術研究論文集，vol.3, pp.231–240 (2005).

[29] 畑中綾子:"医療事故・インシデント情報の取扱いに関する論点"，ジュリスト，no.1307, pp.28–37 (2006).

[30] 小松秀樹, 井上清成:"注目の領域「院内事故調査委員会」についての論点と考え方"，医学のあゆみ，vol.230, no.4, pp.313–320 (2009).

[31] 畑中綾子, 武市尚子, 城山英明:"医療事故調査のための第三者機関創設への課題——診療行為に関連した死亡の事故の調査分析に関するモデル事業を素材にして"，社会技術研究論文集，vol.4, pp.34–42 (2006).

[32] 山崎祥光:"続・「診療関連死の死因究明等」の問題を読み解く医療事故調査委員会の設計についての検討——シンポジウム「診療関連死とプロフェッショナルオートノミー」についての報告と問題の整理"，医療安全，vol.5, no.1, pp.65–69 (2008).

[33] 木下正一郎:"医療事故調査委員会創設に向けた動き"，消費者法ニュース，no.83, pp.28–30 (2010).

[34] 中島貴子:"カネミ油症事件の社会技術的再検討——事故調査の問題点を中心に"，社会技術研究論文集，vol.1, pp.25–37 (2003).

[35] T. van der Schaaf and L. Kanse: "Biases in Incident Reporting Databases: An Empirical Study in the Chemical Process Industry", *Safety Science*, vol.42, no.1, pp.57–67 (2004).

[36] J. H. Burgoyne: "Accident Investigation", *Journal of Occupational Accidents*, vol.3, no.4, pp.289–297 (1982).

[37] J. H. Burgoyne: "Reflections on Accident Investigation: Methodological and Organisational Issues", *Safety Science*, vol.16, no.3–4, pp.401–406 (1993).

[38] G. Drogaris: "Learning from Major Accidents Involving Dangerous Substances", *Safety Science*, vol.16, pp.89–113 (1993).

[39] L. Kaplow and S. Shavell: "Accuracy in the Assessment of Damages", *The Journal of Law and Economics*, vol.39, no.1, pp.191–210 (1996).

[40] S. M. de Bastos: "The Need for a European Union Approach to Accident Investigations", *Journal of Hazardous Materials*, vol.111, pp.1–5 (2004).

[41] Y. Dien, M. Llory and R. Montamayeul: "Organisational Accidents Investigation Methodology and Lessons Learned", *Journal of Hazardous Materials*, vol.111, no.1–3, pp.147–153 (2004).

[42] L. Harms-Ringdahl: "Relationships Between Accident Investigations, Risk Analysis, and Safety Management", *Journal of Hazardous Materials*, vol.111, no.1–3, pp.13–19 (2004).

[43] T. A. Kletz: "Accident Investigation: Keep Asking "Why?" ", *Journal of Hazardous Materials*, vol.130, no.1–2, pp.69–75 (2006).

[44] 中尾政之："事故調査と責任追及——失敗学の観点から"，ジュリスト，no.1245, pp.38–42 (2003).

[45] 氏田博士："安全・安心を実現する専門化・組織・社会のあり方"，日本信頼性学会誌：信頼性，vol.26, no.6, pp.529–541 (2004).

[46] 佐藤健宗："日本の事故調査制度とその問題点"，消費者法ニュース，no.83, pp.25–27 (2010).

[47] 城山英明，村山明生，山本隆司，廣瀬久和，須藤長："安全法制度設計における原情報収集に関する論点：選択肢と考慮事項"，社会技術研究論文集，vol.3, pp.47–59 (2005).

[48] 城山英明，村山明生，山本隆司，川出敏裕，舟木貴久："安全法制度設計における加害者ペナルティに関する論点：選択肢とその評価"，社会技術研究論文集，vol.3, pp.60–78 (2005).

[49] 山本隆司："事故調査と安全確保のための法システム (1) 事故調査・情報分析体制の在り方事故・インシデント情報の収集・分析・公表に関する行政法上の問題（上）"，ジュリスト，no.1308, pp.19–27 (2006).

[50] 山本隆司："事故調査と安全確保のための法システム (1) 事故調査・情報分析体制の在り方 事故・インシデント情報の収集・分析・公表に関する行政法上の問題（下）"，ジュリスト，no.1311, pp.168–184 (2006).

[51] 川出敏裕："刑事手続と事故調査"，ジュリスト，no.1307, pp.10–18 (2006).

[52] 中島貴子："事故調査と被害者救済"，ジュリスト，no.1307, pp.38–45 (2006).

[53] B. L. Hay and K. E. Spier: "Burdens of Proof in Civil Litigation: An Economic Perspective", *The Journal of Legal Studies*, vol.26, no.2, pp.413–431 (1997).

[54] C. W. Samchirico: "The Burden of Proof in Civil Litigation: A Simple Model of Mechanism Design", *International Review of Law & Economics*, vol.17, no.3, pp.431–447 (1997).

[55] A. E. Bernardo, E. Talley and I. Welch: "A Theory of Presumption", *Journal of Law, Economics, and Organization*, vol.16, no.1, pp.1–49 (2000).

[56] C. W. Sanchirico: "A Primary Activity Approach to Proof Burdens", *The Journal of Legal Studies*, vol.37, no.1, pp.273–313 (2008).

[57] 日本学術会議 人間と工学研究連絡委員会 安全工学専門委員会："事故調査体制の在り方に関する提言" (2005).

[58] 松岡猛："事故調査のあり方"，学術の動向，vol.14, no.9, pp.40–48 (2009).

[59] 日本学術会議 情報学委員会 セキュリティ・デペンダビリティ分科会："安全・安心を実現する情報社会基盤の普及に向けて" (2008).

[60] C. Johnson: "Forensic Software Engineering and the Need for New Approach-

es to Accident Investigation", Computer Safety, Reliability and Security: 19th International Conference, (SAFECOMP2000) (2000).

[61] T. Mcbride: "A Model for Investigating Software Accidents", *Journal of Research and Practice in Information Technology*, vol.40, no.1, pp.19–31 (2008).

[62] L. A. Gordon, M. P. Loeb and W. Lucyshyn: "Sharing Information on Computer Systems Security: An Economic Analysis", *Journal of Accounting and Public Policy*, vol.22, pp.461–485 (2003).

[63] E. Gal-Or and A. Ghoose: "The Economic Incentives for Sharing Security Information", *Information Systems Research*, vol.16, no.2, pp.186–208 (2005).

[64] K. Hausken: "Information Sharing Among Firms and Cyber Attacks", *Journal of Accounting and Public Policy*, vol.26, no.6, pp.639–688 (2007).

[65] 田沼均, 大塚玲, 松浦幹太, 今井秀樹："Gordon-Loeb-Lucyshyn モデルを拡張した情報セキュリティ情報共有のインセンティブ分析", 日本セキュリティ・マネジメント学会誌, vol.23, no.2, pp.3–16 (2009).

[66] M. Fisk: "Cause & Remedies for Social Acceptance of Network Insecurity", Workshop on Economics and Internet Security (2002).

[67] R. Yahalom: "Liability Transfers in Network Exchanges", Workshop on Economics and Internet Security (2002).

[68] H. Varian: "System Relianility and Free Riding", Workshop on Economics and Information Security (2002).

[69] 田中秀幸, 松浦幹太："情報セキュリティ・マネジメントの制度設計", Networksecurity Forum (2003).

[70] 田沼均, 大塚玲, 松浦幹太, 今井秀樹："情報セキュリティ事故における説明責任とインセンティブについての考察", 日本セキュリティ・マネジメント学会誌, vol.23, no.3, pp.3–16 (2009).

[71] L. A. Gordon and M. P. Loeb: "The Economics of Information Security Investment", *ACM Transactions on Information & System Security*, vol.5, no.4, pp.438–457 (2002).

[72] M. W. Landes and R. A. Posner: "Joint and Multiple Tortfeasors: An Economic Analysis", *Journal of Legal Studies*, vol.9, pp.517–555 (1980).

[73] E. Eide, P. H. Rubin and J. M. Shepherd: "Economics of Crime", *Foundations and Trends in Microeconomics*, vol.2, pp.205–279 (2006).

[74] S. Shavell: Economic Analysis of Accident Law (Harvard University Press, 1987).

[75] R. Cooter: "Prices and Sanctions", *Columbia Law Review*, vol.84, pp.1523–1560 (1984).

第11章　環境リスク管理としての環境マネジメントツールおよび実践事例

　現代社会は、①米国発金融危機に伴う世界的経済不況、②人間の尊厳を否定する労働環境、③地球温暖化に伴う人類生存の危機、という3つの病を患っている。

　特に最近の動向で注目すべきことは、地球温暖化に伴う気候変動の問題である。2006年10月英国政府から発表されたスターンレビュー、2007年11月に発表されたIPCC第4次評価統合報告書、そして元米国副大統領アル・ゴア編集の映画「不都合な真実」および同一題名の著書は、共通して地球温暖化を警告している。

　本章は、はじめに、地球温暖化に伴う気候変動といった多くの環境リスクの管理手法の一つとして登場した環境マネジメント（環境経営）を中心に、その国際標準化の動向を考察するとともに、環境法規制の強化や環境保全技術の開発に伴い事後的対応から事前対応（予防対策）へと舵をきった環境マネジメント思考の変化を明らかにする。

　次いで、環境マネジメントツールの開発について、ドイツ先進企業の取り組み、ドイツ環境省・環境庁の取り組み、日本の環境庁・環境省の取り組みを紹介する。

　さらには、環境マネジメントツールについて、ライフサイクルアセスメント手法としてISOから認知されたマテリアルフローコスト会計と環境効率の現況を述べる。

　最後に、わが国家電業界が採用する環境効率性評価（環境効率性評価、ファクター）と統合判定アプローチに基盤を置く環境効率性評価（JEPIX, LIME）、そして外国企業が採用する環境効率性分析についてそれぞれの概要を明らかにする。

第11章執筆：湯田雅夫・大坪史治

11.1　環境マネジメントの国際標準化

11.1.1　ボーダレスエコノミーと国際標準化

　ボーダレスエコノミーの進展は著しい。経済の国際化、相互依存関係が深化するに伴い、ヒト、モノ、カネ、サービスは自由に駆け巡り、世界は一つになりつつある。

　第2次世界大戦終結直後に定着した経済のパラダイムは、世界貿易、開発援助、インフラストラクチャー、技術開発などの新しい経済的コンセンサスを生み出した。当時の指導的国家はアメリカ合衆国であり、経済が世界の平和と繁栄をもたらす原動力となった。その後、物質的豊かさを追求するアメリカ文化が全世界人類の目標とされ、世界中に拡大した。

　アメリカ文化の世界化は、一方では世界標準化をもたらし、他方では世界大競争時代を招来させた。今日では特に、アメリカ文化の負の遺産である大量生産、大量消費、大量廃棄からいかに脱却するかが問われている。

　各国は、その解決の方法として、廃棄物処理法や資源有効利用促進法等の法律を制定して、社会全体を循環型社会へ変容させて、物質のインプット、ストック、アウトプットの3つの視点から設定された指標（資源生産性、循環利用率、最終処分量）を向上させるべく努めている。

　先進企業は、ISO14000シリーズ（以下、ISO14000s）の環境マネジメントシステムや環境マネジメント（環境経営）、環境管理会計等を導入することで、製品一単位当たりの原材料、エネルギー、水投入量を削減することに取り組んでいる。これら先進企業の技術やノウハウは国内の中小零細企業を含むあらゆる組織体（国・都道府県の行政機関、公営企業・教育・医療等の非営利事業）だけにとどまらず、海外のあらゆる組織体にも普及させていくことが必要である。

11.1.2　国際標準化の進展に果たしたICCおよびWICEの役割

　環境マネジメントの国際標準化に果たした**ICC（International Chamber of Commerce：国際商業会議所）**の役割は大きい。ICCは、第1次世界大戦後、荒廃したヨーロッパの産業・経済の復興と自由な国際通商の実現を目指して、1920年、米・英・仏・伊・ベルギーなどの産業人によって創立した。1980年代以降、ICCは、企業間の自由かつ公正な競争の原則に基づく市場経済シス

テムを発展させることを目的に、地球環境保護問題を当面する重要課題の一つとして捉え、EUやISOの環境マネジメントシステム構築を支援してきた。以下にICCの取り組みの概要を示そう。

1984： 「環境マネジメントに関する世界産業会議」をUNEPと共催
1986： ICCの環境哲学を表明した「世界産業環境ガイドライン」発表
1990： ICCの「持続的発展のための産業界憲章」のドラフト作成
1991： 同憲章を発表
1992： ブラジルのリオデジャネイロで開催されたUNCED（地球サミット）において「環境と開発に関する産業フォーラム」を主催

次いで、ICCは、1993年、地球サミットのフォローアップのためにWICE「世界産業環境協議会」を設立した。翌年の1994年、WICEは「環境報告書（環境に関する経営のための指針）」を発行している。

さらにWICEは、リオサミットに合わせて、「持続可能な開発」に対する産業界の見解を示す目的で設立されていたBCSD（持続的発展のための経済人協議会）と合併して1995年、WBCSD（持続可能な開発のための世界経済人会議）に改組した。

11.1.3　WBCSDの役割

WICEとBCSDが合併して生まれたWBCSDは、多数の国際的な会員企業によって構成され、それら会員企業は20の産業部門にまたがっている。WBCSDは、経済成長、生態系のバランス、および社会的進歩を3本柱として活動してきた。

たとえば、WBCSDは、EU域内で効力を有する**EMAS (Environmental Management and Audit Scheme)** の発効を支援し、民間の国際組織であるISOに対してISO14000sの発行を要請した。また、企業経営者の環境問題に対する認識を変えるために、「チェンジング・コース」を出版し、さらには企業の環境効率を向上・普及させるために主導的役割を果たした[15]。

11.2 環境マネジメント思考の変化と各種環境マネジメントツール

11.2.1 環境法規制の強化

　日本経済は、1955年代から1965年代にかけて、高度成長を達成した。この間、工場、事業場からの排煙（SOx, NOx）、排水等による公害、開発による自然環境破壊が激化した。

　1971年に環境庁が設置され、各分野の排出規制は強化された。企業は、これら規制に対応して公害防止技術の開発と投資に莫大な資金を投入した。その効果により、1975年頃になると産業公害は一応克服された。

　1979年に、省エネ法（正式名称は「エネルギーの使用の合理化に関する法律」）が成立した。同法は、エネルギーをめぐる内外の経済的、社会的環境に応じた燃料資源の有効な活用の確保を目的に、工場や建築物、機械器具についてエネルギー使用の合理化に関する措置などを定めたものである。1998年には自動車や家電、OA機器などのエネルギー消費効率について、トップランナー方式を導入していっそうの改善を図るための改正が行われた。

　水俣病に代表されるように、被害者への損害賠償など事後対策は手厚くなされたが、負担は長く続き巨大となり、「予防対策」の重要性が痛感された。

　一方、アメリカとカナダは、1990年代前半から硫黄酸化物（SOx）の排出量取引を創設した。EUは、温室効果ガス削減を目的に2005年域内で共通する取引市場として機能する排出量取引制度（EUETS）を創設した。この排出量取引制度は、京都議定書（先進国の温室効果ガス排出量について、法的拘束力のある数値目標を国別に設定）の中で市場原理を活用する京都メカニズムの一つとして導入されている。

　1990年代以降、先進国は、省資源・省エネルギー社会実現に向けて、循環型社会を構築するために、法規の整備が進められた。わが国は、環境基本法を1994年に完全施行し、次いで2001年に環境基本法の基本理念を定める**循環型社会形成推進基本法**が施行された。循環型社会は、①廃棄物等の発生の抑制、②循環資源の循環的な利用（再使用、再生使用、熱回収）の促進、③適正な処分の確保により、天然資源の消費を抑制し、環境への負荷が低減される社会である。さらに、循環型社会の形成を推進する法律として、廃棄物処理法と資源

有効利用促進法が整備され、個別物品の特性に応じた各種リサイクル法が定められた。

化学物質の製造・移動・貯蔵・使用を規制する法律も生まれた。2001年に施行された**PRTR**（**Pollutant Release and Transfer Register：環境汚染物質排出移動登録**）は、対象となる化学物質「第一種指定化学物質」354物質を取り扱う一定規模以上の事業者に対して、環境中への排出量および廃棄物としての移動量について化学物質安全性データシート(MSDS)による届け出を義務付けている。

また、EUは、REACH（人の健康や環境を保護するための法律：2007年実施）、WEEE指令（廃電気電子機器に関する指令：2003年公布）、RoHS指令（電気・電子製品での特定有害物質使用を制限する指令：2003年公布）を発効している。これらの法規は、輸入品にも課せられた。そこでわが国産業界は、EUへの輸出に依拠している家電業界を中心にこれらEUの法規を遵守すべく、対応した。

11.2.2 環境保全技術の開発

わが国の1950年代から60年代に発生した産業公害対策は、脱硫装置や脱硝装置などの**公害防止技術(the end of pipe technology)** の開発で対処した。

規制をクリアするために開発された公害防止技術は、その後今日まで製品の国際競争力を強め、脱硫、脱硝技術等の輸出を可能にした。

産業公害は、企業が加害者、工場周辺の地域住民が被害者という構図であった。産業公害は、国全体として経済成長が優先され、環境配慮が後回しにされた結果であった。

経済成長の進行に伴い、都市における自動車排ガス公害や廃棄物問題が顕著になった。いわゆる都市・生活型公害の発生である。ここでは、一般の生活者が加害者であり、被害者でもあるという構図に変わった。

自動車排出公害対策として、燃費効率の高い自動車が開発されてきた。今日では、自動車の排ガスを削減し、エネルギー効率も高める自動車として、ハイブリッド車や電気自動車が注目されている。

1997年トヨタは、アトキンソンサイクル方式のINZ-FXE型ガソリンエンジンと、1CM型永久磁石式同期モーターを併用して動力を発生する駆動ユニッ

ト THS (Toyota Hybrid System) を搭載したプリウスを発売した。ホンダも2005年ハイブリッドシステム搭載「シビックハイブリッド」を発売した。これらハイブリッド車の開発は、他企業へも影響を与え、今後電気自動車の開発も活発に進められ、自動車排ガスの削減、エネルギー効率の向上が期待される。

発電時に副産物として算出する熱湯もエネルギーとして活用することでエネルギー効率を高めるコジェネレーション技術が実用化されている。たとえば、火力発電所の排熱は暖房・給湯に利用されている。

発電効率が高く、騒音や振動さらには環境負荷も少ない燃料電池が開発途上にある。実用化するためには、触媒に使用されている白金の量を減らし、電解質の寿命を延ばし、耐久性を高め、コストを削減するなど課題がある。

また、CO_2 を回収し地下に貯留することで、温暖化をくいとめる CO_2 回収・貯留 (CCS) 技術は開発途上にある。

11.2.3 環境マネジメント思考の変化

環境マネジメントは、当初環境負荷発生後の事後的対応で行われていた。しかし、事後的対応では事前の対応に比べて膨大なコストがかかり、その後の改善に結びつかないことを多くの経営管理者は経験した。環境マネジメントは、次第に「**予防原則**」に依拠した事前の対応に変化していった。

国家レベルで環境被害や環境破壊を積極的に予防していく方策を遂行するに伴い、企業内部でも、企業の環境保全対策は利益を圧迫する、との従来の考えを改め、企業の長期安定性および将来性は、社会および自然との共生を遂行して初めて保証されるという認識を次第に深めるようになった。

企業は、将来の企業行動をエコロジカルに早期に分析することがコスト削減に有効であることも認識するようになった。コスト削減は、原材料投入量およびエネルギー投入量を軽減することによって、あるいは廃棄物処理コストを削減することによって実行される。環境マネジメントは、いわゆるエンドオブパイプ思考から**ライフサイクルアセスメント**思考に変化した。

11.2.4 環境マネジメントの便益

環境マネジメントの戦略的便益は、①競争力、②コスト削減、③リスク削減、④組織改善であり、これら4つの便益は、相互に関連している（図11.1）。

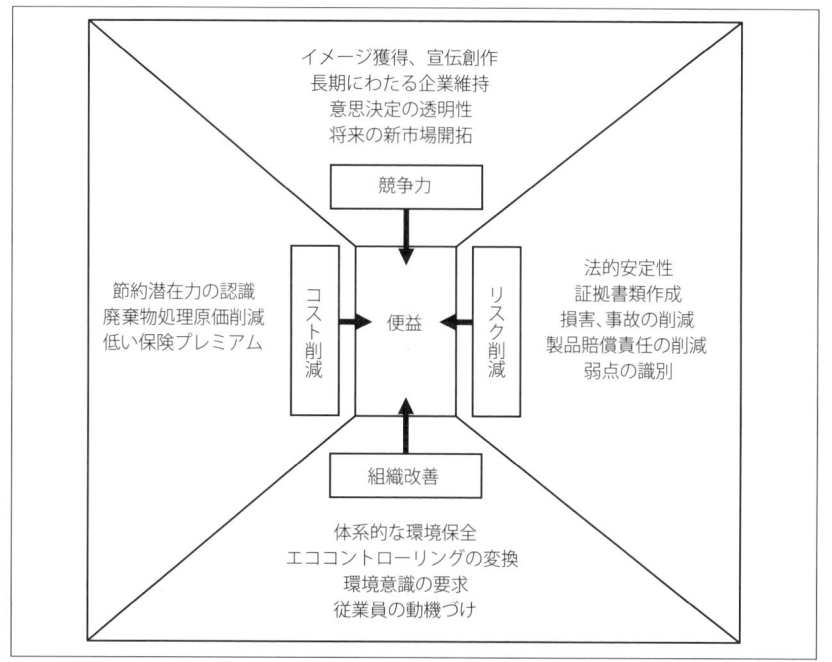

```
                イメージ獲得、宣伝創作
                長期にわたる企業維持
                意思決定の透明性
                 将来の新市場開拓
                    ┌─────┐
                    │ 競争力 │
                    └──┬──┘
                       ↓
  節約潜在力の認識   ┌──┐      ┌──┐   法的安定性
  廃棄物処理原価削減  │コ│      │リ│   証拠書類作成
  低い保険プレミアム │ス│ 便益 │ス│   損害、事故の削減
                    │ト│←    →│ク│   製品賠償責任の削減
                    │削│      │削│   弱点の識別
                    │減│      │減│
                    └──┘      └──┘
                       ↑
                    ┌─────┐
                    │組織改善│
                    └─────┘
                 体系的な環境保全
               エココントローリングの変換
                  環境意識の要求
                  従業員の動機づけ
```

■図11.1 環境マネジメントによる便益（Landesanstalt Für Umweltschutz Baden-Württemberg[16]）

　環境マネジメントは、長期的には、戦略的効用によって秀でているばかりではなく、短期的には重要な経営的利益をもたらす。たとえば、次の事例がある。
① 企業の環境保全におけるリスク潜在性、修正の可能性、行動優先性が示される。
② エネルギー節約の可能性と原材料節約の可能性が認識される。
③ 万一事故が発生しても、その環境負荷を最小にすることが考察される。
④ 環境に配慮した原材料、燃料および補助材料の使用が指示される。
⑤ 投資意思決定の透明性が高まる。
⑥ 信頼される環境広報活動が示される。
⑦ 役所との協力関係が展開される。

11.2.5　環境マネジメントのためのツール

　環境マネジメントツールには、エコバランス、環境原価計算（フロー原価計

算、マテリアルフローコスト会計を含む)、環境効率(ファクター4、ファクター10、ファクターXを含む)、環境効率性分析、LIME、JEPIXがある。これらツールは、製品のライフサイクル(原料調達、製造、輸送、使用、収集運搬、リサイクル、適正処理等)の各段階について環境負荷低減に焦点を当て開発された[5]。当初のツールは原材料、エネルギー、水の使用量を把握することで、排気・排熱・排水・廃棄物等の環境負荷を個々に計量化して評価したが、現在では製品ライフサイクル全体の環境負荷を総合的に評価する統合判定アプローチに基盤を置くツールに変化してきた。

(1) ドイツ語圏先進企業の取り組み

ドイツ語圏の先進企業は、1980年代末から環境マネジメントツールの一つとしてエコバランス(ドイツではÖkobilanzと表記する)を導入した。エコバランスは、当初、ノイマルクター・ラムスブロイ社(ビール醸造会社:ベルリン環境経済学研究所が指導)、スイスエア社(航空会社:エコサイエンス研究所が指導)、クーネルト社(ストッキング製造会社:アウグスブルク大学ワーグナー教授が指導)、ジーグスドルファー・ペトルスクヴェレ社(ミネラルウォータ製造会社:ニュルンベルク大学シュタールマン教授が指導)が実践した[6]。

オーストリアのクリスティーヌ・ヤッシュは、エコバランスはエコロジカルな要素を組み入れることによって伝統的企業会計を拡張する試みであり、古典的な決算システムを環境保全の視点から精緻化することである、と述べる。エコバランスは、環境マネジメント(環境経営)の基礎を提供する。エコバランスは、様々な段階(企業全体、製造工程、製品)において、原材料とエネルギーのインプット側と製品、廃棄物、エミッションのアウトプット側を比較して、企業活動のエコロジカルな影響を物量フローで示すものである。

エコバランスは、製品ライフサイクル全体を4つの要素に区分して把握する。
① 全ての原材料とエネルギーの消費量を把握する環境負荷種類計算。
② 製造工程ごとに処理方法の経過を検証する環境負荷場所計算。
③ 原材料調達局面(輸送、精錬加工)と販売された製品の物的流れを把握する環境負荷負担者計算。
④ 上記3つの要素で把握できない残りの社員食堂、本社・支社ビル、建物の清掃、従業員の通勤輸送、土地利用、廃棄物等を把握する環境負荷サイト計算。

1990年代末のドイツ経済研究所の調査によれば、エコバランスをEMASの

要求するサイトごとの環境声明書において記述している企業の割合は、自動車業界30％、機械製造業27％、食品業界27％、化学工業10％であった。

エコバランスで得られた物的情報は、ベルント・ワーグナーの提案する業種別エコ指標、フォルカー・シュタールマンの提案するABC評価、シャルテガーとシュトゥルムのエコ合理化進路法等によって、エコロジカルな弱点を把握・分析し、その改善案を毎年 **Plan-Do-Check-Improve (Act)** という螺旋型の環境マネジメントシステムの中で実行した。BASF社も当初このエコバランスが活用できるか否かについて検討したが、膨大な作業量とコストに見合う明確な成果が得られないとして、エコバランス活用を断念している。

(2) ドイツ環境省・ドイツ環境庁の取り組み

環境原価計算は、1970年代中ごろ、①70年代以降増大する環境コスト、②90年代の国際競争圧力とコスト圧力の増大、それによって引き起こされたコスト引き下げ潜在力の探究、③環境保全措置がコスト削減をもたらすという企業実践の経験を背景にして、欧米各国を中心に活発な議論が展開された。

環境原価計算は、70年代において、事後的に環境コストを計算するところから、「企業の環境保全活動を遂行すればするほどコストが嵩む」という方程式を支えるものであった。今日求められる環境原価計算は、環境保全措置を実行することで発生した事後的環境コストの計算にとどまらず、環境被害や環境破壊の発生を事前に予測し、それを予防する環境コストの計算へ移行している。

環境原価計算は、上述したエコバランスにおける4つの要素のうち3つと結びつく。

環境原価計算（貨幣計算）		環境負荷計算（物量計算）
環境原価種類計算	⇔	環境負荷種類計算
環境原価場所計算	⇔	環境負荷場所計算
環境原価負担者計算	⇔	環境負荷負担者計算

環境原価計算は、計画投資計算、環境保全原価計算、材料・エネルギー・フロー原価計算、外部環境保全原価計算の4つに区分される。なお、マテリアルフローコスト会計は、材料・エネルギー・フロー原価計算の一種である。

- 計画投資計算：用水を飲料水に変換、沈澱汚泥処理法の比較、印刷機械の比較などで活用。
- 環境保全原価計算：浄水装置のコスト、排水フィルターのコスト、危険材

保管コスト、廃棄物分離の措置コスト、廃棄物処理手数料、環境保全訓練コストなどの計算に活用。
- 材料・エネルギー・フロー原価計算：付加価値を生み出さない残余材について多面的に計算（購買、製造工程、廃棄物処理）するときに活用。
- 外部環境保全原価計算：石炭火力発電所の環境負荷（大気汚染による森林負荷または作物の収穫低減）計算に活用。

ドイツ環境省とドイツ環境庁は、共同監修で2冊の著作を出版している[11][12]。

① Bundesumweltministerium/Umweltbundesamt (Hrsg.): Handbuch, Umweltcontrolling. 1995
② Bundesumweltministerium/Umweltbundesamt (Hrsg.): Handbuch, Umweltkostenrechnung. 1996

これらの著作は、ドイツ語圏の企業実践現場に多大の影響を与えた[6]。

(3) 国際標準EMASおよびISO14000sの影響

環境マネジメント・監査を規定するEU委員会規則、EECNr.1836／93（以下、EMASと略称する）は、1993年6月の欧州議会で承認され、翌月の7月に発効した。企業が正式にEMASに参加するのは、21か月の準備期間を経た1995年4月からであった。企業がEMASに参加するのは任意である。EMASは、第5次EU環境保全活動計画に基づいている。そこでは、環境負荷の防止・削減、原材料採掘現場の良好な管理、環境負荷発生源での環境負荷排除を狙いとして、企業活動における環境パフォーマンスの継続的改善を目標としている。2009年10月現在EMASの認証を取得した組織は4152、サイトは7178を数える。

一方、ISO14000sは、1996年から環境マネジメントシステムISO14001の発行を手始めに、環境ラベル、環境パフォーマンス評価、ライフサイクルアセスメント、環境コミュニケーション、温室効果ガス等の規格を順次発行してきた。2008年12月現在のISO14001認証登録件数は、188815である。そのうち、わが国企業の認証登録件数は、35573である。

今後ISOは、マテリアルフローコスト会計や環境効率のガイドラインも発行を予定している[1]。

(4) 日本の環境庁および環境省の取り組み

わが国の環境庁（現環境省）は、1999年を「環境会計年度」と定め、企業

実践における基本的枠組みとして環境会計ガイドラインの構築に取り組んできた。環境庁の発表した「環境保全コストの把握および公表に関するガイドライン」において、「環境会計とは、従来、企業の財務分析の中に反映されにくかった環境保全に関する投資および経費とその効果を正確に把握するための仕組み」と規定し、外部公表用フォーマットを提案した。

この環境会計に対する基本的な考え方は、2005年に公表された「環境会計ガイドライン」において、物量情報を加えるなどの訂正がなされている。すなわち、「環境会計は、企業等が、持続可能な発展を目指して、社会との良好な関係を保ちつつ、環境保全への取り組みを効率的かつ効果的に推進していくことを目的として、事業活動における環境保全のためのコストとその活動により得られた効果を認識し、可能な限り定量的（貨幣単位または物量単位）によって測定し伝達する仕組み」と定義した。

わが国企業の多くは、環境庁（現環境省）が公表した環境会計ガイドラインに依拠している。また、「ガス」「ゴム」「石油」「機械」「食品（製造）」「食品（流通）」「建設」「化学」「鉄道」の各業界は、環境庁（現環境省）環境会計ガイドラインに沿った業界別環境会計ガイドラインを作成・実践している。

11.3　環境マネジメントツールの国際標準化の動向

11.3.1　ライフサイクルアセスメント手法として認知されたマテリアルフローコスト会計

マテリアルフローコスト会計は、アウグスブルク大学のワーグナー、ドイツ環境経営研究所のシュトローベル等によって開発されたものである。マテリアルフローコスト会計が開発された背景には、次のことがらがあった。

① コスト削減が急務であった。
② 製造原価を調査・分析したところ、製造原価に占める材料費の割合が60％を占めていた。
③ それまで環境マネジメントとして活用されていたエコバランス作成には、手間とコストが掛かり過ぎた。

マテリアルフローコスト会計を開発した目的は、以下の3点であった。

① 材料・水・エネルギーのフローとそのコストの関係を明らかにすること。
② 製造工程から発生するマテリアルロスを貨幣単位で計算し、コスト削減の

可能性を明らかにすること。
③ 材料費と加工費を削減して、廃棄物も同時に削減することにより、資源生産性の向上と環境負荷削減を同時に達成すること。

このマテリアルフローコスト会計は、中嶌道靖、國部克彦によってわが国に紹介され、先進企業（たとえば、日東電工、田辺製薬、住友化学など）に導入された[3]。経済産業省は、国内のマテリアルフローコスト会計実践企業の拡大に努め、その成果を踏まえて、2007年11月国際標準化機構のTC207（環境マネジメント）に対して新業務項目を提案した。その後2008年3月マテリアルフローコスト会計の規格化作業が開始され、WG8が設置されている。2011年ISO14051として発行予定である。

11.3.2 ライフサイクルアセスメント手法として認知された環境効率

環境効率 (economic-ecological efficiency) は、90年代中葉に持続可能な発展のための世界経済人会議(WBCSD)の世界的な呼びかけにより広く認知されるようになった概念である。環境効率の基本概念は、「より少ない影響でより多くの価値の創造 "creating more value with less impact"」と説明される[8]。

最近の動向として、環境効率性指標は、ISO26000（社会的責任に関するガイダンス、2010年発行予定）、およびISO14045『環境マネジメント——プロダクトシステムに関する環境効率評価——原則・要項・ガイドライン』（プロダクトバリューと環境負荷の新旧比較分析、システムバウンダリ：ライフサイクルアセスメントISO14040およびISO14044に適応）の中で、標準化が進められている。

ISO26000では、環境効率性評価を活動、製品、サービスの環境パフォーマンスと経済パフォーマンスを結び付ける役割を果たし、とりわけ製品設計・開発（エコデザイン）に効果的なアプローチであるとして示されている。また、汚染防止(Prevention of pollution)に役立つ手法としても位置付けられている[14]。

ISO14045では、ファクターおよび欧州先進企業の分析法（環境効率分析）の流れを汲む製品の分析評価を主眼とした内容となっている。

ISO規格がわが国企業に与える影響力を鑑みれば、今後、環境効率性指標は、

活動評価指標としての外部開示目的から製品評価情報としての内部管理目的へと重点移動していくことが予想される。

11.4 環境効率性評価の理論と事例

11.4.1 わが国家電業界が採用する環境効率性評価

わが国では、家電業界を中心に、製品の環境効率性評価が普及している。環境効率性評価は、経済性と環境性の2つの側面から分析し、定量的に評価を行う手法である。製品の環境効率性評価を行うことにより、どの程度製品のパフォーマンスが経済性、環境性において向上したかを数値により把握することが可能となる。したがって製品の環境効率性評価は、製品設計・開発の段階において意思決定に関わる情報を提供するばかりでなく、消費者にとっても有用な情報となり得る。

(1) 環境効率性評価の類型

環境効率性評価は、一般的に財務パフォーマンスと環境パフォーマンスをつき合わせて、その割合を相対値によって示す指標である。

環境効率性評価は、計算構造上、明確に経済（財務）領域と環境領域とに区分される[13]。両領域の認識、測定の過程において、伝統的会計システムと環境負荷計算により、環境効率性指標を導く基礎資料を形成する。この基礎資料をもとに、評価の過程において、貨幣単位と物量単位とが組み合わされ、環境効率性指標が算定される。

$$環境効率性評価 = \frac{財務パフォーマンス}{環境パフォーマンス} \tag{11.1}$$

その活用法は、製品パフォーマンス評価、経営活動評価、コストベネフィット評価など多岐にわたる。また、環境負荷対象別（個別環境負荷あるいは統合的環境負荷）、バウンダリ別（ライフサイクル全体、事業エリア内、部門別、サイト別、製造工程別など）、ステークホルダー別により、採用される財務パフォーマンス指標と環境パフォーマンス指標は異なる。

たとえば、財務パフォーマンス指標には、売上高（単体、連結）、販売量、付加価値、生産高、生産量、営業利益、環境コスト、環境保全コスト、売上総利益、環境付加価値、経常利益、環境調和型製品売上指標、製品価値、などの活用例がある。

環境パフォーマンス指標には、資源投入量、エネルギー投入量、水投入量、化学物質投入量、容器包装材料、紙使用量、PRTR対象物質投入量、GHG、CO_2、NO_x、SO_x、COD、一般廃棄物・産業廃棄物、PRTR対象物質排出量、VOC、その他（環境配慮型製品、有機溶剤排出物、排水量、煤塵、化学物質排出量、消石灰、カセイソーダ）といった特定の環境負荷をターゲットとした指標と統合環境負荷指標と活用例がある。

環境効率性評価は、これらの指標の組合せにより無数に考案することが可能である。わが国企業で多く採用される代表的な例を挙げれば、財務パフォーマンスに売上高を、環境パフォーマンスにCO_2排出量を用いる指標である。この指標は、CO_2排出量あたりの売上高の割合を表し、数値が高いほど効率的であることを示す。

(2) ファクター

ローマクラブ[7]、ワイツゼッカーら[10]の提唱する**ファクター(factor)**は、環境効率性評価法の基本的な考えとして世界的に広く知られている概念である。

ファクターは、資源投入量あるいはエネルギー消費量を削減する一方で製品・サービスの価値を高めることにより資源生産性、あるいはエネルギー効率性を向上させることを目標としている。たとえば、環境負荷を半減させ、製品価値を2倍にした場合、4倍の改善効果が得られたことを示す（ファクター4）。

わが国企業では、このファクターの考え方をベースにしながらも、産業界を主導に独自の発展を遂げてきた。とりわけ、環境と製品価値を軸に評価される製品パフォーマンスをどの程度向上させたかを定量的に把握することに大きな貢献を果たしたといえよう。一般的に製品パフォーマンスの改善度合いを示す指標は、ファクターXと呼ばれている。

ファクターの基本的な計算手順は、まず、新旧製品についてそれぞれ製品の価値と環境負荷の対比分析を行い、環境効率性評価を求める（式(11.2)）[9]。

$$環境効率性評価 = \frac{製品・サービスの価値}{環境影響} \tag{11.2}$$

製品・サービスの価値とは、製品の物量、市場価値や機能性を示す指標であり、たとえば、コストパフォーマンス、耐用年数、容量、質量、性能（速度や明るさ）、資源使用量、消費段階でのエネルギー消費量、最終廃棄物量などがある。したがってシステムバウンダリは、製品のライフサイクル全体に及ぶ。

製品・サービスの価値を表す指標は、企業により選定、測定、および算定方法は異なる。

環境影響には、ある特定の環境負荷指標を用いるケース（たとえばCO_2、SO_x、NO_x、廃棄物など）や製品に関わる環境負荷を一つの指標に統合化した指標（統合評価指標）を用いるケースがある（11.4.2節参照）。

ファクターは、評価の対象となる新製品の環境効率性評価を分子に、ベンチマークとなる旧製品の環境効率性評価を分母に置いて導かれる（式(11.3)）。

$$ファクター = \frac{新製品・サービスの環境効率性評価（評価）}{旧製品・サービスの環境効率性評価（基準）} \quad (11.3)$$

ファクターを試験的あるいは実践的に導入する企業を挙げれば、松下エコシステムズ、パナソニックコミュニケーションズ、松下電器産業、松下電工、日立製作所、日立マクセル、キヤノン（経営関連評価に活用）、三菱電機、東芝、東芝テック、芝浦メカトロニクスなどがある。

ファクターは、新製品と旧製品を製品の価値と環境影響の2つの側面から比較し、どの程度改善されるかを倍数によって示す指標である。さらに製品の価値と環境影響には、製品ライフサイクル全体に及ぶ指標が用いられる。したがって、ファクターは、製品設計・開発に有用な情報を各層経営管理者に提供する内部管理情報としての要素をもつ一方で、外部のエンドユーザに製品パフォーマンスをアピールするうえでも極めて効果的な指標となる。

ファクターは、製品の価値を表す指標に関わって、算定の基礎となるデータ開示には製品技術の守秘上、限界がある。そのため、外部開示情報としては、情報の透明性、信頼性、および検証可能性を確保するうえで課題が残る。

また算定方法は、環境効率性指標を算定するにあたり用いられる製品の価値と環境影響にそれぞれいかなる指標を採用するかによって無数に考案することができる。したがってファクターは、特定企業の特定製品に限りパフォーマンス比較を可能とする。

こうした現状を受けて、東芝、日立製作所、富士通、松下電器産業、ならびに三菱電機の5社では、企業間の垣根を超え、家電4製品（エアコン、冷蔵庫、ランプ、照明器具）におけるファクター指標の算定方法を定め、統一化を図っている。こうした試みは、エンドユーザの情報活用を高めるうえで大きな進展といえよう。

11.4.2 統合判定アプローチに基盤を置く環境効率性評価

現在、日本企業では、大手企業を中心に多様な**統合評価手法**が導入実践されている。製品・サービス（あるいは企業の経済活動）に関わる環境負荷は、無数にある。統合評価手法は、単位の異なる無数の環境負荷に何らかの重み付け係数を加えることで、一元的に把握し、評価できることに最大のメリットがある。統合評価手法は、環境負荷データを基礎資料とするため、前提として体系的な環境負荷計算が不可欠となる。

また、統合評価手法は、LCAや環境効率性評価、ファクター、環境会計、環境経営度評価など他の手法への適用性が高い。現に、統合評価された環境負荷データ（統合評価指標）と財務データ（製品・サービスの価値）を組み合わせて環境効率性指標を算定し、公表する事例も数多く確認される（式(11.4)）。

$$環境効率性指標 = \frac{製品・サービスの価値}{統合環境負荷指標} \quad (11.4)$$

また、企業の経営活動を経済性と環境性の側面から評価するうえでも、統合評価指標は、多くの活用例がみられる（式(11.5)）。

$$環境効率性指標 = \frac{売上高など}{統合環境負荷指標} \quad (11.5)$$

統合評価手法は、製品のライフサイクル全体にわたる環境影響を包括的に評価・分析するうえで有効なツールである。さらに、統合評価手法は、企業活動全体を評価するうえでも有効である。統合化された環境影響と売上高、売上総利益、営業利益、あるいは付加価値といった財務指標をつき合わせることで企業活動の全体像を一つの指標に投影することが可能となり、経年的な分析に役立てられている。とりわけ、環境影響を統合化した指標と付加価値指標との組合せは、個別企業において新たに生み出された価値（獲得）に対してどの程度の環境影響（犠牲）が生じたかを示し、企業評価を行ううえで有用な指標となろう。

統合評価手法（環境影響評価法）は、**LCIA (Life Cycle Impact Assessment)** 研究の一環として、スイス、オランダ、スウェーデン等で先行して研究が進んでおり、代表的な手法を挙げれば、EP（Eco-Point, 1990：BUWAL297スイス連邦内務省環境局／チューリッヒ連邦工科大学／ミグロス（スイス最

大の生協))、エコインジケータ（Eco-indicator, 1995, 1999：オランダ都市計画・住宅・環境省／スイス国立科学財団／BUWAL)、EPS2000（1989, 1999：スウェーデン環境研究所／産業連盟／ボルボ社をはじめとするスウェーデン主要企業)、CRA 比較リスク評価 (Comparative Risk Assessment, 1995：USEPA)、CML (Goedkoop, 1992)、EDIP (Denmark Environmental Design of Industrial Products, Hauschild, 1998)、ExternE (1995, 1998：EC) などがある。

わが国において開発された統合評価手法を挙げれば、JEPIX (Environmental Policy Priorities Index for Japan, 2001：科学技術振興機構／環境経営学会／環境経営格付機構／国際基督教大学宮崎修行)、LIME（Life-cycle Impact assessment Method based on Endpoint modeling, 2003：経済産業省／新エネルギー・産業技術総合開発機構／産業環境管理協会)、ELP 法 (Environmental Load Points, 1995：早稲田大学永田研究室)、国立環境研究所比較リスク評価法などがある。

また宝酒造、東洋インキ、西友およびイトーヨーカ堂などでは、統合評価手法を独自で開発し、環境マネジメント（目標値や実績値など）に役立てている。

このうち日本企業で実践例の多い手法としてJEPIXとLIMEが挙げられる。

(1) JEPIX

JEPIX（環境政策優先度指数） は、スイスのエコポイント手法をベースに自国になじむように重み付け設計された統合評価手法である[4]。重み付け方法は、環境に関わる政策目標や法規制を根拠とした社会学的な手法であり、年間の目標値と実際発生値の乖離度（距離）によって係数を決定し、各種環境負荷物質に重み付けを行う。

単位の異なる無数の環境データは、重み付けの過程を経て、最終的に無次元化された単一測定指標（環境負荷単位EIP）により示される。

環境効率性指標と連携、あるいは環境影響評価として試験的あるいは実践的に活用する企業には、積水化学工業、電源開発、アルプス電気、花王、キヤノン、コマツ、山武、富士フィルム、旭化成、東京電力、大日本印刷、コクヨなどがある。

環境効率性評価にJEPIXを活用する事例を**表11.1**に示す。

(2) LIME

LIME（日本版被害算定型影響評価手法） は、被害量を頼りに経済的価値に

■表11.1　JEPIXを活用した環境効率性評価

統合化対象		排出（消費）量				重み付け係数（kgあたり）	重み付けした負荷量（百万単位）	
		単位	2008	2009	増減率		2008	2009
環境負荷物質	CO_2	万t	9,590	9,070	−5 %	0.985	94,462	89,340
	SO_x	万t	2.6	1.5	−43 %	104	2,716	1,540
	NO_x	万t	3.3	2.3	−31 %	676	22,373	15,411
	煤塵	t	115	102	−11 %	4,899	563	500
	フロン	ODP-t	1.9	3.7	95 %	429,282	816	1,588
		（A）　物量合計（百万単位）					120,929	108,378
		（B）　売上高（電気事業営業収益）（億円）					56,434	48,045
		環境効率指標　(B)/(A)					47	44

よって数値化する点に大きな特徴がある [2]。つまり貨幣単位により統合化され数値化される。被害量の評価にあたっては、人体への健康被害や環境領域へのダメージを分析するため、日本特有の環境条件や人口分布をもとに評価される。

　評価の手順は、インベントリの作成（環境負荷分析）、影響する領域の特定（暴露分析）、カテゴリエンドポイント（被害分析）、保護対象（人体、社会資本、自然資本）への被害量の評価（影響分析）などの過程を経て、最終的に単一指標に統合化される。

　貨幣単位により評価されるという点で類似する統合評価手法として、EPSやExternEなどがあるが、重み付け方法、ターゲット項目および算定プロセスが異なる。また、環境ダメージに依拠して算定される点で、エコインジケータに類をみる。

　環境影響評価にLIMEを活用（あるいは環境効率性評価と連携）する事例として、たとえば、出光興産、協和発酵、中部電力、電源開発、東芝、東芝テック、東京電力、ユニチャーム、関西電力、新日本石油などがある。

(3)　外国企業が採用する環境効率性分析

　外国企業では、Xerox社、3M社、BASF社、Dow Europe社、Roche社、ABB社等の例がある。以下、BASF社の環境効率分析を紹介する。

　BASF社（Badische Anilin & Soda-Fabrik AG）は、1865年代に創立した、ドイツを代表する化学会社である。1992年当時、BASF社は、材料・エネルギー・用水のインプット量とアウトプット量を把握することで環境負荷を低減させるエコバランスを研究していた。同社の社会関連会計領域への取り組みは、ドイツ語圏の企業の中で最も早い企業の一つで、社会報告書（従業員向

けの PR 手段）を 1973 年から、環境報告書（あらゆる利害関係者を対象とした報告書）を 1988 年からそれぞれ作成、公表している。そして、現在も、環境報告書と社会報告書を作成し続けている。

　BASF 社は、環境・健康・安全報告書の中で、持続可能な発展を企業戦略の中核に据え、持続性のある企業となるための最善の方法として、事業の成長、環境保全、そして社会的安定の 3 つの要素間をバランスさせることであると述べている。

　同社は、この持続可能性の原則を実施していくための最も重要な意思決定手段として、**環境効率分析 (Ökoeffizienz-Analyse)** を採用した。環境効率分析は、同社の製品、製造プロセス、そしてシステムを経済と環境の両面から分析し、最適にするものである。

　BASF 社は、1996 年、環境効率分析の研究に着手した。同社は、1990 年代はじめに製品や製造プロセスを対象とするエコバランスの研究を推進していたが、その後、同社がエコバランスに替えてこの環境効率分析を採用することに決めた理由は、次の点にある。

① エコバランスは、製品のエコロジカルな影響を物量で調べる。
② エコバランスで製品の環境負荷を分析するには膨大なデータの収集が必要で、信頼できる結果も得られにくい。
③ 環境効率分析は、物量に加えて、環境コストも考慮する。

　環境効率分析は、類似の製品を比較し、または類似の製造プロセスを比較するために開発された。環境効率分析は、ライフサイクル全体にわたるコストならびに環境負荷の双方から評価し、様々な選択肢の中から最も環境効率の高いソリューションを選ぶのに有効である。その成果は、①競争者との比較に活用し、②市場の機会を増大させ、あるいは製品改善を支援し、③販売部門の議論にも提供される。

　環境効率分析の目的は、経済と環境を調和化させることである。たとえば、同一の用途に用いられる何種類かの製品や製造工程の中から何を選ぶのが最も経済的かつエコロジカルなのかを検討する場合、あるいは研究段階にある製品について他社の競合製品や代替製品と比較する場合など、環境効率分析を使えば、それぞれの長所と短所を比較検討することにより、企業は経済・環境両面での自社製品の位置付けを明確にしたり、最適な製品設計を容易にしたりすることができる。

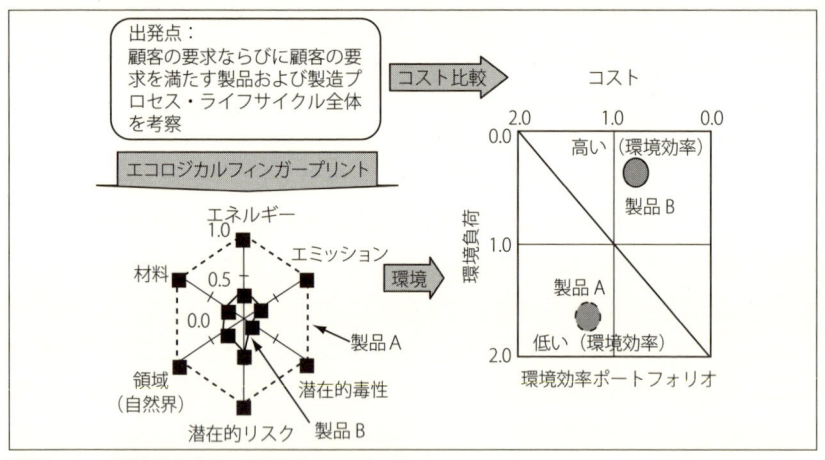

第11章　環境リスク管理としての環境マネジメントツールおよび実践事例

■図11.2　環境効率分析の原理（BASF[17]）

　また、環境効率分析は、ポートフォリオのもつ視覚的容易さから経営者の意思決定を速やかにすると同時に、研究費用を環境効率の優れた製品開発へ的確に投資することを可能にし、さらには企業の競争力を高めるという効果をもたらす。

　環境効率分析（図11.2）は、まず、環境への影響に関するデータを「エコロジカルフィンガープリント（エコ指紋）」と呼ばれる6つのカテゴリーに分類する。

① 原材料消費
② 土地利用
③ エネルギー消費
④ 排気、排水、廃棄物
⑤ 使用または廃棄された物質の潜在的毒性
⑥ 潜在的誤使用および潜在的リスク

　ここで使用された「エコロジカルフィンガープリント」（レーダーチャート）は、ブリティッシュ・コロンビア大学が開発した「エコロジカルフットプリント」と直接結びついた手法ではなく、「持続可能な発展」の概念を推進する方向性を明示して名付けられたものである。

　各カテゴリーの背後には、①原材料の消費量、②土壌汚染、③エネルギーの消費量、③大気や河川への排出物および排出量、また廃棄物の処理方法、④使

用または廃棄された物質の潜在的毒性、⑤使用物質の誤使用も含めた潜在的リスクなど細かい判断基準が隠されている。

各項目の細部にわたる投入量・排出量ごとの環境負荷は、細かく数値化・点数化し、それをもとに環境負荷の総合的な点数化ができるようになっている。個々の評価基準は、EU域内有効のものとドイツ国内有効のものが使用される。たとえば、6つのカテゴリーそれぞれに対する環境負荷の標準的重み付けは、①原材料消費20％、②土地利用10％、③エネルギー消費20％、④排気、排水、廃棄物20％、⑤毒性20％、⑥潜在的リスク10％である。

さらに、カテゴリーの一つ「排気、排水、廃棄物」は、大気汚染50％、水質汚濁35％、廃棄物15％に区分され、「排気、排水、廃棄物」の中で最も大きな負荷をもたらす大気汚染50％は、たとえば、温暖化50％、オゾン層破壊20％、光化学オゾン生成20％、酸性雨10％と再分類される。

また同時に、原材料の投入量・廃棄物の排出量から生産に関わる費用の全てが把握できる仕組みである。経済面の分析データと包括的な環境への影響データは、環境効率を比較するとき活用される。

データは、横軸（X軸）が経済的コストを、また縦軸（Y軸）が環境への影響（環境負荷度）を示した**XY軸のグラフ（ポートフォリオ）**で表される。環境効率が高い製品および製造プロセスは、右図を上下左右に4分割した中の右上のブロックに表示される。図11.2では、製品Bが環境効率の高い製品として選ばれることになる。

環境効率分析は、「環境」会計の課題であった①異なる物量単位の統合化、②物量単位を貨幣単位に換算・評価、③化学物質の毒性評価のうち、①と②については、いずれも実行せずに合理的な結論を導き出すことが可能であり、③については、カテゴリーの一つに掲げて製品比較を可能にする点で評価できる。しかし、レーダーチャートとポートフォリオに描写されるまでの計算・評価の仕組みが複雑で理解しにくく、客観性、検証可能性、製品間比較の面で課題が残る。また、ポートフォリオを使用する点では、シャルテガーとシュトゥルムが提案した「エコ合理化進路法」を彷彿とさせる。

参考文献

[1] "特集ISO環境マネジメント関連規格の最新動向", 環境管理, vol.46, no.6 (2010).

[2] 伊坪徳宏，稲葉敦（編著）：ライフサイクル環境影響評価法（産業環境管理協会，2005）．

[3] 國部克彦，中嶌道靖：マテリアルフローコスト会計（日本経済新聞社，2002）．

[4] 宮崎修行，東健太郎："グリーン資本市場創設に向けた環境影響評価の試み"，国際基督教大学社会科学研究所モノグラフシリーズ，vol.17 (2010)．

[5] 湯田雅夫："環境効率の向上に向けた財務パフォーマンスと環境パフォーマンスの結合"，社会関連会計研究，vol.15 (2003)．

[6] 湯田雅夫：ドイツ環境会計（中央経済社，2001）．

[7] A. King and B. Schneider: The First Global Revolution: A Report by the Council of Rome (Simon & Schuster, 1991).

[8] L. D. Desimone and F. Popoff with World Business Council for Sustainable Development: Eco-Efficiency-The Business Link to Sustainable Development (The Mit Press, 2000); 山本良一（監訳）：エコ・エフィシェンシーへの挑戦（日科技連出版社，1998）．

[9] World Business Council for Sustainable Development (WBCSD): Measuring Eco-Efficiency——A Guide to Reporting Company Performance (2000).

[10] E. U. Weizsäcker, A. B. Lovins and L. H. Lovins: Faktor Vier (Knaur, 1995).

[11] Bundesumweltministerium Und Umweltbundesamt: Handbuch Umwelt-Controlling (2001).

[12] Bundesumweltministerium Und Umweltbundesamt: Handbuch Umweltkostenrechnung (1996).

[13] S. Schaltegger, K. Müller, H. Hindrichsen: Corporate Environmental Accounting (John Wiley & Sons, 1996).

[14] ISO / TMB: "Guidance on Social Responsibility", Working Draft (Wd3rev2) (2007).

[15] S. Schmidheiny. with BCSD: Changing Course (The Mit Press, 1992); BCSD日本ワーキング・グループ（訳）：チェンジング・コース（ダイヤモンド社，1992）．

[16] Landesanstalt Für Umweltschutz Baden-Württemberg: Ein Praxmisleitfaden Zur Eg-Öko-Audit-Verordnung, S.11 (1995).

[17] BASF: Eco-Efficiency Analysis by BASF: The Method, S.14–15 (2002).

索引

【英数字】

3シグマ管理, 42

anonymity metric, 17
Availability, 171
BASF社, 254
BCM, 70
CCC, 117
CE, 48
CIA, 132
CIM, 48, 63
COBITの成熟度モデル, 179
Confidentiality, 171
EMAS, 239
ENBIS, 93
Gordon-Loeb-Lucyshynのモデル, 210
Gordon-Loebモデル, 90
ICC, 238
IE, 51
intangibles, 142
Integrity, 171
ISMS, 127
ISO/IEC 19792, 184
ISO/IEC JTC1/SC27, 184
ISO14000シリーズ, 238
JEPIX, 253
k-匿名性, 17
l-多様性, 17, 20, 23
LCIA, 252
LIME, 253
Microblog, 18
MIXネット, 16
MOC, 187
MOT, 50, 63
NTSB, 204
P3P, 16
PDCA, 6, 58, 59, 88
PPDM, 17
property, 139
PRTR, 241
SCM, 49
SNS, 18
SOC, 187
STOC, 187
t-closeness, 17, 20
Unlinkability, 16

【ア行】

アナログ, 39, 44
暗号化, 24
意思決定, 168
異常対応の原則, 5
一財多権, 135
位置匿名化, 18
イノベーション, 53, 60, 62
医療事故調査委員会, 206
営業秘密, 124
エコバランス, 244

エコロジカルフィンガープリント（エコ指紋），256
エンジニアリング，62
エンティティ，1
オニオンルーティング，17

【カ行】

会計情報の価値関連性，69
科学的管理法，51
鍵抽出アプローチ，192
客体論，156
確率加重関数，106
過失相殺ルール，226，227，231
仮説検証型，125
価値関数，106
可用性，88，165，170，171
環境汚染物質排出移動登録，241
環境管理会計，238
環境経営，238
環境原価計算，245
環境効率，248
環境効率分析，255
環境政策優先度指数，253
環境マネジメント，238
環境マネジメントツール，243
関係代数，30
関係データベース，20
完全性，88，165，170，171
感度分析，97
関与者，223
管理的リスク，177
機会損失，159
企業価値，69
企業理念・企業目標，172
技術的支援，220
帰属，137
帰属権，141
機密性，165，170，171

脅威，92
競争，172
競争優位，178
業務継続，178
クロスマッチング，187
経営判断，168
経営マター，170
経済的効率性，227
ケースメソッド，160
原因究明，207
公益情報共有組織，214
公害防止技術，241
公共選択論，156
国際商業会議所，238
個人情報，136
個人データ，140
コトつくり，47，60，63，64
コーポレートブランド，77
コミットメント責任，150
コントロール，37，169
コンピュータセキュリティ，166

【サ行】

サステナビリティ，173
サービス，53
サービス妨害攻撃，87
参照データ，185
事業機会，169
事業等のリスク，75
事故調査委員会，204
実定法の解釈，131
失敗学，149
死の谷，66
社会関係資本，116
社会的ジレンマ状況，108
社会的トラップ，111
社会的な責任，172
社会的フェンス，111

囚人のジレンマゲーム, 109, 110
首尾一貫性の原則, 3
守秘性, 88
主要成功要因, 180
循環型社会形成推進基本法, 240
純粋リスク, 176
情報共有しないインセンティブ, 213, 215, 221
情報共有に対するインセンティブ, 216, 219
情報財, 134
情報資産, 133
情報セキュリティ, 125, 165
情報セキュリティインシデント, 71
情報セキュリティ会計, 82
情報セキュリティ管理システム, 6
情報セキュリティ技術, 10
情報セキュリティ事故発生確率, 210, 211, 224
情報セキュリティのCIA, 170
情報セキュリティの生産性, 93, 96
情報セキュリティ法, 126, 152
情報セキュリティ報告書モデル, 74, 75
情報セキュリティマネジメント, 9
情報窃盗, 123
所有権, 124
信用リスク, 88
スピルオーバー効果, 211
正規分布, 43
脆弱性, 92
脆弱性市場, 88
生体検知技術, 185
精緻化見込みモデル, 114
製品認証制度, 90
責任追及, 208, 222
責任投資, 226
責任ルール, 225, 226

セキュリティ会計, 71
セキュリティ経済学, 87
セキュリティ侵害確率関数, 92
セキュリティのジレンマ, 128
セキュリティ文化, 172
セキュリティマネジメント, 38, 45
セキュリティマネジメント学, 1
セキュリティ要件, 193
セキュリティ六法, 127
説得の心理学, 114
説明責任, 229
潜在損失, 92
占有, 134
組織性逸脱行為, 146

【タ行】

第三者認証, 143
態度変容, 114
ダーウィンの海, 66
ただ乗り問題, 89, 213, 215, 216, 218, 219, 221, 222
他人受入率, 188
縮みの法則, 159
忠実義務, 157
適合性評価制度, 143
テクノロジー, 40, 41, 61
デジタル, 39, 44
テスト物体アプローチ, 185
データマイニング, 19
デフォルトルール, 5
電子商取引, 15
電磁的記録, 153
テンプレート保護型生体認証技術, 185
投機的リスク, 177
統計法, 19
統合評価手法, 252
同定・計測・対応・制御サイクル, 4

匿名化, 16
トータルシステム, 49
トレードオフ, 129

【ナ行】
内部統制, 70, 174
日本版被害算定型影響評価手法, 253
日本的経営, 42

【ハ行】
パッション, 55, 61
発展的循環の原則, 4
バラツキ, 43
ビジョン, 55
秘密計算, 13
秘密分散データベース, 26
ヒューマンクリプト, 2
評価, 176
標準時間, 52
ヒルクライミング攻撃, 188
ファクター, 250
不確実性, 169
不法行為法の経済モデル, 225
プライバシー, 12, 138
ブルートフォース攻撃, 188
ブレイクスルー, 55, 58
フレーミング, 106
フロー原価計算, 244
ベストプラクティス, 178
防護動機理論, 114
法政策学, 154
保証型, 151
補助金, 217
ボットウィルス, 117
保用, 137

保用権, 140

【マ行】
マテリアルフローコスト会計, 247
マネジメント, 37, 40, 41, 47
見える化, 70
ミッション, 55, 62
明示性の原則, 3
モニター, 169
ものづくり, 64

【ヤ行】
ユビキタスコンピューティング, 14
予防原則, 242

【ラ行】
ライフサイクル, 55
ライフサイクルアセスメント思考, 242
螺旋モデル, 4
利潤動機, 172
リスク, 38, 66, 165
リスク学, 155
リスク管理, 165
リスクコントロール, 175
リスク中立性, 93
リスクテーカー, 147
リスク分析, 176
リスクマネジメント, 9, 166
リターン, 167
立証責任, 207
類似度保存アプローチ, 192

【ワ行】
ワークデザイン, 58

編著者紹介

松浦幹太（まつうら かんた）

【略　歴】
1997年東京大学大学院工学系研究科博士課程修了。博士（工学）。同年東京大学生産技術研究所助手、1998年同講師などを経て2002年より同助教授（2007年、法令改正により准教授）。暗号からセキュリティマネジメントまで情報セキュリティ全般の研究に従事。日本セキュリティ・マネジメント学会常任理事、電子情報通信学会、IEEE、ACM各シニア会員、IACR会員、情報処理学会会員・同コンピュータセキュリティ研究会主査。

【主著書】
『情報セキュリティ概論』情報セキュリティシリーズ第6巻、昭晃堂、1999年（共著）
『ネットワークセキュリティ―学術情報の発信と保護―』学術情報センター（編）、丸善、1999年（共著）

セキュリティマネジメント学
―理論と事例―
Security Management
—Theoretical and Practical
Approaches—

2011年8月25日　初版1刷発行

監　修　日本セキュリティ・マネジメント学会
編著者　松浦幹太
発行者　南條光章
発行所　共立出版株式会社
　　　　東京都文京区小日向4-6-19
　　　　電話　03-3947-2511（代表）
　　　　郵便番号　112-8700／振替口座　00110-2-57035
　　　　URL http://www.kyoritsu-pub.co.jp/

印　刷　啓文堂
製　本　中條製本

© 2011

検印廃止
NDC 336.17
ISBN 978-4-320-12289-5

社団法人
自然科学書協会
会員

Printed in Japan

JCOPY　〈(社)出版者著作権管理機構委託出版物〉
本書の無断複写は著作権法上での例外を除き禁じられています。複写される場合は，そのつど事前に，(社)出版者著作権管理機構（電話 03-3513-6969，FAX 03-3513-6979，e-mail: info@jcopy.or.jp）の許諾を得てください。

インターネット時代の**情報セキュリティ**
――暗号と電子透かし――

佐々木良一・吉浦 裕・
手塚 悟・三島久典 共著
A5判・192頁・定価2,730円

本書は、セキュリティ全体を広く理解するとともに、身に付けておくべき重要技術である暗号や電子透かしに関して詳しい知識を与えるものである。

暗号理論入門 第2版

岡本栄司 著
A5判・228頁・定価3,570円

暗号理論の基礎となる重要な項目とその応用について、最近の成果を中心に分かり易く解説。第2版では、特に解読技術の発達と、それにともなうAESおよび証明可能非対称暗号系について大幅に増補し、より分かり易く丁寧に、そしてコンピュータの進歩に合わせて内容を変更。

情報セキュリティ入門
――情報倫理を学ぶ人のために――

佐々木良一 監修
会田和弘 著
B5判・160頁・定価2,520円

本書は、大学などで情報倫理を学ぶ学生や社会人などを対象として、情報セキュリティ技術の確立、法律の整備、社会としての倫理観の醸成などの課題を実現するための基礎知識を分かり易くまとめてある。

暗号理論の基礎

D. R. Stinson 著／櫻井幸一 監訳
菊判・492頁・定価8,925円

暗号理論の基礎を理論を中心に慣用秘密鍵暗号や公開鍵暗号を取り上げ、現代暗号で最も活発に研究されている話題を体系的に詳述。
【主要目次】 典型的な暗号法／Shannonの定理／データ暗号化規格／RSA暗号系と因数分解／その他の公開鍵暗号系／他

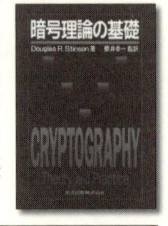

情報セキュリティ基盤論

佐藤周行・笠松隆幸
田村拓也・小林勇範 著
B5判・208頁・定価2,625円

本書は、情報セキュリティを知る上での基本的な知識と考え方をまとめ、情報セキュリティ全体を俯瞰できるように工夫。また、理論とリアリティのバランスにも考慮し、現場で起こっている具体的な問題を積極的に採用することをこころがけた。

暗号 ――ネットワーク社会の安全を守る鍵――
（インターネット時代の数学シリーズ 9）

笠原正雄・境 隆一 著
A5判・160頁・定価2,520円

情報セキュリティ技術を底辺から支える「暗号」について、新しいタイプの公開鍵暗号を中心に解説し、数論、代数曲線論などの数学知識を詳述。
【主要目次】 暗号の役割／数論／公開鍵暗号／素因数分解問題と離散対数問題／他

サイバーセキュリティにおける**生体認証技術**

瀬戸洋一 著
A5判・184頁・定価2,940円

個人認証技術にポイントをおき情報セキュリティの観点から生体認証技術の位置づけ、生体認証モデル、PKI（公開鍵基盤）やICカードとの連携技術、精度評価などの標準化技術など最新の技術と将来展望を詳述。

符号と暗号の数理
（情報数学講座 11）

藤原 良・神保雅一 著
A5判・258頁・定価3,570円

理工系学部3、4年生を主対象とし、計算代数とその応用分野である符号理論および暗号・認証理論について、豊富な例をおりまぜてやさしく解説。
【主要目次】 集合、関数、代数系／整数／有限体／有限幾何とデザイン／符号／他

http://www.kyoritsu-pub.co.jp/ **共立出版** ※税込価格（価格は変更される場合がございます）